U0932375

高等法律职业教育系列教材
审定委员会

主　　任　万安中

副主任　许　冬

委　　员　（按姓氏笔画排序）

王　亮　刘　斌　刘　洁　刘晓晖

李忠源　陈晓明　陆俊松　周静茹

项　琼　顾　伟　盛永彬　黄惠萍

高等法律职业教育系列教材

罪犯劳动管理

ZUIFAN LAODONG GUANLI

主　编○李忠源　陈振斌
撰稿人○李忠源　陈振斌　顾　伟
　　　　候　伟　杨绿青　黄楚嘉

中国政法大学出版社
2016・北京

声　明　1. 版权所有，侵权必究。
2. 如有缺页、倒装问题，由出版社负责退换。

图书在版编目（CIP）数据

罪犯劳动管理/李忠源，陈振斌主编. —北京：中国政法大学出版社，2016.7
ISBN 978-7-5620-6925-6

Ⅰ. ①罪… Ⅱ. ①李… ②陈… Ⅲ. ①劳动教养—中国—职业教育—教材 Ⅳ. ①D926.8

中国版本图书馆CIP数据核字(2016)第171523号

出版者　中国政法大学出版社
地　址　北京市海淀区西土城路 25 号
邮　箱　fadapress@163.com
网　址　http://www.cuplpress.com（网络实名：中国政法大学出版社）
电　话　010-58908435(第一编辑部)　58908334(邮购部)
承　印　保定市中画美凯印刷有限公司
开　本　787mm×1092mm　1/16
印　张　12.25
字　数　254 千字
版　次　2016 年 7 月第 1 版
印　次　2019 年 6 月第 2 次印刷
印　数　3001～5000 册
定　价　32.00 元

总序

高等法律职业化教育已成为社会的广泛共识。2008年，由中央政法委等15部委联合启动的全国政法干警招录体制改革试点工作，更成为中国法律职业化教育发展的里程碑。这也必将带来高等法律职业教育人才培养机制的深层次变革。顺应时代法治发展需要，培养高素质、技能型的法律职业人才，是高等法律职业教育亟待破解的重大实践课题。

目前，受高等职业教育大趋势的牵引、拉动，我国高等法律职业教育开始了教育观念和人才培养模式的重塑。改革传统的理论灌输型学科教学模式，吸收、内化"校企合作、工学结合"的高等职业教育办学理念，从办学"基因"——专业建设、课程设置上"颠覆"教学模式："校警合作"办专业，以"工作过程导向"为基点，设计开发课程，探索出了富有成效的法律职业化教学之路。为积累教学经验、深化教学改革、凝塑教育成果，我们着手推出"基于工作过程导向系统化"的法律职业系列教材。

《国家（2010～2020年）中长期教育改革和发展规划纲要》明确指出，高等教育要注重知行统一，坚持教育教学与生产劳动、社会实践相结合。该系列教材的一个重要出发点就是尝试为高等法律职业教育在"知"与"行"之间搭建平台，努力对法律教育如何职业化这一教育课题进行研究、破解。在编排形式上，打破了传统篇、章、节的体例，以司法行政工作的法律应用过程为学习单元设计体例，以职业岗位的真实任务为基础，突出职业核心技能的培养；在内容设计上，改变传统历史、原则、概念的理论型解读，采取"教、学、练、训"一体化的编写模式。以案例等导出问题，根据内容设计相应的情境训练，将相关原理与实操训练有机地结合，围绕关键知识点引入相关实例，归纳总结理论，分析判断解决问题的途径，充分展现法律职业活动的演进过程和应用法律的流程。

法律的生命不在于逻辑，而在于实践。法律职业化教育之舟只有驶入法律实践的海洋当中，才能激发出勃勃生机。在以高等职业教育实践性教学改革为平台进行法律职业化教育改革的路径探索过程中，有一个不容忽视的现实问题：高等职业教育人才培养模式主要适用于机械工程制造等以“物”作为工作对象的职业领域，而法律职业教育主要针对的是司法机关、行政机关等以“人”作为工作对象的职业领域，这就要求在法律职业教育中对高等职业教育人才培养模式进行“辩证”地吸纳与深化，而不是简单、盲目地照搬照抄。我们所培养的人才不应是“无生命”的执法机器，而是有法律智慧、正义良知、训练有素的有生命的法律职业人员。但愿这套系列教材能为我国高等法律职业化教育改革作出有益的探索，为法律职业人才的培养提供宝贵的经验、借鉴。

2016 年 6 月

前言

《罪犯劳动管理》是司法警官职业学院刑事执行专业的一门专业课，也是一门培养学生从事罪犯劳动改造工作的专业技能课。本教材的编写，一方面积极响应高职高专人才培养模式的改革要求，突出培养学生职业一线岗位所必需的职业能力及相关职业技能，体现高职教育职业性的特点。另一方面结合本课程教学和实训的需要，以监狱工作过程为导向，对课程教学内容进行了整合，设计出学习任务或学习情境，教材内容紧密结合监狱业务工作岗位的实际，充分吸收监狱的经验和做法，做到内容实、体例新，满足职业教育教学和实训的需要。

本教材的编写团队由专业教师和行业专家、业务骨干共同组成，采用警学结合的模式，从监狱人民警察组织罪犯劳动的岗位出发，重点突出岗位职业能力和岗位操作技能的培养，体现教材内容的职业性、教学活动的实践性和教学效果的针对性。

本教材内容包括基础知识和管理实务两部分。基础知识部分简要介绍罪犯劳动管理的性质、任务、原则等；实务部分以罪犯劳动管理工作任务为线索，以罪犯劳动管理的基本内容或流程为出发点，设计出学习单元和学习情境，突出岗位能力的学习与训练，真正体现本课程学习的职业针对性，实现培养学生实际能力的目标。

本教材由李忠源（广东司法警官职业学院警察系副教授）、陈振斌（广东司法警官职业学院警察系讲师）担任主编；编写成员包括顾伟（广东司法警官职业学院警察系讲师）、候伟（广东司法警官职业学院警察系讲师）、杨绿青（广东省英德监狱）、黄楚嘉（广东省监狱管理局）。具体编写任务分工为：

李忠源：学习单元一；

陈振斌：学习单元二、三、四、五，学习单元六之学习情境一，学习单元七之学习情境三，学习单元八之学习情境二、三，学习单元十之学习情境二；

顾伟：学习单元九之学习情境三，学习单元十之学习情境一；

候伟：学习单元九之学习情境一、二；

杨绿青：学习单元六之学习情境二、四、五、六、七，学习单元七之学习情境一、二，学习单元八之学习情境一；

黄楚嘉：学习单元六之学习情境三、八。

本教材在编写过程中参考和借鉴了大量教材和资料，并应用了监狱有关文件、规章制度等，对此向原作者、相关监狱单位致以衷心的感谢。本教材主要基于教学的需要，为满足教学改革、适应职业教育创新模式而编写，其内容与监狱实际工作联系紧密，也可以作为监狱人民警察在职培训的参考资料。教材在编写过程中，得到了学院、系以及教研室领导的大力支持和帮助，在此向他们致以衷心的感谢。最后，由于编写人员的水平有限，书中错误和不足在所难免，敬请广大读者谅解和指正。

编　者

2016 年 5 月

第一部分　罪犯劳动管理基础知识

第二部分　罪犯劳动管理实务

第一部分　罪犯劳动管理基础知识

学习单元一　罪犯劳动管理的概念、原则与任务

学习单元二　罪犯劳动管理的特点和方法

学习单元三　罪犯劳动组织管理机构

学习单元一

罪犯劳动管理的概念、原则与任务

知识目标

通过本单元学习，能够：

1. 明确罪犯劳动管理的概念。
2. 理解罪犯劳动管理的原则。
3. 掌握罪犯劳动管理的任务。

学习任务一　明确罪犯劳动管理的概念

一、罪犯劳动概述

（一）罪犯劳动的概念及其历史演变

劳动是人类生活中一种很普遍的活动，是人们赖以生存和发展的最基本活动，是人类改造客观世界的最有效的活动。马克思、恩格斯曾高度评价劳动，认为劳动是普遍的、永恒的、具有神圣的创造功能的人类活动。劳动创造了人类本身，创造了人类社会及其历史，劳动创造了世界，劳动实践是人的意识产生、发展的主要源泉。

罪犯也参加劳动，这是法律的规定。罪犯劳动是指依法被判处刑罚，正在监狱服刑的罪犯，监狱强制其进行的，以改造思想、矫正恶习、学习技能为目的，以创造社会财富为内容，有组织的改造实践活动。我国监狱不仅是罪犯刑罚执行机关，而且是罪犯改造机关，惩罚与改造相结合，以改造人为宗旨是我国监狱工作既定的方针。一直以来，我国把改造罪犯的手段概括为三大基本手段，即劳动、管理、教育，组织罪犯劳动在改造罪犯工作中占有重要地位，具有不可替代的作用。

罪犯劳动由来已久，它是社会发展、刑罚制度文明进步的标志。从历史演变来看，罪犯劳动经历了从惩罚到改造、从简单劳动到复杂劳动、从小规模的劳动到社会化的劳动、从以经济为目的到以教育改造为目的的过程。这与刑罚制度由肉刑、生命刑为主向自由刑、劳役刑为主发展和由报复刑向教育刑发展的历程是一脉相承的。

根据史料记载，我国在西周时期，对有罪的人必须依法服劳役。据《周礼·秋官·大司寇》记载“以圜土聚教罢民，凡害人者，置之圜土而施职事焉，以明刑耻之。其能改者，反于中国，不齿三年；其不能改而出圜土者，杀”。“施职事”就是组织劳动，其实西周时期对罪犯的惩罚制度仍是以生命刑和肉刑为基本内容的刑罚体系，这种组织劳动的劳役刑只不过是对侵害他人，扰乱社会治安的轻微违法犯罪者的处罚制度，但这种制度与现代监狱罪犯劳动制度十分接近，因此可以认为它是罪犯劳动的初始状态。

战国时期，我国封建制度开始确立，统治阶级在刑罚中规定对罪犯实行强制劳役，从此劳役刑成为国家主要的刑罚方式之一。秦汉有“罚作、城旦、鬼薪、白粲”等刑罚，更有“发罪人以充役”的制度。宋、元有“昼则役作，夜则拘之”，明、清沿用唐代五刑和徒流居作制度等。这些刑罚制度的目的在于惩罚、报复和镇压，迫使罪犯劳动，对罪犯实行奴役，延续了劳役刑的刑罚制度，而非教育改造罪犯的本质特征。

新中国成立后，中国的社会制度实现了历史性的改变，监狱制度和罪犯劳动制度也以全新的面貌展现在世人面前。1954 年 8 月 26 日政务院通过了《中华人民共和国劳动改造条例》，该条例是我国第一部较为完整的监狱法规。它以法律的形式将我国劳动改造罪犯的政策制度化、规范化。1962 年，中华人民共和国公安部颁发的《劳动改造管教队工作细则》（试行）又进一步规定：“为了正确执行党和国家的劳动改造罪犯的政策，必须贯彻执行‘改造第一，生产第二’的方针。”1994 年《中华人民共和国监狱法》（以下简称《监狱法》）颁布施行，使监狱惩罚改造罪犯工作更加规范和科学，监狱工作方针被科学地表述为“惩罚与改造相结合，以改造人为宗旨”。从此，罪犯劳动在监狱工作中的地位上了一个新的台阶。

（二）罪犯劳动是我国监狱工作的重要组成部分

我国监狱的工作方针是惩罚与改造相结合，以改造人为宗旨。组织罪犯劳动是实现监狱宗旨的重要途径和基本手段，罪犯劳动在监狱执行刑罚和罪犯改造中占有十分重要的地位，是罪犯改造工作基本内容的主要方面，它具有重要的、不可替代的地位和作用。

1. 劳动改造是中国特色监狱工作制度的基础。中国监狱工作把马克思主义、毛泽东思想作为自己的理论渊源，以几十年惩罚和改造服刑人员的成功经验为实践基础，并根据中国的实际情况，逐步形成了具有中国特色的社会主义监狱工作制度。这一制度的主要内涵可以概括为：坚持惩罚与改造相结合、教育与劳动相结合，最终把服刑人员改造成为守法公民。

在监狱工作制度中，罪犯的劳动改造不仅是构成这一制度的重要基础，而且由于劳动改造的渗透使得这一制度呈现出鲜明的中国特色。中国社会主义监狱工作制度的一个重要特色就是惩罚与改造相结合、教育与劳动相结合，而罪犯劳动为这一特色的充分显现奠定了基础。一方面，离开了罪犯劳动的参与，惩罚与改造相结合就会改变中国监狱制度的本来意义和实质内涵，就会使其支离破碎，同时也难以落到实处。因为罪犯劳动不仅是对罪犯执行刑罚的重要内容，而且也是监狱惩罚与改造的具体内容和重要手段。另一方面，离开了罪犯劳动的参与，教育和改造相结合就会变为一句空话，这不仅会失去中国监狱工作制度的特色内涵，同时也会使罪犯的改造成为空洞说教，从而使监狱的最终目标落空。

罪犯劳动不仅是中国社会主义监狱制度的重要特色，而且是中国监狱工作制度的根基和精髓，动摇了它，就会直接动摇中国特色的社会主义监狱工作制度，就会给我国罪犯改造事业带来严重危害。

2. 罪犯劳动是监狱工作目的与监狱工作手段的统一。我国监狱是国家的刑罚执行机关，根据《监狱法》的立法精神，我国监狱工作的目的体现为惩罚和改造罪犯，预防和减少犯罪。这一目的是对我国监狱行刑职能的根本要求。要实现这一行刑目的，必须有一系列强有力的行刑手段作保障，否则，行刑目的就只能是宏伟的蓝图和良好的愿望。我国监狱在几十年的实践中，已经找到达到这一行刑目的的基本途径和桥梁，这就是狱政管理、罪犯劳动和罪犯教育，对此我国《监狱法》第 4 条用法律形式进一步给予了规范和确认。而在这三大手段中，罪犯劳动尤其应当加以重视。这是因为，罪犯劳动不仅作为一种实现监狱工作目的的行刑手段而存在，而且它本身也蕴含了监狱工作目的的根本内涵，即罪犯劳动不仅是行刑手段，同时也是行刑目的，罪犯劳动自身实现了监狱工作目的与监狱工作手段的辩证统一。

罪犯劳动不仅服务于行刑目的的实现，而且它本身就是行刑目的的固有涵义。如前所述，我国监狱的行刑目的是惩罚改造罪犯，预防和减少犯罪，更确切地说，就是监狱通过对罪犯实施有效的惩罚和改造措施，将罪犯改造成为守法公民，从而实现预防和减少犯罪的最终目标。由此可见，能否将罪犯真正改造成为守法公民，是监狱行刑目的能否实现的关键，而要想把罪犯改造成为守法公民，必须对其进行重新社会化。而组织罪犯劳动是实现罪犯重新社会化的最好途径，罪犯通过有序的集体劳动，一方面可以培养罪犯与社会的亲和性；另一方面可以培植和构建罪犯新的社会生存方式。通过罪犯劳动可以使罪犯形成正确的人与人、个人与集体、个人与社会的关系，从而能够妥善处理人与人之间的冲突和个体与社会之间的矛盾，使罪犯达到与群体和社会的融合，并进而产生对社会的亲和性。由于罪犯劳动能够在监狱内构建一种新的社会生产方式，而这种社会生产方式又是促进罪犯形成新的社会生存方式的基础，因此这种新的社会生存方式不仅能使罪犯端正劳动态度，学到劳动技能，更重要的是蕴含和渗透了正确的价值取向，使罪犯懂得在做人上应遵纪守法，堂堂正正；在生活上要自食其力，劳动致富，做守法公民；在追求上，应提高自身素质，追求人格的完美和心灵的宁静。

由此可见，罪犯劳动与监狱工作目的从根本上是完全一致的，从某种意义上可以说，做好了罪犯劳动改造工作，监狱工作目的的实现就有了可靠的保证。

3. 罪犯劳动是改造罪犯的基本手段，在监狱工作三大基本手段中起着基础性的作用。我国在几十年改造罪犯的实践中，逐步探索总结出了改造罪犯的三大手段，即劳动、教育、管理。之所以把这三者称之为基本手段，是因为这三者无论从理论上还是实践上都已证明是切实有效的改造手段，这三种基本手段都有各自独立的理论体系和实施方式，它们可以互相配合、互相补充但不能相互替代。在三大基本手段中，罪犯劳动起着根基性的作用，教育主要是传授知识、灌输思想、治愚解惑，管理主要是通过分级处遇，严格管束、行为养成。劳动即是将罪犯置身于特定的生产关系之下，改变其社会存在，促使其将在劳动实践中要求的法律规范、道德规范、人生价值、人与社会关系等，逐步形成新的观念、新的思想、新的品质和新的交往方式。总之，劳动之于罪犯，是一种知行统一的实践，是一种理论密切联系实际的教育，是一种存在决定意识的内在自觉生成式的改造与重塑，而不是外在强制与灌输的改造。罪犯劳动在罪犯改造中较其他改造手段具有的不可替代与包容的独特功能奠定了它在罪犯改造中不可动摇的重要地位。

罪犯劳动产生于监狱行刑适应社会发展，刑罚思想和刑罚制度不断向文明、进步、科学方向发展的进程中。随着监狱组织罪犯劳动的历史演进和实践发展，人们更深刻而充分地了解了劳动对管理、教育罪犯，预防和减少重新犯罪的重要功能和独特价值。因而，罪犯劳动一经产生，便显示了无比旺盛的生命力。罪犯参加劳动这种社会实践活动，有利于消除犯罪思想与恶习，形成正确的人生观、价值观和世界观；有利于罪犯的身心健康；有利于罪犯习得技能，提高素质，便于回归社会后的谋生就业，从而减少重新犯罪。监狱组织罪犯劳动，有利于罪犯管理、教育的开展，有利于监狱刑罚目标的实现。由于罪犯劳动，连带产生的经济效益有利于罪犯赎罪，监狱改善条件，国家节省开支。因此，监狱组织罪犯劳动具有巨大而且无可替代的社会效益和经济效益，无论未来监狱工作如何改革发展，罪犯劳动都不可能削弱或消失。即使一个国家的财力足以供养监狱及罪犯，国家及其监狱也不会让罪犯失去改过自新的唯一途径即生产劳动，不会使监狱惩罚改造罪犯的工作变成一种消极的纯消费性的事业。

（三）罪犯劳动是维护罪犯人权的重要途径

我国《宪法》第 42 条第 1 款规定：“中华人民共和国公民有劳动的权利和义务。”罪犯虽然触犯了国家法律，犯了罪，但其仍然是我国公民，除法律有明确规定对罪犯权利加以剥夺和限制之外，其他权利罪犯与正常公民一样同样享有，而劳动权就是如此，罪犯在服刑期间同样享有劳动权。因此，参加监狱劳动也是服刑罪犯的基本权利之一。劳动作为服刑罪犯的权利，意味着国家和监狱有义务对罪犯组织劳动，无故不组织监狱劳动或剥夺罪犯在监狱的劳动权都是一种违法行为。我国监狱非常重视劳动中罪犯的人权保护，不仅在有关的监狱法律法规中加以明确规定，而且在刑罚执行的具体活动中也加以认真贯彻执行。在我国，罪犯不仅享有劳动权，而且还享有休息权、获取劳动报酬权、劳动保护、劳动保险权以及由于在劳动中有重大立功表现而有依法获取减刑权等，这些具体权利都在《监狱法》中进行了详细的法律规定。我国监狱在罪犯劳动中，注重科学、合理、文明组织生产，使罪犯不仅有一个适于发挥自己特长的劳动岗位，而且注重劳动教育、劳动培训、劳动分工、劳动协作、劳动竞赛、劳动考核、劳动保护等内容，这样就使得罪犯在劳动中不仅能够得以树立正确的劳动观和人生观，而且能够学得适应于社会的劳动技能，特别是通过监狱的职业技术教育，罪犯在刑满出狱前一般都能掌握一到两门技术，这就不仅较好地解决了罪犯在监狱内的生存和发展问题，也为罪犯刑释后的生存与发展奠定了良好的基础。

当今社会，人权及其保护越来越受到重视，罪犯人权保护亦不例外。人权的内容非常丰富，对人权保护的重点我国与西方国家的理解是有区别的，我国更重视人的生存权和发展权的保护。我国监狱在组织罪犯劳动的实践中，不仅仅局限于保护罪犯有关权利不受侵害，而且更注重通过劳动促进罪犯的发展权，希望罪犯通过劳动改造思想，习得技术，回归社会后有业可就，成为不再重新犯罪的守法劳动者；优秀者或通过创业，创办经济实体，成为能够对社会经济发展做出贡献的人。

二、罪犯劳动管理的概念和作用

（一）罪犯劳动管理的概念

罪犯劳动管理，是指监狱为了实现劳动改造罪犯的目的而对罪犯实施的计划、组织、指挥、协调、控制等一系列管理活动的总称。罪犯劳动管理既包括罪犯劳动行为的管理，也包括与监狱生产有关要素的管理。具体包括：

1. 罪犯劳动组织安排，即对罪犯实施劳动改造活动的前期准备工作及具体任务安排，包括罪犯劳动项目选择；罪犯劳动技能培训；罪犯劳动定员、定岗、定额等内容。

2. 罪犯劳动现场管理，即对罪犯劳动的整个过程和环节进行有效的组织、部署、协调、监督和控制的全过程，包括罪犯出收工管理；罪犯劳动现场作业和质量管理；罪犯劳动现场定置管理；罪犯劳动现场监督管理等内容。

3. 罪犯劳动保护，即在罪犯劳动中对罪犯的人身安全和身体健康进行有效保护和防范的制度和措施，包括罪犯劳动现场生产安全防范；罪犯劳动人身安全；罪犯劳动卫生；罪犯劳动时间；罪犯劳动保险；特殊罪犯的劳动保护等内容。

4. 罪犯劳动绩效管理，即对罪犯在劳动中的改造效益和劳动生产效益进行评估、考核、奖惩的活动过程，包括罪犯劳动考核；罪犯劳动奖惩；罪犯劳动报酬等内容。

5. 罪犯劳动教育，即在组织罪犯劳动中，为了实现劳动改造目标而开展的一系列教育改造活动过程，包括罪犯劳动心理分析；罪犯入监初期的劳动教育；罪犯服刑中的劳动教育；罪犯刑释前的劳动教育等内容。

6. 协调罪犯劳动与其他方面如狱政管理、罪犯教育等方面的关系，充分发挥劳动、管理和教育在罪犯改造中的作用。

（二）罪犯劳动管理的作用

罪犯劳动管理在监狱工作中占有十分重要的地位，是罪犯改造的基本内容之一，具有不可替代的作用。

1. 罪犯劳动管理是罪犯劳动能够顺利进行的基本保证。罪犯劳动是众多罪犯集中在监狱进行的集体生产劳动，是一种社会化大生产，这就需要有分工、有协作，需要相互之间的配合，使劳动者、劳动对象、劳动工具在一定的空间和时间内有机地结合起来，使之成为一种有效的社会劳动。罪犯劳动管理除应该符合社会企业生产管理的一般规律以外，还应在法律的指导下，对这些特殊的劳动者进行分类、编组，进行入监教育、劳动教育、监规监纪教育，规定严格的劳动纪律。通过管理，对罪犯劳动力进行分类定岗，技术培训，明确劳动规范，安排生产任务，提出产品质量和时间要求，加强作业管理等，以确保监狱生产活动的顺利进行。

2. 罪犯劳动管理也是实现罪犯劳动改造的基本途径。监狱依法组织罪犯劳动，并在劳动管理中建立合理的劳动组织，加强劳动监督控制，强化监督考核，严明奖惩，同时协调各种劳动关系，加强劳动教育和技能培训，组织劳动竞赛，保障罪犯在劳动中的合法权益。只有通过依法、严格、科学的管理，才能调动罪犯劳动积极性，培养罪犯劳动习惯，使罪犯在劳动中学会劳动技能，树立法制观念，逐步形成新的道德观、价值观，从而使罪犯真正得到改造。

3. 罪犯劳动管理是促进监狱生产发展的重要手段。罪犯劳动是生产性劳动，一般在监狱生产单位（主要是监狱企业）内进行，监狱生产单位具备了一般生产所具备的基本要素，即劳动力、生产资料和劳动对象。罪犯参加生产性劳动以及与此相关的因素，就形成了监狱生产。监狱生产是指在监狱的组织下，罪犯使用劳动工具去改变劳动对象，创造出适合监狱或社会需要的物质资料的过程。由于监狱生产的存在，又形成了监狱经济。因此，监狱生产单位通过经济手段，强化罪犯劳动管理，运用科学方法，从劳动项目的选择到生产劳动的组织，从生产管理到经营管理，都围绕着经济目的而展开，做到科学决策、科学管理，以求效率的提高。如此一来，不仅促进了监狱生产的发展，反过来也促进了罪犯的改造。

三、我国罪犯劳动管理的发展与完善

（一）罪犯劳动管理在监狱工作中的地位逐步明确

新中国成立初期，我国监狱制度和罪犯劳动改造制度被视为一体，刑罚执行等同于劳动改造，监狱俗称劳改队，罪犯劳动管理就是监狱的管理。随着社会的变革与发展，人们逐步认识到，监狱的本质属性是国家的刑罚执行机关，罪犯劳动本身不是刑罚手段，而是教育改造罪犯的基本手段。罪犯劳动管理只是监狱工作的重要部分，但不是全部。1994 年《监狱法》颁布实施，进一步明确了罪犯劳动管理是以教育改造罪犯的手段而存在的一种管理活动，从而使罪犯劳动管理在监狱工作中得到科学定位。

（二）罪犯劳动的组织与管理由散乱随意走向集中规范

一直以来，我国监狱罪犯劳动大多以农业或工矿业为主，劳动项目就地取材，因地制宜。不同的监狱，不同的劳动项目，管理上各不相同，存在着散乱随意的现象。进入 21 世纪，司法部提出了罪犯劳动三大转移目标，即狱外劳动向狱内劳动转移、农业劳动向工业劳动转移、零散劳动向集中劳动转移，目前我国大部分监狱都实现了这一目标。尤其是 2003 年监狱体制进行改革试点，2008 年全面实行的“全额保障、监企分开、收支分开、规范运行”的监狱管理新体制。这一新的体制，不仅在监狱经费保障、监狱企业经营、罪犯劳动管理方面给监狱带来了新的变化，而且也给监狱带来了新的发展机遇，使罪犯劳动管理走上了更加规范、健康的运行轨道。

（三）罪犯劳动管理更加注重罪犯的劳动技术教育

劳动对罪犯改造而言，不仅体现在思想观念上，而且体现在习得技能，提高素质上。近年来，我国监狱本着“面向生产、着眼就业、服务社会”的原则，配合罪犯劳动进行的职业技术教育培训取得了巨大成绩，不仅满足了监狱企业生产的需要，而且每年都有大批罪犯通过培训获得了各种专业劳动技术等级证书，极大地丰富了罪犯劳动管理的内容。

（四）罪犯的劳动权利保护日臻完善

我国罪犯劳动初创时期，许多方面由于无法可依，往往以政策、文件、领导人批示来规范和指导，这种指导虽然及时有效，但它毕竟不统一、不稳定，缺乏系统性、严密性和科学性。随着国家监狱法制化建设工作的推进，与罪犯劳动中有关司法人权保护的法律法规逐步被制定出来，并得到了严格认真的执行。尤其是自 1994 年《监狱法》的颁布和实施以来，依法保障罪犯基本权利已经成为我国监狱管理工作的重要内容。罪犯的各种权利，包括劳动休息权、劳动报酬权、劳动保护和劳动保险权等在内的劳动权利，都依法得到了前所未有的保障。罪犯劳动中的司法人权保护日臻完善，不但使罪犯劳动改造的质量得到了有效的保证和不断的提高，而且使我国监狱罪犯劳动理论既独具特色，又体现了社会发展、时代进步对监狱刑罚制度的要求。

学习任务二　理解罪犯劳动管理的原则

知识储备

罪犯劳动管理原则主要是指监狱组织管理罪犯劳动时应把握和遵循的基本准则。罪犯劳动管理是一项执法性、政策性很强的管理活动，确定罪犯劳动管理的原则，旨在发挥它的调节控制作用，形成客观的评价尺度和标准，约束、规范具体管理行为，控制管理活动运行和发展的方向。为此，认真把握和遵循基本原则，既是一个理论性的问题，又是一个实践性很强的问题。

一、依法管理原则

监狱是国家刑罚执行机关，监狱里的各项管理活动都与执法有关，罪犯劳动管理实质上也是一项特定的执法工作。所谓依法管理原则是指监狱机关及其人民警察对罪犯劳动管理的全部活动都要严格依法进行，做到依法管理，从而实现罪犯劳动管理法制化。

依法治监，实现监狱工作科学化、法制化、规范化是我国监狱面向21世纪的根本发展方向。它既是我国建设现代化文明监狱的根本要求，同时也是依法治国，建设社会主义法治国家这一治国方略在监狱的具体体现。罪犯劳动管理作为监狱执行刑罚的重要内容，无疑在依法治监这一根本任务中起着举足轻重的作用。因此，罪犯劳动管理过程中贯彻依法管理的原则有着特别重要的意义。

贯彻实施这一原则，具体需要做好以下几个方面的工作：

1. 大力提高广大监狱人民警察对贯彻实施依法管理这一原则的认识。依法治监、规范执法既是新时期党和国家对广大监狱人民警察的根本要求，也是监狱人民警察的起码职责。罪犯劳动管理是一项严肃的执法活动和刑罚执行活动，这项工作能否严格依法进行，既关系到罪犯劳动的有效改造，也涉及罪犯的人权保障，更重要的是关系到监狱作为国家刑罚执行机关的形象。因此，对这样一项管理活动必须坚持严格依法管理的原则，决不允许丝毫的懈怠和随意。

2. 罪犯劳动管理必须以国家有关法律法规为依据，并严格依照法律规定执行。罪犯劳动管理必须遵循的法律法规很多，大到宪法、刑法，小到监狱法，还有直接与生产劳动有关的一系列法律法规，如劳动保护、安全生产、劳动保险、工业卫生，等等。这些法律法规都是罪犯劳动管理强有力的法律保障。

有法可依只是依法管理的前提条件，真正实现依法管理，还必须做到有法必依，执法必严。因此，罪犯劳动管理过程中，各方面各环节都必须严格依法办事。《监狱法》第69条规定，“有劳动能力的罪犯，必须参加劳动”。按此规定，监狱必须提供足够的劳动岗位来满足罪犯劳动的需要，保证罪犯的劳动机会是监狱的法定义务。另外，在组织罪犯劳动过程中，各类罪犯的劳动时间、劳动强度、劳动分工如何确定应按法律规定；罪犯劳动的安全保障、劳动保护必须严格按有关法律执行；等等，做到依法组织，依法对待，依法管理。

3. 贯彻实施依法管理原则，还要求对劳动管理过程中的违法行为进行严肃查处，并自觉接受人民检察院的法律监督。贯彻实施依法管理原则，还必须坚持违法必究。对在劳动管理过程中的一些违法行为，如一味追求经济效益，致使罪犯得不到有效改造并使罪犯合法权益受到损害的行为；盲目追求经济效益而忽视安全保护、环境保护而导致重大安全责任事故的行为；等等，一经发生，各级监狱机关及有关部门都应该严肃查处，绝不姑息迁就，构成犯罪的，要依法追究刑事责任。另外，罪犯劳动管理作为监狱执行刑罚的重要活动，依照法律规定，必须依法接受人民检察院的法律监督。人民检察院驻监检察人员对劳动管理过程中的一些违反法律法规的行为要及时提出监督意见，以便使问题及早得以解决。

二、目的性原则

罪犯劳动管理的根本目的是改造罪犯。在改造目的下，罪犯劳动管理及其活动都是服务于改造目的的方式和手段。具体表现在以下两个方面：

1. 生产劳动必须确保改造目标的中心地位。确保改造目标的中心地位，既是刑罚执行内容的拓展，又是改造手段的细化，更是监狱制度进步的重要体现。要确保改造目标的中心地位，就必须建立起与之相适应的监狱管理体制与运行机制，正确处理好改造与生产之间的关系。

2. 生产劳动必须积极适应改造的需要。根据新时期国家对刑罚执行和监狱工作的要求，从加强教育和强化劳动改造手段的观点出发，评价生产劳动组织的合理与否，关键看对罪犯思想转变，行为矫治功能与作用发挥的程度，是否主动积极地适应罪犯的新特点、改造的新要求，有利于罪犯再社会化。具体表现为：①有利于揭示服刑人员的真实思想和行为；②有利于消除服刑人员的犯罪意识；③有利于改变服刑人员的不良习惯。

三、劳动与教育相结合原则

劳动与教育相结合，是我国一贯所坚持的劳动改造方针，是指在罪犯劳动改造中，注重其思想教育，通过启发、诱导和积极的影响活动，转变罪犯对生产劳动的认识，为其养成劳动习惯、提高劳动技能奠定思想基础。劳动与教育相结合，是一种客观需要，一则是由劳动改造的性质所决定的；二则是建立良好稳定的生产劳动秩序的需要；三则是罪犯再社会化的需要。由此可见，劳动与教育不能截然分开，教育既是劳动的一项内容，又是一种方法，要实现劳动改造目标，完成劳动任务，就必须加强教育。

为此，具体工作中应注重两个方面的问题：

1. 注重内容方面的结合。就是在劳动改造的过程中选择适当的内容，进行积极的教育，包括劳动观、价值观的教育、守法教育、养成教育、劳动技能教育等。

2. 注重方法方面的结合。就是在劳动中除了法律方法、行政方法、经济方法以外，还应结合集体教育、个别教育等方法的应用。

四、监狱人民警察直接管理原则

监狱人民警察直接管理，是指罪犯在劳动过程中监狱人民警察直接从事管理活动，实施行政行为，处理具体事项，履行职责。监狱人民警察对罪犯劳动的直接管理，是国家赋予监狱人民警察对罪犯劳动管理的行刑权，只有监狱人民警察才是唯一合法的劳动管理行刑权主体。监狱人民警察的这种特殊地位决定了对罪犯劳动应该直接进行管理和指导，而不应该随意把这种行刑执法权授予他人，更不能让罪犯进行管理和指导。只有坚持监狱人民警察直接管理，才能控制罪犯劳动中的不良行为，才能维护正常的罪犯劳动秩序，才能对罪犯的劳动作出正确的评价，最终维护监狱行刑执法的公正性。监狱人民警察直接管理原则的基本要求是：

1. 监狱人民警察要切实履行职责，对罪犯劳动的全过程实施直接的管理和指导。监狱人民警察要亲自带领罪犯出、收工，亲自深入生产劳动现场，亲自布置劳动任务、劳动要求和注意事项；监狱人民警察要恪尽职守，完成生产劳动的计划、组织、指挥、协调、控制工作，督促罪犯完成劳动任务。

2. 监狱人民警察要正确运用国家赋予的罪犯劳动管理权，杜绝用“拐棍”进行管理，防止和避免利用罪犯或他人管理罪犯的现象。同时，也决不允许监狱人民警察的罪犯劳动管理权力的滥用。

3. 建立、健全和落实监狱人民警察岗位责任制，是贯彻监狱人民警察直接管理原则的重要保证。

五、重视罪犯劳动力主体性原则

重视罪犯劳动力主体性原则，就是根据罪犯的基本情况以及不同的特点实施管理。这对于调动罪犯的劳动热情和积极性、创造性，对于有效地提高劳动生产率有着积极的意义。监狱所组织的生产劳动，劳动力主体是罪犯，这是法律所决定的，也是管理、教育的特点决定的。从一般劳动力管理的角度看，罪犯作为劳动力有其特殊性：一是劳动的被动性；二是激励的滞后性；三是相互之间的差异性；四是技术能力的低层次性。因此，鉴于罪犯劳动力群体的情况，具体管理过程中应侧重以下几个环节：

1. 建立有效可行的劳动管理模式。对罪犯劳动力的管理，应建立高度统一的劳动管理模式，即强化行政权威，运用行政手段协调管理，注重行政权力运用的统驭力，使罪犯劳动力的思想和行为受到严密的控制。

2. 注重事前控制。在事项活动之前，做好预测，制定预防性措施。通过措施的运用，抑制或消除罪犯消极不利因素的影响，确保劳动生产计划的实施。

3. 合理组织安排。根据不同罪犯的生理心理、智力体力、行为习惯、基本改造表现等情况，安排相应的劳动任务，制定定额、明确责任，建立合理的劳动组织，促进罪犯劳动的协调与配合。

4. 加强检查督导。加强劳动现场的检查督导，发现问题，及时解决。对违反监管和劳动纪律的行为，一经发现及时查处。

学习任务三　掌握罪犯劳动管理的任务

知识储备

罪犯劳动管理是刑罚执行和监狱管理的重要内容和组成部分，它的基本任务是：依法科学、合理地对罪犯的生产劳动实施计划、组织、指挥、协调、控制等管理行为，正确应用劳动改造手段，创造适宜的环境，强化改造与矫治功能，充分调动罪犯的积极性，提高劳动效率，完成生产任务。

一、协调好罪犯劳动与监狱生产的关系，促进罪犯的改造

罪犯劳动具有双重性：一是改造属性；二是生产属性。如何协调好改造与生产的关系，是罪犯劳动管理所面临的首要问题。历史证明，两者关系处理得好，既有利于罪犯的改造，也可促进监狱生产的发展，反之就相互伤害。20 世纪八九十年代，我国监狱体制还是监企合一的时候，监狱的执法经费主要依赖于监狱企业的生产经营效益，罪犯劳动管理重心也放在了监狱生产上，照搬市场模式，以开放搞活的经营原则处置罪犯劳动改造，甚至干脆以经济建设为中心，不再过问劳动改造。当时在市场经济条件下，不少监狱由于各种各样的原因逐渐显现出对市场经济的不适应，都出现了经营上的困难，接连亏损，生产难以为继，甚至破产，从而也直接影响了罪犯的劳动改造，改造和生产出现了两败俱损的局面。进入 21 世纪，我国监狱体制进行了改革，监狱经费得到了保障，监狱与企业分开，监狱生产恢复为只向罪犯提供劳动的机会，使罪犯劳动管理走上了正常的执法轨道。事实表明，在罪犯劳动管理中，只有注重劳动的改造功能，并充分发挥作用，才能建立良好稳定的监管秩序，为罪犯提供适宜的改造环境，创造生产效益。否则，只是将罪犯作为一般社会劳动力进行管理，单纯追求经济效益，就会使罪犯生产劳动偏离正常运行轨道，从而降低刑罚和改造效率。

正确理解罪犯劳动与监狱生产的关系，必须明确监狱生产存在的意义。监狱生产是以监狱为管理主体，以罪犯为主要劳动力，从事物质产品生产的特殊生产活动。监狱生产的产生源于劳动改造，监狱生产是劳动改造的派生物，是罪犯劳动改造的重要

载体。监狱生产的开展必须围绕劳动改造而展开，必须服从劳动改造的需要，必须为劳动改造服务。具体表现为：

1. 广泛、持续地保障罪犯劳动的机会和条件。首先，劳动是罪犯的权利，其指的是罪犯在监狱有要求参加劳动的权利，监狱非依法或无正当理由不能剥夺罪犯的这一权利，这是罪犯免受单纯监禁的一项基本权利。其次，提供罪犯劳动的机会和条件，是监狱的义务和责任。对此，我国《监狱法》第 8 条中有严格的明文规定，它要求国家提供罪犯劳动必需的生产设施和生产经费。因此，保证罪犯都能参加生产劳动，并在劳动中实现罪犯的改造，是监狱的义务所在。寻求更多的适合罪犯劳动的岗位，创造优良的劳动环境，是监狱义不容辞的责任。创造劳动机会、保障劳动条件是罪犯劳动管理中一项重要的、不可回避的长期性任务。

2. 选择确定适宜罪犯的劳动项目。罪犯劳动项目有很多限制性的要求，比如，它是否适合罪犯劳动力的特点；是否有利于罪犯的改造；项目是否安全；是否具有经济效益性；等等。所以在确定劳动项目时，监狱必须综合考虑各种各样的因素，作出正确的选择。

3. 着力解决罪犯劳动技能学习和技术培训的问题。劳动具有端正思想、矫正恶习、培养劳动技能的功能。罪犯劳动的管理工作必须紧紧围绕这一功能作用而展开，必须致力于劳动技术的培训，使罪犯学会劳动技术，掌握劳动技能，实现罪犯劳动改造的目标。

4. 促进罪犯劳动报酬权利的规范实施。罪犯参加劳动，同样享有劳动报酬，这是法律的规定。因此，监狱在罪犯劳动管理过程中，必须确保罪犯劳动的效率和效益，制定科学、合理、可行的劳动报酬制度，按时、按要求发放罪犯劳动报酬，促进罪犯劳动报酬权利的规范实施。

二、严密组织、科学管理，确保罪犯劳动生产过程顺利进行

就监狱而言，其组织生产的目的是劳动改造。但由于监狱生产依然离不开市场，监狱生产的组织运转也是在市场体系中进行的。目前，我国实行的是社会主义市场经济体制，它是以市场为基本杠杆，调节一切生产劳动部门和企业，任何生产劳动部门和企业要想在市场中立足，要想取得良好的社会效益和经济效益，就必须研究市场、走向市场、占有市场和驾驭市场。因此，罪犯劳动管理就应当自觉遵循市场经济发展规律，监狱必须在市场原则指导下，通过严密组织、科学管理，建立适合监狱实际的劳动生产方式来确保监狱生产的正常运行和发展。

监狱作为监狱生产的主体，不可能改变监狱生产的经济性质和目的，因此它也必须按照经济发展规律的要求进行管理，正确应用现代管理思想方法，采用先进的管理技术，建立科学的劳动管理模式和机制，有效地组织罪犯从事生产劳动。具体包括：

1. 树立科学的管理思想。科学的劳动管理思想是以先进、系统的知识与理论为基

础，指导管理进步和发展的思想体系，它具有稳定性、开放性的特征。在科学管理思想指导下，监狱应结合罪犯劳动的特点，在确保监狱职能准确定位的前提下，有效吸收社会企业的管理经验和成功做法，建立一套相对稳定的罪犯劳动管理的形式和方式。

2. 建立科学的生产劳动组织。罪犯劳动组织是劳动力开展活动的基本单位。科学的生产劳动组织是按某一特定需要筹划、设计、编排、组建的协作单位，包括编队、分组及岗位设定等。在监狱一般以监区、分监区、作业组、劳动岗位的形式确定劳动组织，承担不同的劳动任务。劳动组织的建立应当充分考虑如何更好地发挥劳动力效能问题。针对罪犯劳动力的特点，监狱在建立劳动组织时，应从罪犯劳动能力、生产项目、作业特性等方面考虑。

3. 建立科学的管理方法体系。罪犯劳动管理过程中，方法的应用有很多，诸如法律、行政、教育和经济等方法。但是这些方法在应用过程中如何做到协调，提高其针对性，这就是建立可行性较强的管理方法体系的必要性所在。

三、提高劳动效率，保证经济效益的提高

劳动效率是指劳动者在单位时间内生产某种产品或全部产品的效率。劳动效率的高低，受诸多因素的影响，如生产发展水平，劳动组织形式，劳动力的积极性和劳动熟练程度等。劳动效率高低的评价，既反映了劳动管理的水平，也是罪犯劳动改造考核的需要。经济效益一般指人们在物质产品生产活动中消耗一定量的活劳动和物化劳动后，所能实际取得的符合社会需要的产品量的大小，其反映物质产品生产的投入产出比。劳动效率与经济效益有着内在的联系，提高劳动效率，可以提高经济效益。

罪犯劳动尽管是一种特殊意义上的生产劳动，但也具有生产劳动的一般特点，因此，也要遵循生产劳动的效益性。罪犯劳动不仅应该遵循生产劳动的社会效益性，而且应该遵循生产劳动的经济效益性，不追求任何经济效益的罪犯生产劳动，甚至认为罪犯生产劳动可以不讲成本核算，可以无限亏损和浪费的想法做法都是不符合生产劳动一般规律的。同时也是对罪犯的劳动改造极其有害的，达不到对罪犯劳动改造的目的。历史上一些国家在罪犯劳动中采取让罪犯挖坑、填上，再挖坑、再填上的无效重复劳动，只能是一种惩役性劳动，它对罪犯的改造危害极大，是不足取的。对罪犯劳动管理而言，劳动效率与经济效益不仅反映了罪犯的技术能力水平，劳动成果优劣和改造状况，还反映了监狱生产劳动的技术手段相关条件以及管理状况。所以，劳动效率与经济效益既是衡量评价监狱物质产品生产的经济指标，也是评价罪犯改造效果的指标，还是比较监狱劳动管理水平的综合指标。因此，监狱有责任也有义务着力提高劳动效率和经济效益。

为了提高劳动效率和经济效益，监狱必须从具体的管理手段、管理方法着手，包括选择合适的生产项目、合适的产业结构、合理的运行机制、科学严密的管理制度等，做好罪犯劳动力的合理配置，准确定员、定岗、定额；加强罪犯的技术培训，提高罪

犯劳动技能和熟练程度；优化工艺流程管理，提高产品质量；开展形式多样的竞赛活动，提高罪犯劳动积极性；等等。

四、培养劳动技能，创造就业条件

培养劳动技能，创造就业条件，是根据罪犯劳动和就业的需要，配合教育改造，在罪犯劳动管理中，有组织、有计划地向罪犯传授专业技术知识，提高实践操作能力，使其具备一技之长，或考取专业技术资格证书，为刑满释放以后就业谋生，适应社会生活创造必要的条件。

罪犯劳动技能的培训与学习，既是生产的需要，也是罪犯改造的要求。监狱本着"面向生产、着眼就业、服务社会"的培训方针，一方面根据现有的劳动项目进行劳动技能培训，做到"干什么，学什么，会什么"，把技能培训与每天的劳动结合起来，通过日积月累，逐步提高劳动技能和熟练程度；另一方面监狱引进社会力量，包括劳动管理部门、职业培训机构等进行旨在考取专业技术资格证书的再就业专门培训，目的是为罪犯刑满释放以后就业谋生提供帮助。

实践证明，缺乏劳动技能，身无一技之长既是罪犯走上犯罪道路的原因之一，同时也是导致罪犯刑满释放后重新犯罪的重要原因。罪犯在服刑期间，如果学到劳动技能，掌握2~3门技术，就为罪犯回归社会成为守法公民奠定坚实基础；反之，如果罪犯在服刑期间，没有学到劳动技能和过硬本领，就为罪犯回归社会后的重新犯罪埋下隐患。因此，监狱在组织罪犯劳动过程中要从讲政治的高度来看待这一问题，始终把改造罪犯，巩固罪犯改造成果，最大限度地预防和减少犯罪，维护社会稳定作为工作的出发点和落脚点，只有这样，才是真正贯彻了社会效益第一的思想。切不可抱着"监狱只管看押改造，出狱后犯罪不犯罪与我无关"的错误思想，这既是一种短视行为和不负责任的态度，同时也是一种严重的失职行为。

思考与练习题

1. 为什么说罪犯劳动是我国监狱工作的重要组成部分?
2. 如何理解罪犯劳动管理的原则?
3. 试述罪犯劳动管理的任务。

学习单元二

罪犯劳动管理的特点和方法

知识目标

通过本单元学习，能够：

1. 理解罪犯劳动管理的特点。
2. 掌握罪犯劳动管理的方法。

学习任务一　理解罪犯劳动管理的特点

知识储备

罪犯劳动管理既是监狱执行刑罚的一项重要管理活动，也是罪犯改造的一种手段。监狱通过有效的管理，使罪犯在劳动过程中实现自我改造的过程，一直以来构成了我国监狱工作制度的重要基础，形成了具有中国特色的社会主义监狱制度。这一制度决定了罪犯劳动管理具有不同于社会其他劳动管理的特点。

一、劳动力素质的“劣质”性特点

（一）劳动力多元化

劳动力的多元化，是由罪犯的多元化所决定的。目前监狱收押改造的罪犯，不管是犯罪类型，还是年龄、文化程度、职业、刑期等都存在着较大的差异性，从而导致罪犯自身的心态、思想、行为的不同，形成罪犯多元化的特点。

（二）劳动力素质低下

罪犯普遍存在好逸恶劳、贪图享乐的错误思想，缺乏劳动动机和劳动习惯。他们被投入监狱服刑改造后，一般无安心劳动的思想准备，也无积极劳动的内心需要。在强制劳动的条件下，他们很容易形成消极对抗的劳动态度，诸如投机取巧、出工不出力等现象，个别罪犯甚至不惜通过装病、自伤自残的方式来逃避劳动，有的甚至公然反抗、破坏生产等，给管理增加了不少难度和不可预知的风险。

（三）劳动力结构不合理

从监狱生产的劳动力来源看，监狱本身无法控制劳动力结构，劳动力结构完全是由罪犯结构决定。这使得监狱劳动力思想行为结构、数量质量结构、文化技术结构、年龄结构、性格气质结构等，不可能按一般生产劳动需要进行主动的科学配置，因此呈现不合理状况。

（四）劳动力队伍极不稳定

罪犯劳动管理从属于监狱执行刑罚、惩罚与改造职能，这决定了监狱罪犯劳动力的不稳定，具体体现在：

1. 劳动力数量、质量不稳定。劳动力数量、质量受监狱押犯的数量、质量的影响，这使得罪犯劳动力数量时多时少，质量时好时坏，起伏波动，呈不稳定状态，给监狱劳动力资源管理带来了极大的盲目性。

2. 劳动力熟练程度和操作技术不稳定。罪犯劳动力普遍缺乏劳动技能，少数有一定技能的罪犯，也不一定适合监狱生产劳动的需要。罪犯劳动技能的掌握和熟练，都是经过入监培训，在劳动过程中慢慢提高的过程。但是，随着罪犯不断的出监、入监的影响，劳动力呈现出“优”出“劣”进的态势，造成劳动力熟练程度和操作技术上的不稳定性。这一不稳定性给监狱生产带来了不利的影响，劳动生产率的提高受到限制。

二、管理者多重身份性特点

罪犯劳动的组织管理者是监狱人民警察，监狱人民警察同社会普通劳动的管理者相比，具有特殊地位。《监狱法》第5条规定：“监狱的人民警察依法管理监狱、执行刑罚、对罪犯进行教育改造等活动，受法律保护。”可见，监狱人民警察除了组织罪犯参加劳动，以劳动为手段改造罪犯，创造物质财富外，同时还是监狱刑罚执行者、监督管理者和教育改造者，这种特殊的多重角色，决定了监狱人民警察的特殊地位。

三、管理手段的强制性特点

强制管理是法律赋予监狱的管理手段，它是建立在监狱执行刑罚的强制力量基础之上的行为。罪犯劳动管理作为监狱管理的一项重要管理活动，具有强制性的特点。这一特点主要表现在：

（一）劳动的法定性

我国《监狱法》第69条明文规定：“有劳动能力的罪犯，必须参加劳动。”国家从立法的高度来保证劳动这一改造罪犯手段在实践中落实，这充分说明监狱组织罪犯进行劳动的重要性与必要性。在监狱，有劳动能力的罪犯必须参加劳动，这不仅是每个罪犯必须尽的义务，也是每个罪犯矫正恶习、掌握劳动技能、重新做人的一个重要途径。

（二）纪律的约束性

罪犯参加劳动必须无条件地服从监狱的安排，严格遵守生产管理制度和劳动纪律，对任何工种和岗位，都不能自我选择或自我决定，每个罪犯在劳动现场，都必须置于警察的绝对监督之下，否则以违反劳动纪律、违反监规予以惩处。

（三）生产任务的确定性

在监狱每个有劳动能力的罪犯都必须参加劳动，并按时、按质、按量完成监狱下达的考核任务，每个罪犯因自身素质、技术熟练程度、文化水平高低、体质状况好坏、年龄大小等不同因素，其劳动定额大小也不同。但监狱所规定的定额任务，罪犯必须亲自完成。

（四）劳动范围的限制性

在监狱场所，罪犯的劳动是在严格的管制下进行的，人身自由和各种权利受到了严格的限制，劳动现场的周围都有明显的警戒标志，罪犯的一切活动，由监狱统一安排，只能在规定的范围内进行。

四、管理目标的多元化特点

我国监狱工作方针是“惩罚与改造相结合，以改造人为宗旨”。监狱组织罪犯劳动，首先是为了改造他们，其次是为了创造物质财富。这决定了罪犯劳动管理的目标具有多元化的特点。

从改造罪犯看，《监狱法》第70条明确规定：“监狱根据罪犯的个人情况，合理组织劳动，使其矫正恶习，养成劳动习惯，学会生产技能，并为释放后就业创造条件。”这实际上指明对罪犯劳动管理的目标有两个：一是矫正恶习，养成劳动习惯；二是学会生产技能，并为释放后的就业创造条件。

从生产管理看，罪犯劳动不是一种无效劳动，它应该创造物质财富，产生经济效益。选择好的生产项目，搞好生产经营活动，对罪犯生产劳动进行有效的管理，在创造物质财富的同时，实现尽可能好的经济效益，也应该是罪犯劳动管理的目标。

另外，罪犯劳动管理目标还要服从和服务于维护良好改造秩序这一狱政管理目标。没有一个良好的监管秩序，罪犯生产劳动、教育改造不可能顺利开展。因此，监管安全也是罪犯劳动管理的一个重要目标。

可见，罪犯劳动管理的目标远远不同于社会一般企业劳动管理的目标，具有多元化特点。

学习任务二　掌握罪犯劳动管理的方法

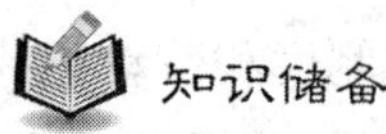

罪犯劳动管理的方法按性质和内容划分，主要有法律方法、行政方法、教育方法和经济方法。

一、法律方法

监狱组织罪犯劳动的过程同时也是一个执法的过程，所以监狱人民警察在对罪犯进行劳动管理的过程中，必须首先按照法律法规的要求办事。对罪犯劳动管理的法律方法，是指监狱机关和监狱人民警察依据国家法律，对罪犯生产劳动行使管理职能，完成管理任务的一种方法。

（一）法律方法的内涵

1. 法律运用。就是充分运用有关法律法规，制定罪犯劳动管理准则，形成管理规范，确保罪犯劳动管理的稳定性和准确性。

罪犯劳动管理中的执法内容十分广泛，不仅包括《监狱法》《刑法》等刑事法律法规的规定，还包括劳动、生产、产品质量、技术、劳动保护、安全生产、环保、行政、劳动人事、经济的许多法律法规的相关规定。这些法律规定错综复杂，对罪犯劳动管理都有着指导性的意义，充分运用法律规范去调整罪犯劳动管理的关系，对保证罪犯劳动管理工作的正常运行，建立健全罪犯劳动改造秩序都有着十分重要的意义。

2. 法制教育。就是对罪犯实施的法律知识（主要是与生产劳动有关的法律规定）的教育活动。法律知识的教育，目的是促使罪犯知法、守法，使其在劳动过程中，积极接受劳动改造，自觉遵守生产劳动纪律，服从管理，严格按照劳动生产要求进行生产，提高劳动安全意识、劳动保护意识、产品质量意识，确保监狱生产的安全、有序。

（二）法律方法的要求

1. 加强法律宣传教育，普及法律知识，增强法律意识。

2. 熟悉各种相关法律法规以及各项规章制度。

3. 严格依法管理，正确处理监狱人民警察与罪犯双方的权利和义务。

二、行政方法

罪犯劳动管理的行政方法主要指在罪犯劳动中，监狱运用行政手段（计划、命令、指示、规定、规章、制度）对管理对象行使管理职能，完成管理任务的一种方法。行政方法具有强制性、直接性、针对性、灵活性和高效性等基本特点。

（一）行政方法的内涵

罪犯劳动的行政管理主要通过对一系列罪犯劳动的规章制度的贯彻执行来实现。这些规章制度主要包括：罪犯劳动力分类制度、劳动定员定额制度、劳动现场管理制度、劳动组织制度、劳动岗位责任制度、劳动工时制度、劳动考核与报酬制度、劳动技能教育制度、劳动保护制度及劳动纪律制度等。这些规章制度构成一个罪犯劳动管理的制度体系，在贯彻执行中互相配套、互相联系，共同为罪犯劳动管理服务。

另外，对罪犯劳动的检查、监督、考核也属于行政方法的内涵。监狱通过检查落实生产计划和生产进度情况，通过监督确保罪犯在劳动过程中遵守监规纪律、劳动纪律、操作规程、规章制度，通过考核正确评价罪犯劳动效果。

（二）行政方法的要求

1. 建立一个精简、统一、高效、严密的罪犯劳动管理系统。

2. 统一指挥，逐级负责。

3. 目标、权利、责任相统一。

三、教育方法

教育方法是指通过一定的思想理论教育方式，达到改变人的思想和行为的做法。教育方法是我国罪犯改造的重要手段，在新的时代背景下，正确运用教育方法是做好罪犯劳动管理工作的保证。

（一）教育方法的内涵

1. 集体意识的教育。罪犯劳动以集体劳动为主，集体劳动需要良好的集体意识和协作精神，才能高效率地完成生产任务。通过教育，培养罪犯团结协作、相互支持、助人为乐的精神，树立关心集体、爱护集体的思想，增强罪犯的集体荣誉感。

2. 爱护公共财物的教育。在劳动过程中，应当教育罪犯严格遵守操作规程，爱护机器设备，节约原材料，珍惜劳动成果，以达到降低成本、保证质量、提高生产效率的目的。

3. 解决罪犯劳动中出现的消极思想。罪犯在劳动改造过程中难免会由于各种各样原因的影响出现思想反复、情绪波动的情况。遇到这种情况，监狱人民警察应当及时发现并采取有效措施予以化解，化消极为积极，促进罪犯的思想改造。

（二）教育方法的要求

教育方法的手段和形式很多，对罪犯实施教育活动时，应具体问题具体分析，针对不同情况采取不同的方式进行，提高教育效果。

1. 个别谈话法。针对个人的教育方法。

2. 小结提示法。在出工、收工、工间休息时，针对一些有普遍意义的问题，总结一段时间内的情况，提醒罪犯注意，这就是小结提示法。

3. 宣传鼓动法。就是监狱和监狱人民警察利用各种宣传工具，在劳动管理中激发罪犯生产劳动积极性，达到生产目的，实现教育效果的方法。

四、经济方法

经济方法是指监狱运用经济杠杆、价值规律和经济制度行使罪犯劳动管理职能，完成管理任务的一种管理方法。经济方法的运用，一方面可以调动罪犯生产劳动积极性；另一方面可以增加罪犯劳动报酬，促进罪犯安心改造。

（一）经济方法的内涵

1. 物质奖励。包括现金奖励和实物奖励。

2. 津贴。包括补贴和技术津贴。

3. 劳动报酬。

（二）经济方法的要求

1. 从实际出发，准确合理制定罪犯劳动成果评价标准以及物质奖励的内容和等级。

2. 准确制定一套罪犯劳动报酬的计算方法及发放标准。

3. 物质奖励、津贴、劳动报酬必须及时兑现。

思考与练习题

1. 如何理解罪犯劳动管理的特点？

2. 罪犯劳动管理有哪些方法？

学习单元三

罪犯劳动组织管理机构

知识目标

通过本单元学习，能够：

1. 理解罪犯劳动组织管理机构的设置原则。
2. 明确罪犯劳动组织管理机构的体系。

学习任务一　理解罪犯劳动组织管理机构的设置原则

知识储备

一、罪犯劳动组织管理机构概述

（一）罪犯劳动组织的概念

管理学意义上的组织，是指在一个大的外在环境系统中按照一定的目的、任务和形式，组合起来的相互作用、相互依存、相互协作的人群的开放系统。它一般具有四个特征：

1. 目的性，即按照一定的目的，满足其成员一定的需要组合起来的人群。
2. 结构性，其是正式或非正式地按照职能分工、责权分配和层次等级而组合的人群结构。
3. 系统性，组织内人们互相依存、互相协作，从而形成一个协调行为的系统。
4. 开放性，这种协调行为的系统与外在环境有信息、能量、质量的交换。

我国监狱的罪犯劳动组织，是按照劳动改造的目的和任务建立起来的合理组织和使用罪犯劳动力，使之在改造和生产活动中能相互协调，从而充分发挥劳动的改造功能，不断提高劳动生产率的罪犯体系。其主要任务是：

1. 在组织罪犯劳动过程中，科学地规划和有效地指挥罪犯劳动，根据生产的需要，合理组织和使用罪犯劳动力，使之在生产经营活动中能相互协调。

2. 通过正确处理生产过程中人与人、人与物之间的关系，充分有效地利用劳动时间和生产设备。

3. 通过做好劳动保护、劳动保险和多种福利工作，调动罪犯的生产积极性，提高劳动生产率。

（二）罪犯劳动组织管理机构的含义

罪犯劳动组织管理机构是指围绕罪犯劳动管理的目标，按照一定的结构形式，把领导和指挥罪犯进行生产劳动的管理组织进行合理的组合，形成相对稳定的系统。在这一系统内包含三个要素，即管理目标、机构组合要素和管理结构形式。管理目标是组织罪犯生产劳动的依据和动因，机构组合要素是把组织机构分解后的原始的单元，如部门、职能、人员等，管理结构形式是连接组织机构组合要素的逻辑关系网络。

监狱是一个特殊的社会组织，它既是国家执行刑罚的机关，也是罪犯劳动改造的场所。组织罪犯进行生产劳动是其必然存在的形式，而这种形式的载体就是监狱企业。计划经济时期，实行“监企合一”，监狱的改造、生产都是政府行为，国家对监狱生产实行统一计划、统一供应和产品包销，监狱企业应运而生。监狱企业是以罪犯劳动力为主的经济实体，是监狱生产的组织形式。监狱的性质，决定了监狱企业是一个承担着经济和政治双重任务的特殊企业。因此，在罪犯劳动组织管理机构的设置上，也同样面临双重性问题，也就是说罪犯劳动组织管理机构的设置既要考虑监狱的功能，也要顾及监狱企业的运作。

二、罪犯劳动组织管理机构的设置原则

罪犯劳动组织管理机构领导和指挥罪犯进行生产劳动，对罪犯进行教育和生产技术培训，并对罪犯劳动改造质量进行考核奖惩，保证劳动改造手段发挥固有的功能。为此，监狱在设置罪犯劳动组织管理机构时，应遵循以下几个方面的原则：

（一）服务于改造的原则

组织罪犯劳动的根本目的在于改造罪犯，因此，罪犯劳动组织管理机构的设置必须从有利于罪犯思想和行为的改造出发，监狱各生产管理职能科室的设置应首先考虑改造罪犯的实际情况，以及与狱政科、教育科等罪犯管教职能科室的协调关系。各监区、分监区生产班组的设置，也应首先符合罪犯分押、分管、分教的要求，再根据生产的需要对罪犯进行合理的编排。

（二）符合“监企分开”的原则

在监狱体制改革的条件下，“监企分开”是监狱体制改革的核心，其目的是改变以往“监企合一、监企不分”的状况，把企业从监狱中适度分离出来，进一步强化监狱的执法职能。为此，罪犯劳动组织管理机构的设置必须充分考虑到这一点。目前，大多数监狱都设有企业和相应的领导职能机构以及相关人员就是出于这个原因。

（三）权、责对等的原则

罪犯劳动组织管理机构的权利和义务又被分别称为职权和职责，有职责必须有相应的职权，有职权必须承担相应的职责，做到有责有权，责权统一。

（四）精简、高效的原则

罪犯劳动组织管理机构的设置，要按照罪犯劳动改造和生产的实际需要来设置，尽可能地减少机构设置，严格因事设岗和编制人员数。不能因人设事、因人设机构，导致机构臃肿重叠、人浮于事。在罪犯劳动组织管理机构的设置中，也应充分考虑办事效率。对每一个机构、每一个工作岗位定责任、定权限、定奖惩，将责、权、利结合起来，职责明确，科学地管理和使用每一位管理人员，充分调动管理人员的积极性，充分发挥罪犯劳动生产管理组织整体功能，提高整个组织机构的工作效率。

三、监狱体制改革与罪犯劳动组织管理机构的设置

（一）监狱体制改革的目标

2003年1月20日，司法部印发了《关于监狱体制改革试点工作的指导意见》，明确指出了监狱体制改革的指导思想及目标是：以邓小平理论为指导，全面贯彻“三个代表”重要思想，按照公正司法、严格执法、权责明确、运行高效、制约有效的要求，从监狱工作实际出发，探索符合中国特色社会主义监狱制度，采取监狱刑罚执行管理和生产经营管理、执法经费支出和监狱生产收入分开的运行机制，逐步实现“全额保障、监企分开、收支分开、规范运行”的监狱体制改革目标，建立公正、廉洁、文明、高效的新型监狱体制。

2007年3月16日，司法部办公厅印发了《司法部关于深化监狱体制改革试点工作若干问题的意见》，指出“监狱体制改革试点工作要在党的领导下，坚持以邓小平理论和‘三个代表’重要思想为指导，全面贯彻落实科学发展观，贯彻党的监狱工作方针，牢固树立社会主义法治理念，从我国国情出发，积极稳妥地推进”。该意见还明确指出“监狱是国家的刑罚执行机关。监狱对罪犯实行惩罚和改造相结合、教育和劳动相结合的原则，将罪犯改造成为守法公民。监狱企业是改造罪犯工作的组成部分，对于监狱依法履行职能具有重要作用。监狱企业的主要任务是为监狱改造罪犯提供劳动岗位，为改造罪犯服务，不同于以营利为目的的社会企业，但也要讲效益……”

改革的总体目标是，监狱经费纳入财政保障，建立监狱经费动态增长机制；建立监管改造和生产经营两套管理机制，强化监狱刑罚执行职能；建立执法经费支出和监狱生产收入分开的运行机制，促进公正执法；建立完善监狱和监狱企业管理制度体系，保证新型监狱体制规范运行。

改革的核心是“监企分开”和“规范运行”。所谓“监企分开”，就是监狱不办企业，核心是建立两个双轨运行机制：一是执法经费支出与监狱生产收入双轨运行；二

是监狱刑罚执行管理与生产经营管理双轨运行。把监狱生产从监狱中剥离出来，成立专门的机构进行管理和运作，监狱不再承担生产经营管理职能。监狱和监狱生产实现职能、机构、人员“三独立”，监狱与监狱生产、监狱经费与生产收入、监狱警察的收入与生产收入“三脱钩”。“规范运行”就是重新构建统一规范、管理严密的刑罚执行制度体系，新的监狱企业组织形式和新的运行机制，不断探索建立中国特色社会主义监狱制度，切实提高罪犯教育改造质量。新的体制，给监狱罪犯劳动组织管理机构的设置提出了新的要求。

（二）新型的罪犯劳动组织管理模式逐渐形成

由于监狱体制的改革，建立新型的罪犯劳动组织管理模式成为迫切需要。新型的罪犯劳动组织管理模式既要强化监狱职能，又要兼顾客观事实，需要满足三个条件：一要有利于监管改造罪犯；二要确保罪犯有活干；三要避免市场风险。

目前，一些新型的罪犯劳动组织管理模式在我国逐渐形成，主要有以下模式：一种是按照一般国有企业的模式，实行党委领导下的总经理负责制；另一种是按照现代企业法人治理结构要求的董事会领导下的总经理负责制（如上海）。我国大部分省市都采用第一种模式，但这两种模式以外，还有一种所谓的“北京模式”，就是监狱企业剥离时并没有成立国有独资公司，监狱企业的生产经营活动是由监狱的基层生产科专门负责生产经营事宜，其他干警则专注于监管和帮教工作。司法部批准了北京的做法，也称“北京模式”。

构建新型的罪犯劳动组织管理模式，是在我国司法体制改革的整体背景下而进行的，随着改革的稳步推进，建立体现改造职能的新型的罪犯劳动组织管理模式，对传统的监狱企业的生产组织形式、运行方式都会产生重大影响。

学习任务二　明确罪犯劳动组织管理机构的体系

知识储备

一、罪犯劳动组织管理机构的设置

罪犯劳动组织管理机构的设置受到多种因素的影响，从大的方面看，受国家法律法规，所从事的生产行业政策等的制约；从小的方面看，受监狱生产力水平、生产经营管理水平、生产规模和生产专业化程度的影响。目前，我国罪犯生产劳动的组织管理机构大体可分为监狱（公司）、监区、分监区（管区、工区、生产线）三级管理。

（一）监狱（公司）

目前，在监狱与监狱企业还没有完全分开的情况下，监狱劳动组织机构仍然以监狱长为首，由正副监狱长及公司总经理和各职能科室组成监狱级管理机构，监狱长全面领导罪犯劳动管理工作；公司总经理和副监狱长按照分工，具体领导分工范围的罪犯劳动管理工作；各职能科室包括劳动改造科、公司的生产、计划、供销等部门，它们共同完成全监狱生产劳动方面的管理任务，在主管生产劳动的公司总经理和罪犯劳动改造科的统一指挥下分工协作，保证监狱生产各项任务的完成，实现生产劳动过程的良性循环。

（二）监区（生产车间）

监区级劳动组织管理机构由监区长全面负责，根据监狱下达的生产计划、罪犯劳动任务，通过一系列管理活动，把作业任务分解到所辖的各个分监区（管区）、生产班组。对任务完成情况定期进行检查、指导和督促，并做好统计、汇总、上报工作，对分监区（管区）生产劳动中出现的较大问题，及时协调，帮助解决，确保监狱、监区生产计划、作业计划的完成。

（三）分监区（管区、工区、生产线）

分监区（管区、工区、生产线）级罪犯劳动组织机构由分监区长（警长）全面负责，根据监区下达的各项生产劳动任务组织罪犯生产劳动，保持正常的生产秩序。准确考核罪犯劳动任务的完成情况，做到日考核、月总结、季评比、半年或一年进行奖惩兑现。在生产劳动过程中，训练罪犯的劳动技能，努力提高罪犯的技术水平和劳动生产率。

二、罪犯劳动组织的形式

（一）罪犯班组

罪犯班组是在劳动分工与协作的基础上，为完成某项劳动任务由一定数量的罪犯组织起来的劳动集体。监狱以有利于改造罪犯并完成生产任务为目的，根据各工种的特点及对罪犯劳动力素质的要求，把罪犯劳动力恰当地组成若干班组，正常地开展生产。它是监狱最基本的生产集体，是确定劳动定额、进行质量管理的基础。

罪犯班组是罪犯劳动、生活、学习、互相监督制约的群体，也是组织罪犯劳动最基层的组合形式。通常按工艺专业化和产品专业化的形式建立，按工艺专业化组建的班组，便于罪犯相互掌握技术，也便于进行技术指导，易于评定罪犯掌握劳动技能的程度。按产品专业化组建的班组，有利于同班组罪犯协作配合，树立相互帮助的集体主义的优良作风。罪犯班组建立时应把握以下几点：①充分发挥每个罪犯的特点，尽量使罪犯担负的劳动任务适合其时间的效能；②使每个罪犯有满负荷的工作量，充分发挥人力、设备和时间的效能；③使每个罪犯都明确自己的任务和应负的责任；④与分管、分押、分教相结合，使生产和改造相辅相成，相互促进。

班组的建立有利于组织罪犯参加劳动竞赛，进行考核、评比、调动罪犯的劳动积极性。班组是基本的生产集体，是下达生产任务，考核任务完成情况和生产效益的基本生产单位。监狱不论其规模大小，生产产品的种类，其生产任务都必须由基本的班组来承担，生产效率的好坏由基础班组来体现，劳动竞赛、考核、评比也必须以班组为基本单位。

建立班组有利于对罪犯进行严格管理。严密的劳动组织是严格管理的基础，只有按照一定的原则，将每个罪犯纳入具体的班组，再在班组内产生班组长，建立起相应的管理制度，才能对罪犯实施严密的监管和严格的劳动管理。

（二）作业组

作业组是在生产班组内，在劳动分工的基础上，把为完成某项任务而相互协作的罪犯组织起来的劳动集体。作业组的形式有两类：①按工种构成划分，为工艺专业化作业组和对象专业化作业组两种。工艺专业化作业组是组合相同工种的罪犯建立的生产作业组。②按单班或多班划分为横版作业组和竖版作业组。横版作业组是组合同一轮班内的罪犯而设立的生产作业组，竖版作业组是组合各轮班内罪犯而设立的生产作业组。以上两类作业组各有优缺点，应根据生产单位的具体条件确定。实践证明，无论采取哪种形式设立作业组，都应做到“四忌”，即忌繁杂、忌重叠、忌多层次、忌职能不清。一般来说，主要生产作业组一般不得少于6人，一般生产作业组和辅助性生产作业组一般不少于10人，服务性作业组可再大一些。

（三）轮班组织

监狱生产单位多实行单班制生产，但由于生产工艺要求或任务要求不同，一些生产单位要求采用罪犯工作轮班制形式。罪犯轮班制的形式很多，如两班制、三班制、四班制（6小时工作制）、四班三运转、五班四运转等。不论采用哪一种形式都必须处理好以下几个问题：①合理安排罪犯倒班；②合理组织罪犯轮休；③合理配备各班罪犯力量；④在数量和质量上力求平衡；⑤加强夜班的资质管理，划清各个轮班的责任。

三、罪犯劳动班组的管理

1. 按岗位需要选配好班组长、质检员、统计员、安全员等人员，确定岗位责任，建立基础台账。

2. 下达劳动定额，每个班组应对每一个罪犯下达劳动定额并对定额完成情况进行监督、检查和记录。

3. 值勤警察加强现场管理，发现问题及时纠正；罪犯班组长随时监督，确保罪犯遵守劳动纪律，严格按照工艺流程进行生产，保证产品质量。

4. 一个班次劳动结束后，班组对每一个罪犯的产量指标和质量指标完成情况进行验收考核并记录，由值勤警察和罪犯签名确认后及时公示；监区或分监区（管区）对每一个班组的生产任务和产品质量进行验收考核，并记录在案，作为罪犯劳动考核的重要依据。

5. 进行考核奖惩，根据罪犯每一个班次的劳动表现情况和成绩大小，按照罪犯劳动考核标准，进行表扬、嘉奖或扣分处罚等。

思考与练习题

1. 如何理解罪犯劳动组织管理机构的设置原则?
2. 罪犯劳动的组织形式有哪些?
3. 如何做好罪犯劳动班组的管理工作?

第二部分　罪犯劳动管理实务

学习单元四

罪犯劳动项目、方式、类型选择

知识目标

通过本单元学习，能够：

1. 了解罪犯劳动项目选择的原则要求和基本方向。
2. 掌握罪犯劳动方式以及应用。
3. 明确罪犯劳动类型的种类以及选择。

学习情境一　罪犯劳动项目选择

知识储备

劳动项目多种多样，但不一定都适合监狱生产，适宜罪犯的劳动。监狱选择什么样的劳动项目既关系到罪犯生产劳动能否顺利开展，也关系到罪犯的管理和改造质量的好坏。对监狱而言，必然要面对罪犯劳动项目的选择和怎样选择的问题。一般情况下，监狱应该根据自身的特点，结合实际，紧紧围绕改造、监管、生产三大要素，开展劳动项目的选择工作。

一、罪犯劳动项目选择的原则

（一）符合安全的原则

罪犯劳动安全包括两个方面：一是监管安全，二是生产安全。主要包括：

1. 劳动现场符合监狱警察直接管理的要求，有利于监狱警察的监督与控制。
2. 设施设备以及劳动工具的使用符合劳动安全的要求。
3. 原辅材料与产品不属于监狱规定的违禁物品。
4. 项目符合环保要求。
5. 其他与监管安全的符合性。

（二）符合罪犯特点的原则

由罪犯作为劳动力的生产劳动，必须要考虑罪犯的劳动特点。罪犯劳动力普遍存在素质低、技能差、年龄参差不齐等问题。因此，技术要求高，工序复杂的劳动项目不适合监狱的选择。

（三）符合劳动改造的原则

生产劳动是改造罪犯的基本手段，组织罪犯生产劳动的根本目的在于改造人。项目的选择要考虑项目能否为改造罪犯提供环境和手段，能否培养罪犯的劳动习惯，能否保证学习劳动技能，能否有利于职业技术教育的开展甚至有利于罪犯刑释后的就业。

（四）符合经济效益性的原则

生产劳动必须考虑其成本效益，这是生产劳动的最基本的要求，罪犯的生产劳动也不例外。因此，在项目选择时，必须测算监狱经济运转的管理成本、人力成本、资产成本等，同时还必须进行利润预测。

二、罪犯劳动项目选择的要素

罪犯劳动项目的选择要素主要包括产业、劳动类型、生产规模和专业化程度等。从某种程度上讲，这些要素决定着监狱的生产经营状况和长远的发展，进一步也影响着罪犯的劳动改造情况。监狱在对这些要素进行选择时，必须根据自身的特点和实际。从目前监狱实际情况来看，选择市场风险小，以技术含量适中、劳动密集型的加工业为主的产业正成为监狱组织罪犯劳动的新兴支柱产业，而那些市场竞争激烈，不适合罪犯劳动特点的产业和生产项目正在逐步被调整收缩。

（一）产业要素

所谓产业，就是我们常说的第一产业、第二产业和第三产业，其对应的就是农业（原材料）生产、工业生产和服务业。很显然，不是所有产业都适合监狱的选择，比如第三产业的服务业、商业等。因为罪犯的劳动和组织有其自身的特殊性和限制性，因此选择适当的产业是组织罪犯劳动的前提条件。另外，对罪犯劳动产业的选择是惩罚与改造的客观要求。不同的产业有着不同的特点，监狱在选择时必须立足于惩罚与改造罪犯的需要。又如，罪犯劳动不宜太分散，否则不利于对罪犯的监管改造。此外，选择罪犯劳动的产业是组织监狱生产的要求，是发展监狱生产的重要保证和条件。所以罪犯劳动产业选择的基本要求是根据改造与生产的特点，通过对自然资源、生产技术水平、社会需要结构等因素的分析，选择适合监狱生产的、具有质的适应性、量的比例性和较合理的序列的生产部门，并把它们有机结合起来，以实现生产劳动产业结构的合理化，保证罪犯劳动的顺利进行。产业的选择及合理的产业结构的形成对实现罪犯的改造，发展监狱经济起着极其重要的作用。

（二）劳动类型要素

不同监狱的产业结构、产品结构、生产方法、组织形式、作业方法、生产规模、生产设备及设备利用率和所需劳动熟练程度等方面各不相同，各个监狱生产的特点也不一样。因此，监狱必须从改造罪犯实际和本单位生产特点及市场结构出发，选择适当的罪犯劳动类型，或采取订货生产方式，或存货生产方式，进行间断的或连续的生产形态。很显然，罪犯劳动生产一般不宜选择大量的、连续性的生产方式，不适合专业化很高的劳动生产。

（三）生产规模要素

生产规模是指生产力诸因素在企业量的聚集程度。它的大小与企业生产的性质、特点和劳动力状况，企业生产的经济技术特点、生产的专业化以及其他工业企业的地区分布状况等有关。因此，监狱生产的规模必须从实际出发，进行定性、定量的综合分析和比较，进行实际测试，确定最佳生产规模。

（四）专业化程度要素

监狱普遍存在罪犯劳动力劳动的专业化水平不高，劳动技能和素质参差不齐的特点，这同现代化生产对劳动力技术素质的要求和生产专业化衔接要求高形成很大的矛盾。因此，监狱必须对罪犯劳动专业化程度进行认真选择。在新选项目时，尽可能选择技术要求不高、劳动密集型的项目。

三、罪犯劳动项目选择的基本方向

（一）适宜选择劳动密集型劳动项目，而不宜选择技术密集型和资金密集型的劳动项目

由于罪犯本身素质较差，劳动项目不宜选择技术含量很高，专业化程度较强的技术密集型项目。监狱机关经济实力较差，融资渠道较困难，生产设备落后，技术力量薄弱，因此也不宜选择资金密集型劳动项目。适宜选择劳动密集型劳动项目，如服装、玩具、编织等。

（二）适宜选择有一定生产连续性的劳动项目

罪犯劳动的根本目的是改造罪犯，社会效益是第一位的。监狱机关选择有一定生产连续性的劳动项目，有利于对罪犯实行岗位责任制，形成一种既分工又协作的良好机制，也便于罪犯的相互监督和相互制约，更有利于罪犯劳动技能的相对稳定。但不宜选择生产连续性很强的自动流水生产线作业。

（三）适宜选择市场应变能力较强的劳动项目

罪犯劳动力不同于社会一般企业，监狱没有选择的权利，监狱只能根据罪犯的不同情况组织力所能及的劳动，这就要求监狱选择那些市场应变能力较强的项目，如产

品加工型和劳务输出型劳动项目。

（四）适宜选择一些国家或政府公共产品生产的劳动项目

监狱是国家行政机关，行使国家执行刑罚的权力。刑罚执行和劳动改造的特殊性决定了监狱企业的先天不足，国家对监狱企业的扶植，授权一些政府采购的公共物品于监狱进行生产，其实也是情理之中。这种做法目前在世界大多数国家尤其是市场经济国家普遍存在。

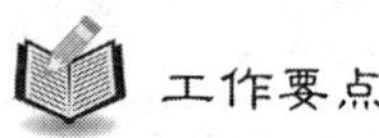

工作要点

一、劳动项目的选择要面向市场，适应市场需求

监狱生产要发展，必然要融入市场经济的大循环。因此，劳动项目选择首先要考虑到项目是否适应市场需求，有没有市场竞争力。落后的项目，没有市场的项目要么退出，要么调整；产品适销对路的项目要发展创新。项目选择要面向市场，不断地适应市场，才有活力。

二、劳动项目的选择必须符合区域经济特点，充分利用资源条件的匹配性优势

劳动项目的选择必须与区域经济相衔接，和地方的经济发展战略相吻合。资源条件的匹配就是尽可能地利用自己的长处，发挥自身的优势，避免自身的不足，做到扬长避短，选择最适合自己的劳动项目。实践中，往往会有这样一种现象，一个项目看上去很好，但选择后结果并不理想。分析其原因，是因为项目引进后的诸多不适应性，如罪犯劳动能力的不足，管理人员、技术人员的欠缺，经营模式的困难，等等。因此，选择罪犯劳动项目时，必须要考虑自身的资源条件。这些资源条件主要包括：①人力资源：管理人员、技术人员、劳动力；②资产资源：土地、厂房、机器设备；③合作方式：来料加工、订单生产或生产自销方式等，一般情况下，监狱对项目合作结果，往往选择“两头在外”的来料加工方式较为常见；④区域优势：就是监狱所处区域的合作，以提高项目合作的便利性；⑤自身的传统优势：自身的传统优势有助于罪犯劳动项目的稳定性。只有与自身资源条件相匹配的项目才是最理想的项目。

三、劳动项目的选择必须符合监管安全的要求，保证罪犯和监狱的安全

监管安全是监狱正常改造秩序的最根本的保证，也是进行罪犯劳动项目选择所必须遵循的原则。因此，选择项目必须围绕监管安全这一首要政治任务而展开，对每一个项目的安全性作一个全面的安全评估。安全评估是安全生产管理的重要内容。通过对生产过程中各环节、各作业单元、各作业岗位等存在的危险性进行评估，从而采取相应控制措施，达到消除隐患、预防事故的目的。监狱引进或调整劳动生产项目应当

遵守国家有关法律法规，符合国家产业政策，符合国家或行业标准规定的安全环保条件，按照有关规定进行安全条件和环境影响评估。评估内容包括基础管理考评、设施设备考评和作业环境考评三个部分。评估方式采取单位对照评估标准先行自评、申报等级的基础上，采取听取现场汇报、查看现场、询问有关人员、查阅有关资料、对照有关标准的方式进行评议。评估结果分安全、次安全、不安全三类。严格执行司法部关于生产项目引入“六个禁止”的规定。（见学习单元七之学习情境一）

四、劳动项目的选择必须符合监狱的特点、罪犯习艺的要求

符合监狱特点、罪犯习艺的要求，是由罪犯劳动改造的特征所决定的。它主要包括：①项目必须与罪犯劳动能力相适应；②项目符合既能让罪犯直接操作，又能让罪犯提高生产技能空间的前瞻性要求；③项目有利于对罪犯进行职业技术教育的开展；④项目组织方式有利于罪犯的择业观培养；⑤项目具有社会区域倾向性，相对有利于罪犯刑释就业。

五、劳动项目的选择必须符合监狱生产经济性要求，保证一定的利润预期

项目的选择还必须评估其经济性，项目必须为监狱经济组织带来一定的效益，能为监狱组织罪犯生产提供一定的经济支撑。因此，项目选择时，必须测算监狱经济运转的管理成本、人力成本、资产成本等，同时还必须进行利润预测。另外，监狱在引进劳动项目时，还要注意不仅仅是将项目简单地引进来，更要引进合作方的先进技术、工艺、管理方法与生产模式等，在组织生产劳动过程中予以消化、吸收，进一步提高自身的劳动生产组织管理水平。

注意事项

一、成立项目引进领导小组

小组对项目的选择有最终的决策权，一般由监狱长担任组长。具体内容主要包括决策的必要性和内容，即当前为什么要选择新的劳动项目，包括原因、必要性、重要性等，选择的劳动项目要起到什么样的作用，解决什么样的问题，解决到何种程度等。

二、制定可行方案

要达到决策内容中所确定的目标，有哪些确实可行的备选项目，这些项目各有哪些优劣。制定可行方案应注意两点：一是方案的可比性，二是方案的数量合适，方案太多应当筛选。

三、选择劳动项目

选择劳动项目就是对备选项目进行全面、详尽的评价，从中选出满意的劳动项目作为最终决策。选择的过程可以通过组建专门的“劳动项目评估小组”，小组组成人员包括监狱企业、劳动改造科、监区、财务等相关人员，按照既定的目标和内容，在符合罪犯劳动改造的原则要求下作出正确的评估和选择。

范例分析

范例：某监狱地处珠三角，改革开放初期，大量的港企北上进驻珠三角，随之带来了大量的来料加工项目，当时俗称“三来一补”。这些项目主要涉及的行业是服装、玩具、灯饰等劳动密集型的产业，这类产业需要大量的劳动力，而且对劳动力的技术要求不高。监狱利用自身的地域优势条件，果断引进灯饰加工的项目，并且经过消化、吸收逐步形成了自己的支柱产业，不但满足了罪犯劳动改造的需要，也为监狱创造了经济效益。

分析：监狱引进的灯饰加工项目符合了以下五个因素：①灯饰是消费品，生产上具有可持续性，生产周期周而复始，稳定性较好。②灯饰加工主要靠手工操作，工具的使用较少，且不属于易燃、易爆、有毒、高危、高强度的项目，安全性高。③操作上有一定的技术要求，但并不复杂，绝大多数人罪犯经过培训都能熟练掌握其生产技术。④属于劳动密集型项目，能满足罪犯人人都能参加劳动。⑤经济效益和社会效益比较显著。

情境训练

20 世纪 90 年代，监狱企业普遍存在经营困难，国家为了促进监狱经济的发展，制定了一系列发展监狱经济的政策，受这一政策的影响，经济效益挂帅成了当时监狱组织罪犯劳动生产的主流，效益好坏也成了罪犯劳动项目选择的一个重要评价标准。就是在这样的一个背景下，广东粤北某监狱上马了一个地毯生产的项目，该项目所生产的地毯为纯羊毛制作的高级地毯，原材料纯进口，产品出口外销。项目看起来不错，监狱为了引进这个项目，大量举债，建厂房，购买设备，组织人员培训，投入了巨额资金。项目投产后，发现了很多问题，结果并没有想象的那么好，不但没有经济效益，反而连连出现亏损。综合其原因，该项目需要的流动资金数目庞大，是监狱难以承受得了的，再加上产品主要靠出口外销，渠道不顺畅，销售上出了问题，造成产品积压，形成资金压力。然而最致命的一点是在该项目的生产过程中，有一道剪毛线的工序，需要一把非常锋利的剪刀，剪刀在罪犯的使用中具有非常大的危险性，因此，监狱为了安全起见，尽量减少罪犯的使用，这样一来又影响了整个生产过程，效率非常低，最后不得不退出了这个项目。

综合以上资料，分析监狱在罪犯劳动项目的选择上出现失败的原因。

学习情境二　罪犯劳动方式选择

知识储备

监狱在组织罪犯劳动改造时，还涉及用什么样的方式来劳动的问题，是采用社会化大生产的方式，还是采用分散的个体生产方式；是从事工业生产劳动，还是从事农业生产劳动，不同的劳动方式，效果有很大差异。那么，什么样的劳动方式最适合监狱呢？当然，监狱条件不同，需求不同，劳动方式也不尽相同。

监狱罪犯劳动方式按劳动组织形式不同，可以分为集体劳动和个体劳动；按劳动性质不同，可分为体力劳动和脑力劳动；按劳动内容不同，可分为工业劳动、农业劳动和服务性劳动。目前，以集体的组织形式，从事工业生产的体力劳动，是我国监狱组织罪犯劳动的主要方式。

一、集体劳动和个体劳动

（一）集体劳动

集体劳动即罪犯有组织的共同劳动，它是监狱组织罪犯劳动的主要方式。集体劳动可以分为三种类型：一是劳动密集型。即以手工劳动为主的生产性劳动。这种劳动由于人数上没有严格的规定，因此监狱可以以现行的行政建制（监区、分监区）为基础直接参加生产劳动，也便于行政组织的管理。二是生产需要型。按照生产任务的需要来组织罪犯的集体生产劳动，是我国监狱重要的生产组织形式。它的具体形式有工作面、工序、劳动点等，其特点是人数的多少根据生产任务的多少而定。这种按生产需要组织的劳动组织形式，多数情况下与行政建制可以是一致的，它主要适用于工厂的流水生产线或农场的零星劳动项目等。三是场地分工型。即把劳动场地的生产需要与行政建制相结合的劳动方式，如车间、工段、工区、作业组等。它的特点是以劳动场地的生产任务来决定劳动力的多少，而这种劳动力的数量又与监区、分监区等行政建制统一起来，以生产需要决定行政建制，这是我国从事工业生产的监狱的主要劳动方式。

（二）个体劳动

个体劳动是罪犯离开生产劳动组织单独劳动的总称。它也可以分为三种类型：一是集中型。集中型是指在一定范围内的个体劳动，主要指从事工业生产监狱必须单独流动操作的劳动，如电工、修理工等。他们由于劳动需要，大都不可能固定在一个地方，而只能听候调遣或带上劳动工具流动服务。即使工作地点比较固定，由于工作性质的原因，仍然只能单独劳动。二是分散型。分散型是指在生产区范围以外或者可以到生产区范围以外劳动的个体劳动。这种劳动人数少，但工种杂，如管水员、饲养员、卫生员等。他们大多数是分散劳动，晚上集中收监。三是临时派遣型。其是指临时指派的杂物劳动，等等。这类劳动有的在监内，有的在监外。

二、体力劳动和脑力劳动

（一）体力劳动

体力劳动是指主要依靠罪犯体力进行的生产劳动。这是我国罪犯劳动的主要方式。体力劳动按其在生产劳动中的不同情况可分为三类：

按体力劳动强度，可分为重体力劳动和轻体力劳动。重体力劳动即消耗体力多的劳动，如人工运输、建筑工程的手工作业等。轻体力劳动是相对重体力劳动而言，消耗体力较少的劳动，如依靠机器设备的劳动等。在我国，罪犯从事何种体力劳动，是由生产劳动的需要和罪犯的身体、技能等因素决定的，它是生产劳动项目的分工，而不是用于惩罚罪犯的方法。

按照劳动的内容，可分为生产型劳动和杂物型劳动。生产型劳动是指直接从事物质生产的劳动，它是我国监狱罪犯劳动的主要部分。生产型劳动的特征是处于紧张的生产第一线，直接与物质生产成果相联系。杂物型劳动是指非直接从事物质生产的劳动，其主要特征是劳动的服务性和罪犯接触面的广泛性。

按照劳动对象与劳动者健康的关系，可分为接触有毒有害物质的劳动和一般性劳动。目前就我国监狱项目引进的有关规定，监狱应尽量杜绝或减少从事有毒有害的劳动项目的生产，以确保罪犯身体的健康。

（二）脑力劳动

脑力劳动即以消耗脑力为主的劳动，主要以技术罪犯为主。脑力劳动可以分为两种类型：

生产建设型脑力劳动。主要是指直接从事生产建设项目的脑力劳动，如设计、施工、科学实验等，其主要特征：一是劳动成果直接服务于生产，促进劳动生产效率的提高或产品的更新换代；二是劳动成果体现监狱生产的方向和水平。

科技服务型脑力劳动。指从事为监狱提供科学技术服务的脑力劳动，如医疗、文化、科技教育服务，等等。

在我国，脑力劳动也是监狱改造罪犯的重要途径，它对罪犯同样具有转化思想、矫正恶习、养成劳动习惯和学习技能的改造作用。

三、工业劳动、农业劳动和服务性劳动

（一）工业劳动

工业劳动包括工厂、矿山和建筑等行业劳动，它在我国监狱生产劳动中占有重要地位。

按工业劳动的性质，可分为工厂劳动、矿山劳动和工场劳动三类。工厂劳动即在厂区范围内的生产劳动，如机械、化工、轻工、纺织服装、来料加工等。工厂劳动的特点：一是比较集中；二是比较安定。生产劳动便于统一管理和调度，罪犯的劳动岗位也比较固定。矿山劳动的主要特点：一是劳动强度大；二是条件艰苦；三是不安全因素多；四是不利于管理。目前监狱的矿山劳动项目逐渐被取消或退出。工场劳动的特点：一是分散不便管理；二是接触人员复杂；三是以劳务输出为主，时间短，经济效益好。

按工业劳动的内容，可以分为轻工业劳动、重工业劳动和基本建设劳动。轻工业劳动主要包括纺织、服装、皮革、家用电器等产品的生产劳动，轻工业劳动的主要特点是便于罪犯劳动技能的学习培训，有利于罪犯刑满后就业。重工业劳动包括机械、铸造等劳动项目，重工业劳动的主要特点：一是劳动地点比较集中；二是劳动对象比较固定。重工业劳动有利于罪犯劳动的组织管理。基本建设劳动主要是参加国家和地方基本建设项目的劳动，它的主要特点是劳动的组织简单，但监管改造环境差，目前监狱并不提倡。

（二）农业劳动

农业劳动主要有粮食、蔬菜、水果、茶叶生产、水产养殖等劳动项目。罪犯农业劳动的主要特点：一是季节性、时间性强；二是劳动场地分散；三是以手工劳动为主。农业劳动往往都涉及狱外劳动，对监管改造工作有更高的要求。

（三）服务性劳动

罪犯的服务性劳动都是各监狱中的辅助性劳动，主要包括饮食、环境卫生、医药、维修等劳动。这些劳动虽然是辅助性的，但却是每个监狱必需的。

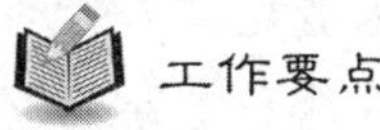

工作要点

一、采用社会化大生产的集体劳动的劳动方式

社会化大生产的劳动方式必然要求罪犯在集体中进行劳动。社会化大生产是建立在高度分工和协作基础之上的，它要求把整个劳动分成若干个过程、环节和工序，每个过程、环节和工序又可划分为若干个工作岗位，每个工作岗位有特定的操作规程和岗位职责，根据不同岗位要求再安排与岗位任务相匹配的罪犯。很显然，这种社会化

大生产所构筑的集体性劳动，必定会使罪犯养成严格的组织纪律和守法意识，形成互相帮助、团结协作、顾全大局的品质，从而树立集体主义思想，促进罪犯的改造。另外，罪犯长期在这种劳动岗位较为固定的集体中进行劳动，还会形成与本职岗位相适应的劳动技能和岗位品质，这对罪犯再社会化，刑释以后的就业都大有好处。

罪犯劳动方式中，除了集体劳动方式以外，也不可避免地还要存在其他劳动方式，这主要是指罪犯个体劳动方式。罪犯的个体劳动方式虽不是主要方式，但也必不可少。在管理中，应尽量缩小个体劳动的岗位和人数，只保留一些必要的岗位和人数。

二、实行体力劳动和脑力劳动相结合，以体力劳动为主的劳动方式

（一）体力劳动是罪犯劳动的主要方式

1. 体力劳动的刑事制裁功能。体力劳动对罪犯所体现出的依法强制性、军事管制性、不可选择性等更符合刑罚执行的惩罚性要求。

2. 体力劳动的思想转化功能。通过让罪犯参加体力劳动，不仅能够使罪犯在狱内新的社会存在方式的构建得以形成，而且能够使罪犯在参加体力劳动的辛勤汗水中洗刷自己的罪恶，使他们懂得人生的真谛，实现罪犯的思想改造。

3. 体力劳动的组织和养成功能。罪犯所参加的体力劳动是以集体劳动为组织形式而展开的，这就为有效地对罪犯实施监管，使罪犯养成健康向上的思想行为品质提供了一定的便利条件。

（二）脑力劳动是罪犯劳动的重要途径

在罪犯劳动中，随着监狱生产条件的改善和科技水平的提高，脑力劳动也得到了重视和发展。脑力劳动作为劳动的一种重要方式，同样能对改造罪犯发挥重大作用。应该指出的是，尽管脑力劳动是罪犯劳动的重要组成部分，是对罪犯进行劳动改造的一种重要途径，但是，脑力劳动和体力劳动相比，在对罪犯的改造和监狱行刑方面确实有着很大的局限性。其实，所谓的脑力劳动和体力劳动只是相对而言的，现实劳动中，脑力劳动也需要体力，体力劳动同样也需要脑力，二者绝不能割裂分开，体力劳动和脑力劳动作为劳动的两种不同形式将长期存在。在罪犯劳动中，由于罪犯劳动的特殊性质、特殊功能和特殊目的性，随着监狱生产技术的发展，将来罪犯体力劳动强度会越来越小，脑力劳动程度会有所增加，但以体力劳动为主要方式这一主导地位将长期不会改变。

三、农业劳动向工业劳动转移，工厂式的工业劳动渐渐成为罪犯劳动的主要方式

一直以来，由于政治、经济、社会发展等原因，我国监狱罪犯劳动大多以农业或工矿业为主，劳动比较分散，管理难度较大。进入21世纪，司法部为了进一步改善监狱关押条件和生产劳动条件，彻底改变以往监狱劳改队身处恶劣的地理环境，保障监

狱的监管改造安全，提出重新调整监狱布局，把一些地处偏僻，交通不便、环境恶劣的监狱向城市郊区或交通便利的地方搬迁。由于监狱布局的调整，监狱罪犯的劳动也随之发生了改变，即狱外劳动向狱内劳动转移、农业劳动向工业劳动转移、零散劳动向集中劳动转移。目前我国大部分省、市的监狱都实现了这一目标，形成了以工厂式的工业劳动为主的罪犯劳动方式。工业劳动相对农业劳动来说地点比较集中，劳动对象也比较固定，有利于罪犯劳动的组织管理，逐渐成为我国罪犯劳动的主要方式。

注意事项

一、脑力劳动也是罪犯劳动的重要途径，不能因为体力劳动为主而忽略脑力劳动

脑力劳动对培养罪犯的科技意识、开拓创新意识以及坚韧不拔、刻苦钻研的品质都有很大的教育和培养作用。脑力劳动能够开发罪犯的智力和潜能，激发罪犯学文化、学科学、学技术的热情，并且能够培养罪犯的认识、理解、分析、组织管理等方面的能力。一般从事脑力劳动的罪犯，都是技术罪犯，监狱可以利用其技术专长，为监狱的管理和生产服务。

二、工业或农业劳动方式的选择，必须根据自身条件情况，不能一味地追求工业劳动而丢掉自己的优势

尽管工业劳动逐渐成为罪犯的主要劳动方式，但对于一些具有传统优势的农业项目的监狱，应该继续保持自己的优势项目，不要轻易作出改变。

范例分析

范例： 罪犯李某，名牌大学毕业，电脑软件工程师。监狱利用其专业知识，要求他为监狱设计一套罪犯伙食管理软件，并且专门为他提供各种保障条件。最后，在他的不懈努力下，成功地完成了设计任务。监狱也凭着这套软件，大大地提高了罪犯伙食管理的效率。

分析： 监狱充分利用了罪犯的脑力资源，为监狱的管理提供了服务，从而提高了监狱管理效率和水平。这个案例说明了罪犯脑力劳动存在的必要性和现实意义。

情境训练

某监狱是一所传统从事农业劳动的监狱，多年以来，不管是罪犯劳动的效率还是监狱的生产效益都不高，分析其原因，结果发现罪犯的劳动热情非常低落，影响了劳动效果。其实，从目前罪犯结构来看，罪犯劳动力以中青年居多，绝大部分没有从事农业劳动的习惯，对农业劳动产生抵触心理，从而影响了劳动效率。后来，监狱决定调整产业结构，从传统农业生产中走出来，发展工业生产项目，以适应罪犯劳动力的状况。结果罪犯劳动的热情提高了，积极主动地投入到生产劳动中。监狱通过这次转型，大大地发挥了罪犯劳动力的潜力，使罪犯劳动力这一资源优势最大限度地转化为经济效益。

就以上案例，分析说明罪犯劳动方式与罪犯劳动能力的有效利用关系，以及如何做好罪犯劳动能力的保持和利用工作。

学习情境三　罪犯劳动类型选择

知识储备

罪犯劳动类型是我国监狱根据改造罪犯的需要，经过几十年的建设发展而逐步建立起来的形式多样、内容丰富、项目众多的劳动形式。多年以来，大多数罪犯的劳动类型是监狱根据自身条件，因地制宜地发展起来的。当然，随着我国监狱体制的改革、发展、调整和完善，不少监狱也开始转型，以适应新时期监狱发展的需要。目前，我国监狱已有的或应当开发创新的罪犯劳动形式有：自主产品型、狱内服务型、劳务加工型、培训习艺型、社会重返型，等等。

一、自主产品型

自主产品型劳动形式是指监狱组建工厂或农场，组织罪犯参加工、农业固定产品生产型的劳动，它是我国目前最主要的罪犯劳动类型。

（一）工厂式劳动

监狱建工厂，组织罪犯参加工业生产劳动，这是我国目前监狱罪犯劳动最主要的形式。工厂式劳动适合改造罪犯劳动的需要。工厂式劳动场所固定，容易做到隔离式、封闭式管理，有利于监管安全。工厂式劳动由工艺流程形成车间班组，劳动组织管理方便，可以做到规范化、科学化管理。工厂式劳动专业分工明确，岗位固定，技术相对稳定，可以使罪犯较快掌握技术，培训技能。工厂式劳动可以训练和培养罪犯的组织纪律性，提高协作精神和责任意识，有利于罪犯改造。工厂式劳动时间固定，生活规律，有利于罪犯学习、组织活动的安排，这对改造也是有利的。

（二）农场式劳动

监狱组建农场（包括林、牧、水产等），组织罪犯参加农业劳动是我国监狱罪犯劳动的另一种重要类型。农场式劳动对罪犯改造具有许多有利因素，农业劳动对劳动力素质、技术要求不高，对大量的短刑犯和农村罪犯参加劳动比较适宜。农业或农场式劳动所需成本相对较低，农场经济的丰富多样有利于罪犯通过劳动学得多种实用的农业知识技术。另外，农业劳动大多数是狱外劳动，可以减少罪犯由于工厂式劳动的长期封闭管理所带来的负面影响，包括长期的心理压抑问题，等等。但农场式劳动对监狱的管理和罪犯的改造也会造成不利的方面，主要表现在农场面积巨大，劳动项目零散，关押点分散，因此，给集中管理和监管安全带来困难。农业劳动季节性强，罪犯野外劳动自由度大，罪犯学习、教育活动难以正规化、制度化。农场地域偏僻、信息闭塞、文化落后等弊端对改造也是不利的。

二、狱内服务型

这是所有监狱都不可缺少的项目众多的罪犯劳动类型。它一般规模都较小，没有或只有很少的直接经济效益，主要体现监狱自我维持性、辅助性、公益性、服务性，为监狱罪犯的生活卫生、环境建设服务。

狱内服务型劳动主要包括：

1. 罪犯伙食工作。
2. 罪犯卫生工作，如医护、防疫等。
3. 服装缝纫工作。
4. 卫生及环境建设维护工作，如打扫卫生、养花种草护路等。
5. 零散维修管理等。

上述（并非全部）劳动类型，有的建有专门监区或分监区，有的由职能科室指定或临时派遣。狱内维持服务型劳动表面上没有直接经济效益，但实际上它代替了维持监狱运转的大量工作，为政府节约了大笔开支，具有良好的经济效益或社会效益。

狱内服务性、公益性劳动对罪犯改造具有特殊优势。服务性、公益性劳动是高尚的劳动，它不仅有利于罪犯专项技能的发挥，还有助于罪犯尊重他人、服务社会，在奉献中实现人生价值。凡能参加狱内服务性劳动的罪犯，其自豪感高于一般犯人，这对激发这些罪犯劳动热情和改造积极性具有积极意义。

狱内服务型劳动不利于改造的因素在于，这些劳动岗位分散，独立性强，难以集中和直接管理监督，容易产生监管改造上的盲点和死角。另外，罪犯不正当的优越感也容易成为一些人的改造障碍。

三、劳务加工型

这种罪犯劳动形式又可分为加工型和劳务型两种。加工型是指由监狱组建加工型企业，承揽社会企业的加工订货或来料加工，组织罪犯参加产品加工劳动。劳务型是指一些监狱利用闲置罪犯劳动力，组织专业或零散的劳务队伍，为社会提供劳务活动的劳务输出式劳动。

加工型罪犯劳动形式不影响监狱现有监管改造秩序，而且，依靠监狱的优势，开办加工工业使监狱的生产经营活动更大，效益更高，监狱建设发展速度更快，从而也为罪犯劳动和改造创造了更好的条件。这种形式也逐渐成为各监狱的首选劳动形式。

而劳务输出型由于项目多变，缺乏稳定性，罪犯监管难度大，危险性高，目前监狱基本不再采用此劳动形式。

四、培训习艺型

培训习艺型劳动形式是监狱根据自身条件，针对罪犯将来回归社会谋生就业的需要而开办的，以技术培训为主、生产产品为辅的劳动项目。我国监狱普遍开办特殊学校，在特殊学校的三课教育中技术教育是特殊学校的主要内容之一。技术教育除了为监狱生产需要进行技术培训以外，还尽可能开办大批的实用技术教育，并结合国家技术等级资格考试的要求，进行培训和考试，使罪犯既学了技术，又考了资格证，为将来回归社会的谋生就业提供帮助。例如，广东省深圳监狱创办的“正航技工学校”，开办了制冷设备维修、电梯维护、汽车维修等社会热门职业培训，其将刑满出狱，有需要的罪犯集中到学校学习培训，并聘请社会上的各类技术人员和老师授课，使他们既学习又考证，取得了很好的效果。

五、社会重返型

社会重返型罪犯劳动类型是监狱对改造表现突出，余刑较短的罪犯设置的劳动类型，即让部分罪犯到社会企业参加劳动，形式有白天在社会企业劳动，晚上回监居住；或者将罪犯交社会企业或社区组织代管，参加劳动或其他工作，定期回监狱汇报改造进程。这种劳动类型在西方国家的一些开放或半开放式监狱较为普遍。而目前我国监狱尚没有这种罪犯劳动类型，但随着社会的发展和监狱工作的改革发展，这种罪犯劳动类型终将出现，并不断发展完善。

社会重返型劳动无疑对罪犯改造具有重要意义，它适应了刑罚个别化、轻刑化、非监禁化的刑罚制度的发展趋势，适应一些初偶犯、过失犯、改造表现特别突出的罪犯的改造需要，可以有效地缩短这些罪犯重新社会化的进程，从而使罪犯劳动与罪犯改造需要和社会需要更好地结合起来，提高改造质量。因此，我国监狱应本着循序渐进的原则，逐步选择吸纳社会重返型的罪犯劳动类型。

工作要点

一、监狱采用什么样的劳动类型要从实际出发，因地制宜

从实际出发，因地制宜是罪犯劳动类型选择的一个重要原则。所谓因地制宜，是指罪犯劳动类型的选择从实际出发，以国家政策为导向，符合国情省情狱情，发挥自身优势，按经济规律办事。监狱罪犯劳动类型有很多，是发展自主产品，还是承揽加工业；是从事农业劳动，还是工业劳动或者其他类型的劳动，应该因地制宜，发挥自身优势。例如，地处山区，交通不便，经济发展比较弱的地区的监狱，在承揽加工业

方面可能比较困难，监狱可考虑充分利用地缘、气候等优势选择相适宜的劳动类型，矿产资源丰富的可选择建材、水泥生产，有气候优势的可以选择茶叶种植等，培植自主产品的优势。

二、劳务加工业将成为监狱重要的发展方向

合理选择项目，调整产业结构，转变观念，把发展劳务加工业作为监狱经济结构调整的重要内容。劳务加工业以其投资少、风险低、转向灵、见效快、易转化等优势在各地监狱迅速兴起。它的劳动密集型特征尤其适合监狱解决罪犯在劳动中由于刑期、年龄、性别、文化、体力等差异而难以从事高附加值技术产品生产的难题，解决罪犯的劳动问题，这些优势使得监狱劳务加工业在一些省份的监狱系统迅速培育和发展起来。劳务加工业可以让监狱规避市场风险，集中精力搞好罪犯的现场劳动，同时可以带来稳定的劳务收入，因此，在未来一段时期内，劳务加工业成为监狱的重要发展方向。

三、劳务加工业有利于监管稳定，有效地促进监狱各项事业的发展

监狱劳务加工业的发展，较大地改善了对罪犯劳动现场的监管条件，有效地提高了对罪犯的监控能力，在防范罪犯逃脱方面起了积极作用。监狱劳务加工业的发展，还加快了监狱布局由山区向沿海地区、农业向工业、狱外向狱内劳动的转移。随着监狱布局的调整，进一步带动监狱加工业的发展，有效促进监狱各项事业的整体发展。与此同时，加工业为罪犯进行职业技术教育，掌握劳动技能创造了良好的习艺条件，使罪犯在服刑期间掌握谋生技能成为现实，进一步促进了罪犯的劳动改造。

注意事项

一、从监狱工作实际需要出发，罪犯劳动各种类型应该相互依存、相互促进和相互作用

尽管目前加工业是监狱主要的劳动形式，但狱内服务型、培训习艺劳动也必不可少，必须从监狱实际需要出发，统筹安排好各种劳动，使它们各自发挥相应的作用。

二、尽量避免加工业在罪犯劳动中的不利因素，确保罪犯劳动安全

加工业项目有很多，有的项目可能会直接影响到劳动安全。诸如生产资料的潜在危害性、生产环节中的危险性工序、简单重复的机械劳动导致罪犯容易疲劳等，监狱应尽量避免这些因素的影响。另外，在发展加工业的同时，要注意加工业类型与区域经济的衔接问题，以及监狱生产的自主性问题等。

范例分析

范例：某沿海省份的一所监狱，采取与厂家合作办厂，以厂家的协作配套厂的形式来安排罪犯的劳动。具体的做法是监狱提供生产车间及相关设施，提供劳动力资源；合作厂家提供机器设备、资金、技术及原材料，原材料采购和产品营销均由合作厂家负担，监狱只赚取加工费。

请分析这种劳动类型形式的合理性。

分析：这是目前监狱最具有代表性的生产项目和劳动类型的发展形式。监狱通过承揽劳务加工的方法，规避市场风险，并且以最少的资金投入，就能满足罪犯劳动和监狱生产的需要。这种做法，实际上是监狱生产的产业由竞争性较强的自主产品型退出，进入到竞争性较弱或非竞争性的劳务加工型的领域。

情境训练

某监狱一监区的罪犯劳动生产模式由狱外农业劳动转为狱内来料加工生产模式。来料加工方面，监狱引进社会合作企业“某某玉雕厂”玉雕项目，玉雕厂负责绘画、玉雕等知识和技能培训，并提供培训的机器、材料、工具等。罪犯培训合格后上岗劳动，在劳动中不断提高自己的技艺水平，成为玉雕能手，有些回归社会后还办起了玉雕厂当了老板。

根据以上案例，分析罪犯劳动类型的转变在罪犯劳动管理工作中所产生的作用和效果。

学习单元五

罪犯劳动力管理

知识目标

通过本单元学习，能够：

1. 了解罪犯劳动力合理配置的要求，掌握罪犯定员、定岗方法。
2. 掌握罪犯劳动定额制定的要求和方法。
3. 明确罪犯劳动力岗前培训的过程要求。

学习情境一　罪犯劳动力合理配置

知识储备

一、罪犯劳动力合理配置的含义和要求

（一）罪犯劳动力合理配置的含义

罪犯劳动力的合理配置就是监狱依照监管改造的要求，从劳动生产的需要出发，为各种不同的工作配备相应工种和等级的劳动力，使罪犯人尽其才，人事相宜，以促进罪犯的改造和提高劳动生产率的一项管理活动。

（二）罪犯劳动力合理配置的要求

1. 尽可能地使每个罪犯都能发挥各自的专长和积极性。要根据罪犯的劳动等级和表现，以及在工种、技术业务等级、熟练程度、劳动态度等方面的差别，分配其到合适的岗位，用其所长，调动其积极性。

2. 确保每个罪犯都有足够的工作量，适当扩大工作范围，保证罪犯有充分的工作负荷，最大限度地发挥人力、设备和时间的效能。

3. 使每个罪犯都有明确的责任和任务，强化岗位责任制，对工作任务的数量、质量、完成期限等方面，都要有明确的规定，建立相应的岗位责任制，消除无人负责的现象，凡是可以一人独立进行的工作，尽量交给专人负责；凡是不可能由一人独立进行，而必须由几个人共同完成的工作，应设置作业组，由一名组长负总责，并明确规定小组成员的职责范围。

4. 与分押、分管、分教相结合，使生产和改造相辅相成，相互促进。分押、分管、分教是监狱管理制度的规定，是监狱为了提高管理效率，促进罪犯分类管理而建立的监督管理制度。罪犯劳动理应服从这一制度的规定，决不能因为劳动力配置的需要而随意调动罪犯。因此，我们所说的合理配置罪犯劳动力，主要是指在已经实施分押管理的基础上的现有劳动力的合理配置，这就是我们所说的“有什么人就用什么人”，因此无形中也给罪犯劳动力的合理使用造成了一定的限制性。

二、罪犯劳动力合理配置的意义

（一）促进罪犯的改造

罪犯与社会企业的职工相比有一定的特殊性。罪犯没有人身自由，是在监狱人民警察的监控下劳动，并对其劳动实行严格的定额管理和质量管理，迫使其按照质量的要求去完成规定的劳动任务。罪犯劳动的目的不仅是创造一定的财富，而且主要是通过劳动改造思想，矫正恶习，培养良好的劳动习惯，使其成为自食其力的劳动者。

（二）提高劳动效率

根据生产发展的要求，按罪犯个人的技术水平及劳动岗位的要求，合理配置罪犯劳动力，使他们在合适的岗位上进行劳动，有利于提高劳动效率及劳动的质量，有利于充分利用监狱的人力和物力，提高监狱经济效益。

（三）有利于发挥罪犯专长

发挥罪犯专长，就是根据监狱罪犯劳动的目的，按生产的需要及每个罪犯的个人特点进行合理安排，把每个罪犯安排在最适合的岗位上，以发挥其专长，提高其劳动积极性。罪犯通过较长时间地在严密的组织下劳动，在劳动中学习和掌握生产技能，学会一技之长，也为刑满释放后的就业创造了条件。

三、罪犯劳动力合理配置的相关要素

（一）罪犯劳动力要素

1. 劳动力的不可选择性。社会普通企业是围绕生产配置劳动力的，随时可以根据企业生产经营需要选择和配置劳动力，确保其合理性。而监狱是国家的刑罚执行机关，组织罪犯劳动是围绕执行刑罚，惩罚和改造罪犯这个职能组织的。罪犯劳动具有不同于社会上普通公民的劳动，监狱在劳动力的使用上具有不可选择的特点。《监狱法》第69条规定：“有劳动能力的罪犯，必须参加劳动”，罪犯劳动是建立在刑事法律基础上的严肃执法活动，罪犯劳动具有强制性的特点。组织罪犯劳动是监狱机关的法定权利，参加劳动是罪犯的特定义务，监狱与罪犯之间是执行与被执行的关系，这是刑罚执行的法律规定性。这一规定性的要求也就决定了监狱所组织的生产劳动是一项执法活动，是为了满足罪犯劳动的需要而建立起来的，因此，监狱所组织的生产劳动在劳动力这个问题上是具有不可选择性的。

2. 劳动力素质的“劣质”性。作为劳动力主体的罪犯，普遍缺乏劳动技能和劳动习惯，尤其在强制劳动的环境下，消极应对，出工不出力的现象尤为突出，有的甚至公然反抗、破坏生产，不惜装病、装疯、自伤、自残来对抗劳动改造等。另外，罪犯劳动力还存在思想行为结构、数量质量结构、文化技术结构、年龄结构、性格结构等不合理的现象。

3. 劳动力的非经济合理流动性。罪犯的“入监”“出监”形成了劳动力的流动性，这是非经济性的。这种流动性造成了劳动力队伍的不稳定，给劳动力在使用和配置上增加了困难，也会对监狱的生产造成影响。

（二）罪犯劳动分工与协作要素

劳动的分工与协作是社会化大生产的一项基本要求，目前监狱大多数都采取集体劳动的形式，集体劳动的过程要求各个生产环节、各道工序之间在时间和空间的配合上要保持高度的整体性和连续性，为了提高罪犯劳动的生产效率和罪犯劳动管理水平，监狱必须强调罪犯劳动的分工与协作。

1. 罪犯劳动分工的原则。劳动分工一般表现为工作简化与专业化，专业化的分工对罪犯的业务和技术要求比较高，有利于罪犯劳动技术的学习和提高，进一步促进罪犯的劳动改造。在进行罪犯劳动分工时应遵循以下几个原则：①要符合分押、分管的原则。②要根据生产需要，实行专业化分工。③要害部位、关键设备，不准让罪犯进行操作和管理。④充分发挥罪犯技术专长，各尽所能。

2. 罪犯劳动分工的形式。监狱对罪犯进行分工，一般可以采用两种形式：一是根据改造的需要进行分工，用不同工种的劳动来矫治不同类型的犯人；二是依据罪犯自身的情况来进行分工。第二种情况尤为重要，罪犯的自身情况主要是指年龄、身体情况、技术熟练程度等与劳动能力有关的一些因素，这些因素决定着劳动过程的均衡性。因此，在分工时要尽可能地把劳动能力相当的分在同一道工序上，这样有利于保持生产上的整体性和连续性。

3. 罪犯劳动协作。罪犯劳动协作是指监狱在组织罪犯劳动过程中，采用适当的形式，把从事各种局部性劳动的罪犯联系起来，共同完成某种整体的生产任务。劳动协作的内容，包括空间范围的协作和时间范围的协作。空间范围的协作，在监狱内部，包括监区之间、班组之间以及班组内的协作；时间范围的协作，指的是各轮班组如何组织的问题。罪犯劳动协作是社会化劳动的一种形式，监狱在大规模的集体劳动条件下，这种劳动协作关系是必不可少的。一般来说，监狱生产单位的罪犯劳动协作组织形式主要有三种：①作业组内协作，包括专业作业组和综合作业组两种形式。②生产班内协作。③轮班协作。

四、编制定员

（一）编制定员的范围

编制定员就是用人标准或人员定额。它是监狱生产劳动的一项基础工作。它的主要作用是使监狱在用人方面做到心中有数，在保证生产对人员需要的前提下，合理配备人员，节约使用劳动力，提高劳动生产率。有了定员，监狱在用人方面就有了明确的目标，便于进行劳动力的平衡和调剂。有了定员，还可以促进监狱改善劳动组织，巩固劳动纪律，建立健全岗位责任制，克服人浮于事、工作效率低等现象。

监狱生产劳动定员的范围包括从事生产、技术、管理和服务工作的基本生产人员、辅助生产人员、服务人员等。监狱编制定员包括定员总数与各部分的定员人数，定员总数是各部分定员人数之和。监狱的定员总数中，一般分两大部分，即生产罪犯和生产专项工种罪犯。专项工种罪犯是指生产劳动记录员、物料收发员、质检员等辅助生产人员和服务人员，这两类人员都是不可缺少的，定员时，要合理确定他们之间的比例关系。

（二）编制定员的方法

计算定员的基本依据是计划期内的总工作量和劳动者的工作效率。由于各生产单位的具体情况不同，所以计算定员人数的具体方法也不同，一般有以下几种方法：

1. 按劳动效率定员。就是根据计划规定的生产任务和劳动者的劳动效率（定额）来计算定员人数，公式如下：

$$\text{定员人数}=\frac{\text{生产任务}}{\text{劳动效率}}\times\text{出勤率}$$

这种方法适用于有劳动定额的人员，特别是以手工操作为主的工种，也是监狱常用的方法。

2. 按岗位定员。就是根据岗位的多少，岗位的工作量，罪犯的劳动效率，开动班次和出勤率等因素，计算所需定员人数。这种定员方法适用看管大型联动设备或装置的工种，也适用于生产专项工种或无法按劳动定额计算定员的辅助人员和服务人员的定员。

3. 按设备定员。就是根据机器设备的数量和看管定额来计算定员人数。这种方法适用于以机器设备操作为主的工种，特别适用于多设备看管的工种。

4. 按比例定员。就是按罪犯劳动力总数或某一类人员总数的比例来计算某些非生产人员和部分辅助生产人员的定员人数。

上述几种方法，可以灵活运用，也可以结合运用。既要定人员数量，还要注意定人员质量，以保证各个生产环节对人员的需求。

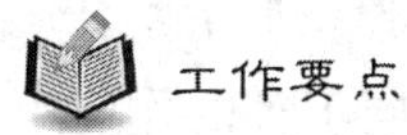

一、全面了解和掌握罪犯劳动力的基本情况

通过考核和测评罪犯，从而掌握罪犯的生理状况、技术水平、技能特长、学识水平、心理素质、刑期长短、改造表现、就业方向等内容和指标，然后再根据罪犯生产劳动的不同工种和不同岗位进行量才使用，要求从事某项工种和岗位的罪犯要具备与完成其职责相应的劳动能力和水平，同时又要考虑到罪犯的监管要求、改造表现、刑期长短、身体状况等因素，把每一个罪犯都分配到一个较为科学合理的劳动岗位上。

二、熟知罪犯劳动力的分类定级标准，并根据标准对罪犯进行分类定级

（一）培训期满、具有正常劳动能力的罪犯

该类划分为三个级别，即一类一至三级：

1. 一类一级罪犯是指劳动能力强、熟练程度高的罪犯。原则上一类二级罪犯连续3个月完成劳动生产任务或年龄在40周岁（不含40周岁）以下、从事同一岗位（工种）劳动4个月内的应晋升为一类一级。

2. 一类二级罪犯是指劳动能力比较好、熟练程度中等的罪犯。原则上一类三级罪犯连续3个月完成劳动生产任务或年龄在40周岁（不含40周岁）以下、从事同一岗位（工种）劳动4个月内的应晋升为一类二级；年龄在40～50周岁（含40周岁，不含50周岁）的罪犯，最高劳动类级不超过一类二级。

3. 一类三级罪犯是指具有正常劳动能力、培训结业后或年龄在50～55周岁（含50周岁，不含55周岁）的罪犯。

（二）老、弱、病、残的罪犯

该类划分为三个级别，即二类一至三级：

1. 二类一级罪犯是指年龄在55～60周岁（含55周岁，不含60周岁）的罪犯，或经监狱医院鉴定为第三级疾病的罪犯。

2. 二类二级罪犯是指年龄在60～65周岁（含60周岁，不含65周岁）的罪犯，或经监狱医院鉴定为第二级疾病的罪犯。

3. 二类三级罪犯是指年龄在65周岁（含65周岁）以上的罪犯，或经监狱医院鉴定为第一级疾病的罪犯。

（三）新投或因转换工种正在培训期内的罪犯

该类罪犯的培训期限根据生产项目、工种确定，一般不应超过3个月。

三、根据生产项目流程，设定相应的劳动岗位

要求熟知《项目加工作业指导书》的内容，其内容包含工序流程、加工工艺、质量检验、安全操作规程等项目加工生产等，按照内容要求，设立不同工种的作业组和岗位，安排具备与完成其职责相应的劳动能力和水平的罪犯。

四、根据不同岗位的性质和要求，制定和下达每一个罪犯的岗位劳动定额

按照产品打板定额、日产量计算和排单、罪犯工序安排等情况，并根据罪犯劳动能力的分类定级标准和岗位安排情况，制定和下达每一个罪犯的岗位劳动定额。

五、建立科学、合理、高效的罪犯劳动组织

组合罪犯劳动组织（车间、班组或劳动小组），尽量做到罪犯的新老搭配、刑期长短搭配、技术水平高低搭配、改造表现好坏搭配、罪犯年龄层次搭配，使罪犯劳动组合形成优劣互补、取长补短、互相监督、以老带新、共同促进的良好格局，也才能使罪犯劳动组织更易形成凝聚力和战斗力，从而形成整体目标的优化。

注意事项

1. 配置罪犯劳动力时，要尽量做到：

（1）数量合适。根据监狱的生产劳动任务和先进合理的定额定员，配备的罪犯数量要适当，每个罪犯在工作时间内都满负荷地工作，避免窝工所造成的时间损失。

（2）结构合理。在罪犯劳动群体中，除了分类管理的要求之外，罪犯之间的知识结构、技能结构、年龄结构、体能结构、工种结构等，与所承担的生产劳动任务的需要相适应，能满足生产和管理的要求。

（3）人事相宜。主要罪犯的素质结构与物质形态的技术结构相匹配，每个罪犯所在的劳动岗位与他的改造表现、劳动技能、熟练程度和体力相适应。

（4）职责明确。罪犯的劳动分工要明确，各自的职责要清楚。每个劳动岗位的劳动任务都要在数量、质量和期限方面作出严格、明确的规定，以便考评罪犯的改造和生产成果。

2. 安排罪犯劳动力时，要结合不同类级的罪犯，根据生产实际情况，安排不同的作业组，同时要保证他们有足够的工作量和充分的工作负荷。相同类级的罪犯，尽可能安排在一个作业组，因为他们的劳动能力相近，劳动定额任务大致相同，这样有利于保持生产上的相对均衡。

范例分析

范例：某监狱某月新入监100名罪犯，这批罪犯中，年龄、素质参差不齐，差异

较大，从劳动力合理使用的角度看，监狱是如何组织罪犯劳动的？

分析：新入监罪犯一般需要2～3个月的入监教育，除了进行认罪服法、监规纪律、队列生活训练外，还必须对罪犯进行劳动基础知识教育，主要针对监狱生产项目、特点以及工艺、安全生产等基本知识的理论教育。罪犯分配到监区后，监区还要根据本监区生产项目的情况，对罪犯进行技术操作的实践培训和安全生产教育。通过考核，基本掌握罪犯的劳动能力情况。同时，监区警察通过谈话等方式，全面了解罪犯的思想、道德、身心健康状况、性格特征、文化程度和个人特长等，从而为新犯的岗位安排提供选择性的参考，并以此基本确立罪犯的劳动能力和所适宜的岗位。

情境训练

罪犯李某，年龄55周岁，服从管理，改造表现良好，劳动积极主动，能力强，技术过硬，连续3个月完成劳动生产任务，完成量高达一类二级罪犯的定额标准。

请问对李某该如何分类定级？为什么？

学习情境二　罪犯劳动定额制定

知识储备

一、罪犯劳动定额的定义及主要形式

（一）罪犯劳动定额的定义

劳动定额是指在一定的生产技术和生产组织条件下，为生产一定数量的合格产品所规定的劳动消耗量的标准，或规定劳动时间内应当完成的合格产品数量。劳动定额是组织罪犯进行生产劳动的客观要求。在监狱企业里，罪犯劳动一般是从事单一工序的工作，但由于罪犯劳动力能力存在着差异性，不同类级的罪犯，其劳动定额不同。因此，为了保持生产上的均衡性，在劳动协作关系上，有必要对每个工序的罪犯预先设定劳动定额，就是以工序为对象，规定在一定时间内应该提供一定数量的产品，或者规定生产一定产品所消耗的时间。

罪犯劳动定额，就是在一定的生产技术和劳动组织条件下，预先规定罪犯必要的劳动消耗标准，完成一定数量的产品或工作量。

（二）罪犯劳动定额的主要形式

1. 工时定额，指罪犯完成单位合格产品所消耗的工时数额，用时间来表示。计量单位是分/件或时/件。

2. 产量定额，指罪犯在单位时间内完成的合格产品数量，用产量来表示。计量单位是件/分或件/时或件/班等。

工时定额和产量定额是劳动定额的两种基本形式。生产单位产品所需时间越少，单位劳动时间内的产量就越大，因此这两种定额在数值上成反比关系，互为倒数，可以相互核算。此外，劳动定额还包括看管定额和服务定额等。

企业采用什么形式的劳动定额，要根据生产类型和生产组织的需要而定。工时定额常用于产品复杂、品种多的企业，如机械制造；产量定额常用于产品单一、产量大的企业，如煤炭生产。

二、罪犯劳动定额的作用

（一）罪犯劳动定额是监狱计划工作和开展经济核算的基础

监狱在编制生产计划、劳动计划和成本计划时，不能没有劳动定额。例如，编制生产计划时，就需要利用劳动定额来核算计划任务和工作量，平衡劳动力和设备负荷，发现薄弱环节，采取必要的组织技术措施，使生产计划建立在先进可靠的基础上。编制定员和确定劳动计划都要以劳动定额为基础，并且要在挖掘潜力，提高劳动生产率的基础上，保证全年计划任务完成。从这里可以看出，定额是不是先进合理，它的正确程度如何，直接影响计划的质量，影响计划能不能正确地指导生产和协调劳动者的积极性。

成本计划和经济核算工作，同劳动定额的关系也是十分密切的。无论是产品成本的计划的编制和实际成本的核算，通常都是根据工时定额来分摊工资支出及其他综合性费用。制定新产品的价格时也需要应用定额。工时定额偏高偏低，直接影响成本。监狱应当积极开展经济核算，做到增产节约，不断降低单位产品工时定额，这对降低产品的成本和增加利润有着重要的意义。

（二）罪犯劳动定额是合理组织劳动，正确组织生产的重要依据

如何协作生产都必须有组织地进行，以便把个人的活动在时间和空间上协调起来。要把产品生产过程组织起来，协调起来，取得较好的经济效果，就要预先知道并规定出生产过程各个阶段的必要劳动时间消耗量，这就要制定劳动定额。生产过程划分为若干阶段，由不同的劳动者去完成，就必须规定各个阶段完成产品的必要劳动时间，各阶段劳动时间如不相等，那就要配备不同数量的劳动者；各阶段劳动人数的比例必须同他们的必要劳动时间的比例相一致。为了保证生产过程的连续性，必须预先规定劳动定额，合理地组织劳动，随着生产的发展也要及时地调整劳动组织。

（三）罪犯劳动定额是正确反映劳动数量的重要尺度，也是考核罪犯劳动表现的重要依据

对罪犯实行奖惩制度必须考核罪犯劳动数量和质量。劳动定额不仅是直接反映罪犯劳动数量的指标，而且有些质量指标也是通过劳动定额指标转换而来的，如废品率

必须用工时定额来换算。由此可见，劳动定额是正确实施劳动奖惩的重要尺度。

三、罪犯劳动定额管理的原则、要求和方法

（一）罪犯劳动定额管理的原则

罪犯劳动定额管理应坚持依法、科学、公正、公开的原则和警察直接管理的原则。要求做到：

1. 罪犯劳动定额必须由监狱警察亲自制定、下达、考核和检查。

2. 罪犯劳动定额制定应根据监狱现有的生产设施、技术条件和罪犯劳动特点以及罪犯的类级情况。

3. 罪犯劳动定额制定应确保其合理性，即能保证大多数罪犯均能完成或超额完成任务，严禁出现“超时、超体力”才能完成的高定额现象。

（二）罪犯劳动定额管理的要求和方法

1. 制定罪犯劳动定额的要求。制定劳动定额，总的要求是“准、全、快”。“准”是指质量上的要求，即制定的劳动定额要符合先进合理的原则，同时要在不同的车间、工种和工序之间保持定额水平的统一和平衡，防止高低不一。“全”是指工作范围的要求，即凡是需要和可能制定劳动定额的工种和项目，都要有定额，即使是一些临时性的工作，也要尽可能地制定定额。“快”是指时间上的要求，即能够及时制定定额或及时修改定额，以满足生产和管理上的需要。

“准、全、快”三方面的要求，其中“准”是关键。如果制定的劳动定额准确性差，或不平衡，即使制定得很快、很全也难以贯彻实施，更起不到定额应有的积极作用，甚至还会挫伤劳动积极性，产生消极影响。因此，制定劳动定额时是否先进合理，要以能否满足生产和管理的基本需要、能否调动劳动积极性和创造性为标准。

罪犯劳动定额的制定过程中，要充分考虑罪犯劳动的特殊性，就是制定的定额要在已经达到的实际水平基础上有所提高，在正常生产条件下，经过一定时期的努力，大多数罪犯可以达到，部分先进的罪犯可以超过，少数后进罪犯也能够接近以至达到的水平。这样才能做到一方面既可以促进罪犯的劳动改造，另一方面又能保证劳动生产率的提高。

2. 制定罪犯劳动定额的方法。

（1）经验估计法。即由管理人员、技术指导和技术操作人员结合以往生产实践经验，依据图纸、工艺装备或产品实物进行分析，并考虑所使用的设备、工具、工艺装备、原材料及其他生产技术和组织管理条件，直接估算定额的一种方法。这种方法就是方法简便，工作量小，一般在单件小批生产或安排新产品试制或临时性生产任务时使用。

（2）统计分析法。这种方法是根据过去同类产品或类似零件、工序的工时统计资

料，在分析当前组织技术和生产条件的变化的基础上来制定定额的一种方法。这种方法简单易行、工作量小，以占有比较大量的经济资料为依据，比经验估计法更能反映实际情况。凡是在生产条件比较正常、产品比较固定、品种比较少、原始记录和统计工作又比较健全的情况下，一般都可以用这种方法。

（3）技术测定法。它是根据生产技术组织条件的分析研究，在总结先进经验，挖掘生产潜力，设计出合理工序结构及程序，拟定合理操作方法的基础上，通过实地观察和时间测定或通过技术计算来制定劳动定额的方法。它一般是按照工时定额的各个组成部分，分别确定它们的定额时间。此方法一般适用于大量大批生产的产品。

（4）比较法。此方法是以现有产品定额为基础，通过对类似产品或工序进行分析比较，采用类推方法确定出新的同类产品或工序的劳动定额。这种方法可以说是既省时、又省力，但它有一个条件是必须具有可比性，否则就不能使用比较法来制定定额。

四、罪犯劳动定额的组织管理

监狱劳动改造科负责罪犯劳动定额和劳动报酬工作的监督管理，并负责对监区罪犯劳动报酬的审核工作。监区成立罪犯劳动定额和劳动报酬考评小组负责日常的考评工作，由监区长任组长，成员由分管生产工作的监区领导、生产干事、警长等组成。

工作要点

一、罪犯劳动定额制定的步骤

1. 依据样品或工艺单，由技术人员和试样人员一起测定产品定额，上报监区定额考评小组审定。

2. 定额考评小组根据上报的产品定额，组织小组成员进行理论评审和实践（试生产）评审来确定。

3. 产品定额确定后，予以公示集中统一记录，并建立规范台账，统一保存。

二、罪犯劳动定额的制定和下达

1. 罪犯劳动定额的制定采用工时定额法，1 小时的标准劳动量为 1 分：

罪犯日定额工时（单位：分）= 当日实际出工时间 × 定额系数

罪犯月定额工时（单位：分）= 当月实际出工时间 × 定额系数 = $\sum$ 每日实际出工时间 × 定额系数

一类一、二、三级和二类一、二级罪犯的劳动定额系数分别为 1.0、0.9、0.8、0.6、0.4。其中，二类三级罪犯主要考核思想改造等表现，不下达具体劳动定额；培训期罪犯由监区根据罪犯劳动能力及项目等状况，适当下达劳动定额。

2. 监狱企业打板中心打板测定完成单位产品（工序）的标准时间，以一类一级罪犯的劳动能力为基准，确定单位产品（工序）的工时定额：

工时定额（单位：分）=标准时间=打板作业时间+宽裕时间=打板作业时间×评定系数×（1+宽裕率）

其中，评定系数为打板作业者所在劳动类级的定额系数；宽裕率一般可设定为17.6%，各单位可根据实际自行调整。

3. 监区根据监狱企业打板中心测定的完成单位产品（工序）工时定额和各类级罪犯劳动定额系数，制定并下达每日的产量定额：

罪犯日产量定额=每日定额工时÷工时定额（标准时间）=（每日出工时间×定额系数）÷标准时间

罪犯每月实际完成的劳动任务按标准工时累计：

罪犯月实际完成标准工时（单位：分）=∑日完成标准工时数=∑（日实际完成产品或工序数×工时定额）=∑（日实际完成产品或工序数×标准时间）

三、罪犯劳动定额的执行

劳动定额制定和下达以后，必须组织定额的贯彻执行。贯彻执行劳动定额要加强思想政治工作，要发挥骨干罪犯在定额管理工作中的模范带头作用；要加强定额考核分析工作，随时掌握罪犯达额情况和存在的问题，及时分析解决；要切实贯彻执行各种重要的技术组织实施，及时地鉴定、总结和推广合理化建议；还要把发动罪犯开展劳动竞赛密切结合起来；企业专业管理人员要深入现场调查研究，帮助罪犯达额，保证定额的全面贯彻执行。

为了保证劳动定额的贯彻执行和给制定、修改定额提供可靠的资料依据，分监区必须加强对定额完成情况的统计、检查和分析工作。主要有以下三个方面：

1. 要健全工时消耗的原始记录，分析工时原始记录的准确性。

2. 分析研究工时的利用情况。分监区工时利用情况，主要通过罪犯出工率及工时利用率两个指标来反映。工时利用的变化，影响着劳动生产率的高低。分析工时利用的目的，主要是提出工时浪费的原因，采取措施加以克服，以增加生产时间，缩短停工时间，增加有效工时，减少无效工时。

3. 分析工时定额的完成情况。从分析完成定额的情况着手总结先进经验，找出影响定额贯彻的各种因素，以促进劳动生产率的提高，并进一步掌握工时消耗变动的规律，为制定和修改定额提供依据。

四、罪犯劳动定额的考核与检查

1. 劳动定额管理作为监狱警察执法工作的一部分，监区必须把罪犯劳动定额完成情况作为日常考核内容，及时了解和掌握定额完成情况，并做好台账的记录工作。

2. 加强对罪犯劳动定额的制定、修改、公示、考核以及台账建设等工作的规范，进一步提高罪犯劳动定额管理水平。

3. 根据罪犯劳动定额完成情况，对罪犯实施奖惩考核。

注意事项

一、罪犯劳动定额的修订

当出现下列情形时，监区应对罪犯劳动定额作出修订：①罪犯的结构以及类级发生了改变；②设备、工艺装备、加工方法等出现了变动；③ 生产劳动组织形式发生变化；④个别劳动定额与实际生产情况相差悬殊；⑤产品结构改变；⑥原材料的材质、规格发生变化。

二、罪犯劳动定额的修订方法

1. 定期修订。即按月、季或年度为期进行修订。即对日常劳动中定额的准确性进行分析、考查，从统计的资料和现实劳动中发现不足，予以修订。

2. 临时修订。即根据分监区每一个阶段的工作重点，对定额进行临时修订，以适应罪犯劳动的需要。由于分监区罪犯经常发生变动，有新来的，有离开的，有临时顶替的，对这些人应实行临时性定额，并随着他们劳动技能和熟练程度的提高而作相应的调整。

范例分析

范例：某监狱某监区以服装生产为劳动项目，其中裁剪为生产工序之一，那么该如何确定裁剪生产定额？

分析：先对产品进行打板测定完成单位产品（工序）的标准时间，即用一名熟练工人（或熟练罪犯）对产品进行试裁并计时，确定完成一件产品的时间，再按每天工作时间确定产品定额。也可以采用经验估算法确定该产品的具体定额，然后再按各类级罪犯劳动定额系数，制定并下达罪犯每日的产量定额。

情境训练

某监狱某监区以组装电脑键盘为劳动项目，并且以流水线形式组织生产，那么每个流水点定额如何确定？

学习情境三　罪犯劳动力岗前培训

知识储备

一、岗前培训的含义

罪犯劳动力的岗前培训是罪犯劳动教育的组成部分，岗前培训就是监狱为了使罪犯能够胜任其岗位工作，提高其工作能力而开展的一种有目的、有组织的培训活动。岗前培训一方面是监狱生产的需要，通过培训，使罪犯尽快掌握生产劳动过程中各岗位的劳动技能，顺利上岗劳动，以确保监狱企业生产的有序进行；另一方面通过培训、上岗、劳动这一系列的活动，实现罪犯劳动改造的目的。

二、岗前培训的内容

（一）劳动观念和劳动基础知识教育

教育内容主要有相关政策和法律规定、法律常识、各项规章制度和管理方法，等等。通过教育促使罪犯树立改造意识，端正劳动改造态度，形成新的劳动观念和正确的价值观念，树立竞争意识、质量意识、安全意识、遵守工艺纪律意识等，充分发挥劳动改造的矫正和稳定功能。其中包括：

1. 使罪犯不管在思想上还是行动上能做到爱岗敬业，珍惜劳动的机会，全身心投入到劳动改造过程中。

2. 帮助罪犯树立正确的劳动观念，使其了解和遵守劳动道德、劳动纪律和有关法律法规，并能用以指导自己的行为。

3. 帮助罪犯掌握必备的劳动基础知识，包括安全生产、全面质量管理和操作规程等，提高其质量意识、安全意识、工艺纪律意识，使其知道该干什么、不该干什么、应该怎样干，培养其爱干、会干、肯干的工作素养并具备干好本岗位工作的能力。

4. 帮助罪犯树立自我提高的信心，自觉地按照岗位工作的要求去学习、提高，使其能成为本岗位的能工巧匠，技术骨干。

（二）劳动技能培训

主要进行岗前岗位技术培训和专项等级技术培训。就是监狱根据企业生产岗位技能要求所进行的操作技能、操作程序、安全生产、质量控制等方面的培训工作，以及特殊岗位的专项等级技术培训工作。通过培训，促使罪犯了解和掌握岗位所需的基础知识和劳动技能，能独立上岗操作，具体包括：①学会操作技能；②掌握操作程序；③懂得安全生产知识；④明确产品质量要求。

罪犯劳动必须持证上岗，这既是生产上的要求，也是罪犯劳动改造的需要。因此，新入监或转岗的罪犯必须参加岗前技能培训。岗前培训已经成为罪犯劳动管理不可或缺的一项重要内容。

三、岗前培训的形式

岗前培训包括新入监罪犯的岗位培训、转岗培训和在岗培训三种形式。这三种培训形式分别在内容、目标要求上各有不同。

1. 新入监罪犯的岗位培训采用岗前三级培训（指监狱、监区、分监区或管区三级）的方式，这种方式是罪犯劳动岗前培训的重要方式之一，它基本涵盖了罪犯劳动技能培训的各个要素。

（1）入监时接受监狱的劳动观念以及劳动基础知识教育和监狱企业劳动项目的技术理论培训和安全生产教育等，通常由监狱教育科和劳动改造科结合罪犯的入监教育进行。

（2）分配到各监区后进行的技术操作实践培训和安全生产教育，包括安全生产、全面质量管理、现场管理规定、操作规程以及定量管理规定等方面内容，通常由监区组织实施。一般情况下，监区会根据本监区劳动项目的复杂程度，确定培训时间，大致是2～3个月。与此同时，监区警察必须全面开展个别谈话，分别了解罪犯的思想、道德、身心健康状况、性格特征、文化程度和个人特长等，必要时，还要进行危险性评估，从而为罪犯的岗位安排提供选择性的参考，并以此为据基本确立罪犯劳动能力和所适宜的岗位。

（3）安置劳动岗位后的“传、帮、带”。通过“传、帮、带”的带动，使罪犯的劳动技能和劳动熟练程度可以在短时间内得到迅速的提高。此项培训主要由分监区或管区负责。

2. 转岗培训主要是为适应新岗位的工作而进行的培训。其培训内容主要侧重于新岗位的技术操作要求以及安全生产等方面，由各监区组织实施。

3. 在岗培训是一种岗位适应性提高的培训。它是以罪犯的个人素质包括性格、体能、文化素质、能力倾向、特长等为特点的一种培训，目的是确保罪犯的劳动与个人综合能力相适应，做到人尽其才，各尽所能，进一步发挥岗位能手的“传、帮、带”的作用，确保罪犯劳动生产的均衡与协调。

四、岗前培训的方法

1. 集体培训法。即在罪犯上岗前，由技术人员包括监狱警察或合作方人员集中对罪犯进行理论讲授和实践操作指导。

2. 以师带徒法。即由懂技术的监狱警察或职工对罪犯以一对一的方式进行技术指导；或者由懂技术的骨干罪犯或班组长在监狱警察的指导下所进行的一对一的技术指导。

岗位培训结束后，应进行考核，合格者由当地的培训中心发给上岗合格证。罪犯在未掌握或熟练岗位技能前，应当禁止罪犯单独上岗或独立操作。

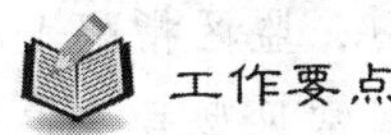

工作要点

一、建立罪犯岗前培训的机制，制定培训方案和考核细则标准

罪犯劳动的岗前培训，是罪犯劳动管理的常态工作，具有长期性和针对性的特点。一套完整的、切实可行的培训方案和考核标准，对保证罪犯岗前培训工作的有序开展非常重要。罪犯劳动力结构变动大，素质参差不齐，层次多样，因此，在培训方法上要体现层次性，以满足不同罪犯的需要。一般岗前培训要遵循：理论培训→实际操作培训→综合考核→上岗作业→跟踪指导的过程。为了顺利地实施培训计划，应责任到人，明确要求和期望，并做好周密的罪犯培训计划，明确培训时间和内容，包括培训方法、培训资料、考核方法、上岗标准等。

二、实行理论和实际操作相结合的培训方式

培训内容一般包括：作业指导书、设备操作、质量要求、物料投放、工具使用、常见故障排除，等等。由于内容较多，所以要有计划、有步骤、有顺序地进行，必要时，还要安排脱岗专门培训，做到理论和实际相结合，使罪犯达到与岗位相适应的应知、应会。

三、培训后进行书面和实际操作考核

培训后要组织考核，严格按照考核标准进行书面和实际操作考核，考核要公开透明，不合格者必须重新培训。

注意事项

1. 培训是罪犯上岗前的必由之路，监狱必须重视岗前培训工作，严格遵循从理论培训→实际操作培训→综合考核→上岗作业→跟踪指导的全过程实施，层层把关，避免走过场。

2. 培训要紧密结合三种形式，包括新入监罪犯的岗位培训、转岗培训和在岗培训。培训内容要多样化，提高其针对性。

3. 充分发挥“传、帮、带”的作用，建立完善“传、帮、带”责任制，积极开展罪犯岗位培训竞赛，奖优罚劣，促进良性竞争。

范例分析

范例： 某监狱某监区主要从事羊毛衫的生产，该生产工序有横机、套口、缝工、缩毛、蒸烫、包装等。罪犯潘某是一位新投犯，被安排在套口片学习，监区指配1名罪犯担任其师傅。潘某跟师傅从熟悉套口设备型号、结构开始，了解常见型号套口设备性能，熟悉羊毛衫套衫、开衫、圆领衫的套口工艺流程。3天后，经考核合格，上机进行实践操作，进行对针、空套等简单操作练习。10天后，其经考核合格，单独操作，生产出成衣。期间对操作过程中出现的问题，检验员进行了指导解决。

就以上案例，分析罪犯岗前培训的流程。

分析： ①本例采用了“以师带徒”的培训方法。②本例的培训过程，对每一道工序都有考核，考核合格后方能上岗。③本例符合罪犯劳动岗前培训的要求。

情境训练

罪犯罗某，从事服装生产的劳动，在缝纫加工这一环节上，刻苦钻研，积极摸索，对原来的加工技术作了改进，提高了缝纫加工的效率，使服装生产技术由原来的半个月缩短到5~7天，效率提高了1倍。

面对这种情况，作为主管警察该作怎样的回应？结合罪犯劳动培训工作应采取哪些措施？

附：

某监狱罪犯劳动岗位培训教材内容

第一章　岗位培训基础知识，包括岗位培训的概念、目的和意义，岗位培训的内容和要求；

第二章　安全管理基础知识，包括安全生产的定义和意义、安全生产方针任务、安全生产教育、监狱安全生产管理及事故危害、原因和责任分析及防范措施；

第三章　设备和工具的保养检修安全管理以及安全用电，包括识图知识及简单零件剖视、剖面的表达方法，设备管理、设备检修与安全、安全用电与节能；

第四章　质量管理基础知识，包括质量概述、全面质量管理、质量改进、现场质量管理、质量管理小组及统计技术与方法的应用；

第五章　锻压及岗位操作，包括锻造生产基础知识、扳手锻造各工序工步及要求，锻件常见疵病及其防止方法，锻造设备及其安全生产技术；

第六章　金工车间岗位操作规范，包括铣工的基础知识、金属加工及其设备、机床的合理使用与维护保养、扳手金加工各工序操作规范、文明生产与安全技术；

第七章　两用扳手生产工序及主要工艺，包括锻造基本工序及其工艺、两用扳手各工序工步及要求、车间设备及其安全；

第八章　抛光操作工岗位规范，包括正确使用砂轮机，抛光工粗、精镶工岗位规范，文明生产与安全技术；

第九章 热处理岗位操作，包括热处理概述、各工序及其工艺要求、热处理主要工序的安全技术、主要热处理设备的安全技术；

第十章 电镀工艺及其岗位规范，包括电镀基本知识、活络扳手电镀生产工艺、环型线电镀生产介绍、主要电镀设备及安全技术；

第十一章 修造车间岗位操作，包括修造车间的一些大型设备介绍，车间内主要机械设备的安全操作规程、机加工作业规则、文明生产要求；

第十二章 服装加工工艺基础知识，包括服装的概念及材料基础知识，服装裁剪基础知识，服装缝制工艺基础知识及服装质量标准，服装加工常用设备的使用和保养；

第十三章 建筑工程安全，包括建筑工程安全概论、脚手架和施工设施安全、建筑机械。

学习单元六

罪犯劳动现场管理

知识目标

通过本单元学习，能够：

1. 全面了解罪犯劳动现场管理工作模式。

2. 掌握现场定置管理的具体要求。

3. 熟知警察值勤管理的规定。

4. 分别掌握生产进度管理、质量管理、物料管理、生产统计管理的内容和罪犯劳动现场考核方法。

学习情境一　罪犯劳动现场管理工作模式

知识储备

一、罪犯劳动现场管理的概念

罪犯劳动现场一般指罪犯作业场所，即监狱用于从事生产作业的场所。它包括工业、农业或其他形式的劳动场所。当前，按照司法部要求，罪犯劳动已基本由狱外向狱内、分散向集中、农业向工业转移。罪犯劳动现场主要是指工业劳动现场，对于这一现场，监狱也习惯称之为生产（劳动）车间。

罪犯劳动现场是监狱执行刑罚、教育改造罪犯的三大现场（生活、学习、劳动）之一，是培养罪犯劳动观念、养成劳动习惯、掌握生产技能并创造劳动成果的重要场所。

罪犯劳动现场管理就是监狱运用法律的、科学的管理思想、管理方法和管理手段，对劳动（生产）现场各种生产要素进行合理配置和优化组合，确保罪犯按照预定目标，实现优质、高效、低耗、均衡、安全、文明生产的管理活动。罪犯劳动现场是实现罪犯劳动改造的重要场所，是罪犯的改造质量、精神面貌、道德品质等体现的地方，劳动现场管理在时空上居于劳动改造管理的重要地位。它的主要任务是合理地组织现场的各种生产要素，使之有效地结合起来形成一个有机的生产劳动系统，并经常处于良好的运行状态，为罪犯劳动现场提供良好的工作保障。因此，罪犯劳动现场管理是监狱管理不可缺少的重要环节。

二、罪犯劳动现场管理的原则

（一）安全第一

罪犯劳动现场安全，是监狱安全生产的重要组成部分。确保一个安全稳定、秩序良好的劳动现场，是罪犯劳动现场管理的首要任务。罪犯的劳动现场管理应确保罪犯在劳动现场严格遵守监狱各项规章制度和劳动场所的纪律制度，不发生逃跑、斗殴等各类影响场所改造秩序和人身安全的案件；确保罪犯严格遵守劳动纪律和生产流程等操作规程，不发生安全生产事故；确保不发生火灾、爆炸等重大事故。

（二）依法管理

罪犯劳动是改造罪犯的手段之一，其最终目的是让罪犯接受劳动思想教育，培养正确的劳动观，在劳动中掌握一定的技能，为回归社会重新就业创造条件。在罪犯劳动管理过程中，必须依法管理，依法保障罪犯劳动权利，严格按照既定的规章制度、操作流程来组织生产，在确保罪犯劳动效率的同时，坚决杜绝通过延长罪犯劳动时间提高劳动强度的做法。

（三）直接管理

直接管理就是要求监狱警察亲临劳动现场实施面对面的管理，包括亲自带罪犯出收工、清点人数、分配劳动任务、检查生产进度及质量，并亲自对罪犯进行跟踪考核等。因此，监狱必须配备足够的现场警力。

通过直接管理，监狱警察才能考察罪犯劳动态度、劳动表现；才能发现问题，有针对性地进行教育引导；才能准确地考核评价每一个罪犯的改造进程；才能实现劳动与教育改造的对接。

三、罪犯劳动现场管理的任务

（一）维护劳动现场的稳定和安全

罪犯劳动现场的稳定和安全，会直接影响到监狱的监管安全。其中监管事故、安全生产事故都会直接发生在劳动现场，着力维护劳动现场的稳定和安全，是罪犯劳动现场管理的首要、常态化任务。因此，监狱必须强化劳动现场管理，一方面是严格执行组织纪律、劳动纪律，维护现场劳动秩序的稳定；另一方面是强化生产过程管理，严格按照操作流程进行组织生产，坚决杜绝违规、违章操作现象，同时必须确保生产工具、生产设施设备和物资等在生产过程中的安全，防止安全生产事故的发生，维护监狱的安全稳定。

（二）培养罪犯良好的劳动习惯，提高改造质量

通过一定的现场管理手段和方法的应用，强化劳动现场的管理，逐步培养罪犯的效率效益意识、集体意识、合作意识，加强罪犯的劳动光荣感和荣誉感，从而让罪犯懂得劳动创造财富、创造价值的道理，学会尊重劳动、热爱劳动并养成良好的劳动习惯。

（三）用科学的方法合理组织生产，使罪犯劳动科学化，提高劳动效率，促进监狱生产效益的提高

罪犯劳动是生产性的劳动，必须遵循生产性劳动的一般规律，要求做到科学管理，优化罪犯劳动组织，加强定额管理，降低生产成本，提高产品质量，完善工艺、质量、设备、计划调度、财务等专业管理保证体系，确保罪犯在生产劳动中协调配合，发挥综合管理效应，有效地实现罪犯劳动的高效率和高效益。

四、罪犯劳动现场管理的具体实施内容

（一）现场定置管理

生产现场必须做到物有所管，有物必有位，有位必有牌，挂牌必分类，按图定置，按类存放，标识明确，账（图）物一致。罪犯要固定岗位，挂牌上岗，不得擅自脱离互监组、乱串岗位。劳动现场要实行“四定”（定岗、定员、定位、定置管理）；做到“三净”（开工场地净、完工场地净、停工场地净）、“五条线”（设备摆放一条线、操作台一条线、工具摆放一条线、零配件一条线、材料摆放一条线）。

（二）警察值勤管理

包括现场警戒、罪犯出收工管理等。

（三）质量管理

监狱企业提供质量管理规范和产品技术标准，监区配合监狱企业落实质量管理和责任制，严格遵守检验标准和程序，严格控制产品质量。

（四）生产进度管理

监狱应根据监区生产能力合理下达生产任务，明确产量、质量、货期、物耗等具体生产任务指标。监区应准确制定各批次产品的生产进度计划，实现罪犯满负荷劳动，并实时掌握生产进度的完成情况，确保交货期。

（五）物料管理

监狱企业要科学确定各工序劳动时间，明确单位产品劳动时间和物耗标准，制定合理的物料供应、储备定额，在满足生产需要的同时，提高仓库利用率。监区应制定

合理的物料发放标准，加工标准，减少生产岗位上物料存放量，争取实现当日发放、当日回收，提高物流效率。

（六）生产统计

生产统计是监狱对罪犯劳动生产过程中经济数据的收集、整理和分析的活动。生产统计是监狱企业管理的基础工作，是了解监狱企业生产活动和经营情况的重要途径，监狱必须及时做好生产统计和分析工作。

（七）安全文明生产管理

建立严格的安全生产规范和操作规程，严禁违章操作，杜绝安全事故。

（八）劳动现场考核

包括罪犯劳动现场的纪律情况、生产作业情况、任务完成情况等方面的考核。

五、罪犯劳动现场管理措施

（一）建立罪犯生产劳动现场管理体系，责任到人，组织保证与专业管理相结合

1. 罪犯劳动现场管理与罪犯劳动管理相结合，制定出罪犯劳动管理“三准点”“九不准”，即每天准点开机，准点停机，准点离开生产劳动岗位。九不准是：不准使用罪犯代替其他罪犯出工；不准使用罪犯驾驶机动车辆；不准使用罪犯管理仓库、变电所、广播站；重刑犯不准到监外劳动；工作时间不准看书看报；不准串岗和脱岗；不准围堆和闲聊；不准吃食物；不准在机台、操作岗位上吸烟。

2. 罪犯劳动现场管理与工艺纪律管理相结合，严格工艺日常考核，执行“三按”（按标准、按图纸、按工艺），制定出贯彻工艺纪律管理“五字法”规范，即每个罪犯操作生产时，必须做到五个字：备：备齐图纸、工艺文件和量捡具；看：看清图纸、工艺和标准化、核对量捡具；提：有疑问及时提请处理；办：按章办事；检：坚持首件交检合格后方能加工。

3. 罪犯劳动现场管理与设备管理相结合，制定出设备管理“三要求”，做到日清理、周维护、月保养制度，即每天收工前10分钟清扫擦洗设备，保持设备清洁；每周六收工前半小时进行设备检查、润滑，保持设备正常运转；每月第一个周六收工前1小时统一进行设备一级保养，达到设备完好率要求。

4. 罪犯劳动现场管理与质量管理相结合，要求在质量管理方面做到“五坚持，三不放过”。五坚持是：坚持按标准、按图纸、按工艺生产；坚持自检、自分、自打工号制；坚持首件检、巡检、终检；坚持严格工序控制；坚持查巡质量事故“三不放过”。三不放过是：事故原因未查明不放过；责任人责任未追究不放过；防范和改进措施未落实不放过。

5. 罪犯劳动现场管理与安全生产管理相结合，制定罪犯安全管理八禁止，即禁止

违章指挥；禁止违章操作；禁止戴手套、系围裙操作旋转机床；禁止在工作岗位上穿拖鞋、打赤脚；禁止非生产车辆进车间；禁止罪犯将使用的工具内传外借，尤其对铁器、刀具应按工作需要固定专用，并严格办理领取和交回手续；禁止收工后不切断电（火）源离开现场；禁止女犯不戴工作帽进车间。

6. 罪犯劳动现场管理与监区基础管理相结合，制定监区基础建设“一齐四制管理规定”，即监区各种记录齐全；监区会务制度；设备管理升级制度；交接班制度；五大员制度。

7. 罪犯劳动现场管理与文明生产管理相结合，即文明装配；文明操作；文明加工；文明转序。

（二）把罪犯劳动现场管理工作向规范化、制度化发展

1. 在规范化的管理上，罪犯劳动现场管理应做到“五板、四有、三公开”。“五板”：罪犯日出工有翻牌板；生产指标有完成写实板；生产进度有展示板；设备管理有竞赛评比板；生产劳动现场有日报板。“四有”：生产现场管理有定置图；有定置区域；有定置牌；有定置管理负责人。“三公开”是指对罪犯劳动进行考核时：事实公开；奖罚公开；结果公开。

2. 在制度化管理上，现场管理坚持“三检制”，即对现场管理平时不定期抽检；旬对口检；月综合集中检查评比。

工作要点

监区是监狱的押犯单位，罪犯劳动现场主要集中在监区，现场管理的工作模式主要表现在监区日常生产劳动组织管理上，主要有以下几个方面：

一、推广工作的组织

1. 监狱按要求成立推广工作领导小组和办公室；劳动改造科组织实施工作。
2. 监狱、监区分别制定详细可行的实施方案，召开动员会议。
3. 科室监区按职责完成各阶段相应工种。

二、生产现场定置管理

1. 按照安全生产工作规范、生产现场管理办法、安全生产专项整治验收标准等制度对车间进行整治。硬件要求达标，做到布局合理、区划清晰、摆放整齐、清洁卫生、秩序井然。

2. 推行“5S”管理，探索有效推进的具体方法。要求开展开收工前劳动岗位“5S”检查、日检查周评比、目视管理等活动并形成制度，效果可见。

三、生产劳动管理业务

1. 编写《项目加工指导书》。

（1）《项目加工指导书》内容完善，含物料和设备介绍、工序流程、加工工艺、质量检验、安全操作规程等项目加工生产的要求。

（2）监区全体警察学习指导书并掌握基本内容。

2. 组织警察学习生产劳动管理相关知识和项目生产实操技能。具体要求如下：

（1）监区警察应掌握生产劳动管理基础知识，包括相关法律法规和工作制度、本监区生产项目基本工序流程。

（2）分管劳动改造工作的副监区长和劳动改造干事应熟练掌握实操技能，基本能制作整件产品，其他警察应掌握实操的基本技能。

（3）监区长、教导员、分管劳动改造工作副监区长和劳动改造干事应熟悉生产项目流程和质量控制点，熟悉日常生产报表和台账的填写及分析，能看懂图纸、加工制单，熟悉车间生产设备，掌握监区总体生产情况。监区其他领导、警察应基本掌握以上内容。

（4）监区警察应掌握产品打板定额、日产量计算和排单、罪犯工序安排等方法，掌握产品的质量标准、存在问题和解决办法，按管理职责达到“四知”（货期、数量、进度、质量）和“四会”（实际操作、打板定额、安排生产、控制质量）的程度。

（5）监区警察应掌握罪犯劳动定额与劳动报酬管理办法，掌握罪犯的生产劳动情况。

四、生产进度管理

1. 建立三级生产任务下达体系，体系正常运行，警察掌握生产任务下达工作流程和相关台账。

2. 警察直接安排生产，跟进生产情况并进行调度。

（1）监区长、教导员应掌握监区总体生产情况和劳动力利用情况。

（2）分管劳动改造副监区长应详细掌握监区劳动力的利用和分布情况，根据实际生产能力准确制定罪犯劳动定额和排产，准确定性各种质量问题并制定改进措施，对罪犯日工效报表进行有效分析，在劳动改造科的指导下掌握统计工作。

（3）劳动干事应熟悉监区生产项目的全部流程，熟练掌握罪犯日工效登记和计算并进行分析，准确下达罪犯劳动定额，计算监区实际产能并排产，确保如期完成货期。了解生产重点、难点环节，能准确定性质量问题并制定改进措施。

（4）值班领导应了解监区当天生产的大致情况，值勤警察应掌握在产产品的货期、数量、进度、质量、来料情况；当生产流水线出现异常或物料欠缺时应及时处理，每班次巡查产品质量两次，实施有效进度管理，保证流水线运行顺畅。

五、劳动定额、报酬管理

1. 制定细化的劳动定额、劳动报酬实施细则；能够科学、准确地下达劳动定额，月完成率不低于80%。

（1）监区全体警察应熟悉罪犯分类定级和劳动定额的下达方法。

（2）监区应根据罪犯劳动技能和实际劳动情况，科学、客观地对罪犯进行分类定级，落实“按能定级、按量定额、按分考核、按劳计酬”原则，每日公示劳动定额完成情况。

2. 罪犯月劳动报酬发放率应达到参加劳动人员的100%。

六、生产专项工种罪犯管理

1. 清理、压缩生产专项工种罪犯，按生产项目情况配备标准。

（1）结合生产项目情况调整生产类专项工种罪犯，说明人数变化情况和成效。

（2）监区警察应熟悉生产专项工种罪犯的选用条件、审批程序、岗位职责和管理办法，加强对专项工种罪犯的管理。

2. 制定细化的生产专项工种罪犯劳动岗位职责、考核办法和劳动报酬计提办法。

（1）形成制度，组织警察、罪犯学习，掌握内容。

（2）专项工种罪犯熟知自己的岗位职责和考核办法。

（3）值勤警察应加强对专项工种罪犯的监督管理，杜绝专项工种罪犯弄虚作假、徇私舞弊的行为。

七、管理效益和生产效益

通过推广监区警察生产劳动管理模式，促进管理效益和生产效益的提高。

注意事项

1. 强化监区值勤警察的岗位责任制。值勤警察在注重生产管理的同时，更要注重监管安全的管理，确保良好的安全生产秩序，努力做好安全事故、工伤事故的防控工作。

2. 在劳动生产计划实施方面，注意劳动生产计划的实施进度。

（1）子公司确定承接生产的各批产品数量、货期等内容，会同劳动改造科编制并下达每月各监区生产计划。

（2）监区根据月生产计划和来料情况，编制并下达各分监区（管区、车间、生产线）的每周生产计划。

（3）各分监区（管区、车间、生产线）的负责警察，按照监区安排的每周生产计划，结合罪犯的劳动类级与技术特长，明确每名罪犯具体劳动任务安排。

3. 监区值勤警察加强对生产进度、物料情况和质量状况的监控。

4. 加强对生产专项工种罪犯的管理。针对生产专项工种罪犯，首先要结合生产项目特点在规定标准内配备生产专项工种罪犯，其次制定细化的生产专项工种罪犯劳动岗位职责。如果没有特别的需要，应尽量压缩、减少生产专项工种罪犯人数，提高劳动力利用率。

范例分析

范例：为了夯实监狱劳动改造工作基础，促进监区警察生产劳动管理水平的提高，进一步规范罪犯的生产劳动现场管理，广东省监狱管理局于2009~2010年在清远、四会、怀集等6所监狱开展了“监区警察生产劳动管理工作模式”的试点工作，并于2010~2011年向全省监狱推广，目前全省监狱已进入全面实施阶段。

“监区警察生产劳动管理工作模式”主要针对从事生产劳动的监区，就罪犯劳动管理的现场制度、准则、目标以及工作程序等提出了规范化要求，目的是使现场管理工作形成规范统一并长期稳定的工作模式。

“监区警察生产劳动管理工作模式”是认真贯彻落实科学发展观和司法部关于罪犯劳动改造工作指导意见，以提高警察生产劳动管理能力为目标，科学、合理地组织罪犯劳动，实现罪犯劳动现场管理规范化的重要工作手段。其主要内容包括生产劳动管理业务培训、生产现场定置管理、生产进度管理、罪犯劳动定额与劳动报酬管理和生产专项工种罪犯的管理。实践证明，通过运行“监区警察生产劳动管理工作模式”，监区警察的生产劳动管理水平得到了普遍提高，克服了以往不懂生产管理的短板，基本都能掌握本监区生产项目的基本流程和实操技术，熟悉生产过程各环节实施标准，对罪犯劳动现场形成有效的管理。

请问监区为什么要推行“监区警察生产劳动管理工作模式”？推行这一模式有哪些必要性？

分析：一个稳定、规范的生产劳动管理工作模式，不仅对确保劳动生产安全、提高劳动生产效率有着重要的意义，更重要的是能创造一个良好的、规范的劳动改造环境，为实现罪犯劳动改造效果做出贡献。

情境训练

某监狱为了积极推行“监区警察生产劳动管理工作模式”，提高监区劳动现场的管理水平，决定采取定期、不定期地组织劳动改造科等业务部门对监区警察生产劳动情况进行检查与考核，并将考核结果作为警察和监区日常考核、评优评选的重要依据。

作为一名监区警察，你是如何看待的？

附：

某监狱监区生产劳动管理工作模式的内容

一、建立警察生产劳动业务管理业务培训机制

培训形式为学习、考试、实操等，培训内容包括：①相关法律法规、工作制度；②《项目加工指导书》，内容包括：物料和设备介绍、工序流程和生产方法、加工工艺和作业标准、质量检查和管理、安全操作规程等；③生产类报表和工作台账、图纸、加工制单等；④生产项目实操技能；⑤罪犯劳动类级和定额下达办法；⑥产品日产量定额计算、生产工序安排、生产调度、进度管理。通过培训，使监区警察具备生产劳动管理能力，按警察不同岗位达到“四知”（货期、数量、进度、质量）和“四会”（实际操作、打板定额、安排生产、控制质量）的目标。

二、生产现场定置管理

硬件整治：按照《广东省监狱系统安全生产工作规范》《广东省监狱生产现场管理方法（试行）》和《安全生产专项整治验收标准》对生产车间进行整治，属待迁建的车间必须达到安全生产设施齐全、安全通道畅通的最低标准。

动态管理：推行“5S”管理，开展劳动岗位“五分钟5S活动”、日检查周评比活动、目视管理等，达到“布局合理、区划清晰、摆放整齐、清洁卫生、秩序井然”的要求。

三、生产进度管理

围绕产品产量进度管理，建立整套的产量计划下达体系，落实警察直接安排生产实施进度管理规定。按监狱——监区——分监区（管区、车间、生产线）三个层级建立产量计划下达体系：①子公司确定承接生产的各批产品数量、货期等内容，会同劳动改造科编制并下达每月各监区生产计划；②监区根据月生产计划和来料情况，编制并下达各分监区（管区、车间、生产线）的每周生产计划；③各分监区（管区、车间、生产线）的负责警察，按照监区安排的每周生产计划，结合罪犯的劳动类级与技术特长，明确每名罪犯具体劳动任务安排。监区值勤警察加强对生产进度、物料情况和质量状况的监控。

四、罪犯劳动定额与劳动报酬管理

监区以劳动量的形式向罪犯下达劳动任务。按照《广东省监狱罪犯劳动定额与劳动报酬管理方法》，结合生产项目特点，完善罪犯劳动定额与劳动报酬管理实施细则，落实“按能定级、以量定额、按分考核、按劳计酬”的原则。罪犯劳动定额月完成率不低于80%，罪犯劳动报酬发放率应达到参加劳动人员的100%。

五、生产专项工种罪犯管理

结合生产项目特点在规定标准内配备生产专项工种罪犯，尽量压缩、减少人数，提高劳动力利用率。制定细化的生产专项工种罪犯劳动岗位职责、劳动考核方法和劳动报酬计提方法，加强生产专项罪犯的管理，杜绝“买卖工效”等弄虚作假、徇私舞弊现象。

学习情境二　现场定置管理

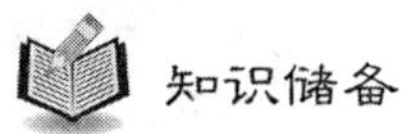

一、现场定置管理的概念

定置管理的目的是研究监狱生产活动中，人、物、现场三者的相互关系。通过对罪犯生产和工作环境的分析、研究，以消除罪犯的无效劳动和罪犯生产中的不安全因素，提高劳动生产率和产品质量。把罪犯生产劳动需要的物品按照工艺的要求科学地固定位置，叫做定置。现场定置管理是指通过科学的物流设计，使车间或岗位现场，从平面空间到立体空间，操作人员所使用的工具、设备、材料、工件等的位置规范、醒目，符合人机工程要求的一种放置方法。

现场定置的具体要求是实行“四定”（定岗、定员、定位、定置管理）；做到“三净”（开工场地净、完工场地净、停工场地净）、“五条线”（设备摆放一条线、操作台一条线、工具摆放一条线、零配件一条线、材料摆放一条线）。

二、现场定置管理的主要内容

（一）车间的“5S”管理

1. 车间“5S”管理是结合社会企业管理的模式，其内容包括：整理（SEIRI）、整顿（SEITON）、清扫（SEISO）、清洁（SETKETSU）、素养（SHITSUKE）五个项目，因日语的罗马拼音均以“S”开头而简称为“5S”管理，保持生产现场整齐、整洁、有序和安全。（如下图）：

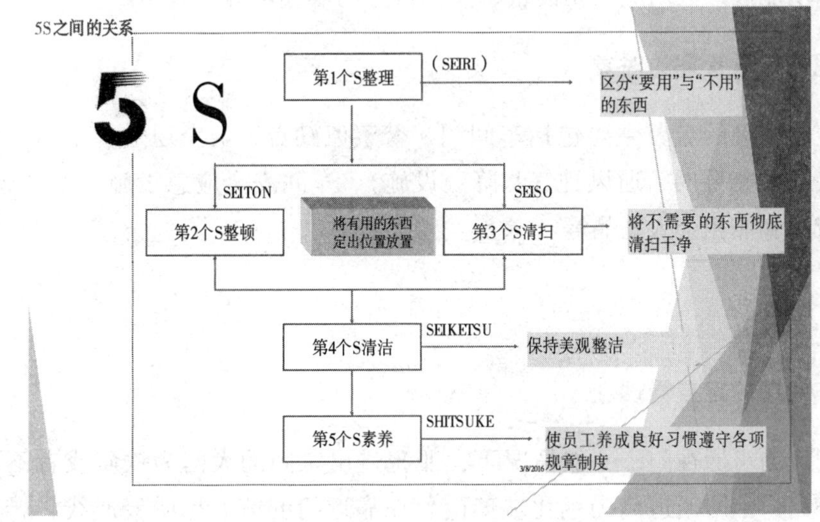

“5S”明确具体做法，什么物品放在哪里、如何放置、数量多少合适、如何标识，等等，简单有效，且融入日常工作中。“5S”既是一种管理文化，同时也是现场科学管理的基础。每天都在一个“对”“错”一目了然的环境中工作，使得每个人必须约束自己的行为，久而久之就能实实在在地提升人的品质素养。

2. 车间“5S”管理的主要内容。

（1）改善布局。做到车间生产面积的科学合理利用，按生产运行区域和工艺流程对生产现场的划分进行定置，设立生产区、检验区、堆放区，确定各区域各种设备、工器具和材料的位置及存放区。

（2）规划生产现场。生产现场内的设备、工具和仪器，要通过合理划分工作、机位有效配置（以物料流转快捷为原则），实行标准化、规范化定置。

（3）改善物流、减少搬运。对周转工具、辅助材料、半成品、成品、待处理品等流动物品要按区域分类定置摆放，用后及时清理回收，以保证现场整洁、道路畅通。

（4）降低库存。控制物料发放标准，减少劳动岗位上的物料存放量，尽量做到当日发放、当日回收。

（5）文件柜、办公桌椅的定置管理。实行文件定置标准化；实行文件柜及柜内文件、资料定置标准化，并进行分类处理；实行资料存放定置标准化；实行办公桌椅定置标准化。

（二）平面定置图、消防疏散图的管理

平面定置图、消防疏散图应悬挂在车间门口，标明车间现场定置。安全疏散通道的平面图，主要用于规范车间现场定置，提示应急状态的疏散通道。

（三）功能区的管理

车间划分各类功能区，主要包括：警察值勤台区、罪犯作业区、质检区、机修区和仓储区等功能区，区内应标明设备、操作台等的摆放位置。

三、现场定置管理的对象

现场定置管理的对象主要包括车间门、警察值勤台、安全通道、车间仓库、车间配套设施（主要指照明、通风排气和降温设施）、车间安全应急设施、生产原辅材料、半成品、成品和罪犯个人物品等。

工作要点

一、车间门的定置管理

车间门应为可通视门，一般情况下，罪犯进出车间的大门为铁质或者不锈钢的可通视的伸缩门，消防通道门为钢化玻璃门。在靠近门的地方标明警戒线，严禁罪犯超

越警戒线。

钢化玻璃安全门应上锁，并在门口设置固定的安全铁锤。其他车间门开工时关而不锁，收工后上锁。车间应时刻保持通道畅通、人流和物流顺畅，严禁存在监管盲点。为防止罪犯在劳动改造期间脱逃，车间门尽量以少为宜，一般不超过两个，两个车间门的车间应设置警察通道和罪犯通道，在罪犯通道应设置《罪犯进出监管区清点人数登记本》，由靠近罪犯通道的值勤台警察负责登记。在实践中，个别监狱为防止罪犯脱逃，在车间大门设置安全岗（由罪犯专项工种罪犯担任），负责协助警察监督罪犯进出车间大门。

二、警察值勤台的定置管理

车间正门、安全门内侧应划出警察值勤台和设置警察值勤台，值勤台原则上按对角设置，高度一般不低于40厘米。警察值勤台应保持整洁、干净，一般只摆放电脑、对讲机、现场台账、值勤警察饮水杯等物品，其他物品应摆放整齐，台账分类按规范摆放。

警察值勤台旁边设立罪犯劳动工具箱，由值勤警察直接管理，并设立《罪犯劳动工具收发登记本》。为规范警察值勤台，个别监狱在警察值勤台旁边设立生产资料柜，用于摆放车间现场生产资料和其他物品。为帮助警察现场监控罪犯，按照技防要求，在警察值勤台安装监控摄像头，并直接连接到监区分控平台，监区值班领导或干事现场监控车间。

三、安全通道和其他配套设施的定置管理

车间内按以下标准设置安全通道：

1. 安全通道应延伸到车间内所有劳动岗位。

2. 主安全通道宽度应在1.5米以上。

3. 警察值勤台与罪犯作业区之间的安全通道宽度应在2米以上。

车间安全通道应有明显的标志，注明安全通道和安全出口。

车间应配置完善的照明、通风排气和降温设施，保证光线充足、通风顺畅、无明显异味，夏季室内最高温度不超过本地区夏季室外通风设计计算温度2°C。

粉尘、毛尘较大或有毒、有害气体浓度较高的局部工序区域应进行封闭作业，并安装配套的除尘或排气设施。

四、安全应急设施的定置管理

1. 车间前后楼梯口配置消防栓，消防栓使用市政自来水直供水源的，应在车间出口附近的地面建消防水池或沙池。

2. 车间门口放置防毒面具和灭火器，每个车间各不少于10个。

3. 车间内按每 50 平方米配备一个 4 公斤装的灭火器，相对集中摆放在车间前、中、后段容易取用的地方，并标明维护保养使用人。

4. 车间供电总开关箱设在警察值班室内或警察值勤台附近并上锁，断电开关（按钮）外露在箱外。

5. 需夜间生产的车间应配备足够的应急照明装置，选配的应急灯应按每个车间 4 个以上、每个楼层 1 个的标准配置。

五、罪犯作业台的定置管理

罪犯作业台应按照管区划分生产流水线，每一条生产流水线的作业台摆放整齐，横成排、竖成线，整齐划一。

作业台上主要摆放劳动使用的机器、工具，严禁摆放无关物品。劳动工具应保持相对的安全性，需固化的严格按照固化要求落实固化，尖锐的劳动工具必须钝化；车间应结合生产项目特点合理设置罪犯劳动岗位，设立岗位牌标明罪犯的姓名、工种、类级等，并严格落实互监组制度。警察应强化罪犯作业台工具的管理，值班期间定时巡查工具固化、钝化的情况，发现未固化、钝化的工具应及时报告值班领导，并立即整改，防止罪犯利用车间劳动工具发生自伤、自残、自伤或凶杀的案件。

六、车间仓库的定置管理

监区生产车间应设置仓库（或中转仓），仓库存放的原辅材料、半成品、成品应分区域、分类别整齐有序放置。仓库应设立《物资出入库登记台账》，详细记录每次物资出入库情况；仓库钥匙应由警察直接管理，严禁假手于罪犯。

车间的危险品仓库存放易燃易爆等危险品，由警察直接管理，并建立《危险品出入库登记台账》，严格履行出入库等登记手续。监区危险品仓库存放的用量不能超过 1 天用量，按生产需要用量领用，没有用完的危险品每天下午监狱统一回收，重新存放在监狱危险品仓库。当前车间危险品仓库主要存放的物品有天那水、酒精、易燃胶水、大型危险机器等；车间危险品仓库的灯光照明应用防爆灯具。

七、罪犯个人物品的定置管理

原则上，车间不允许存放罪犯的个人物品，但是，车间罪犯劳动改造期间罪犯必须用的个人物品必须配备并摆放整齐，当前，罪犯存放在车间的个人必需品主要有饮水杯和雨衣，饮水杯用来喝水，雨衣用来雨天出收工时遮风挡雨。罪犯的饮水杯、雨衣等个人物品应设置摆放架集中存放，或在罪犯劳动岗位上统一定位摆放。近年来，有些监狱将罪犯的饮水杯放在罪犯的作业台，一些罪犯忙中出错，饮水的时候误拿装着天那水、酒精等危险品的杯子，或者有意识地饮用天那水、酒精等违禁品，造成误伤或者自伤、自残事故的发生。

监区要定期组织警察清理车间与罪犯无关的个人物品，确保消除车间违禁品、危险品和违规品。

八、车间生产工具的定置管理

车间生产工具的管理是现场定置管理的重点，也是确保生产安全的重要举措。因此，加强车间生产工具的管理非常重要。

1. 应设立车间生产工具箱，包括固定工具箱和流动工具箱，并建立相应的台账或者一览表。

2. 应建立相应的台账，包括：《劳动工具清单》《车间工具物品管理登记本》（根据创建现代化文明监区标准）和《劳动工具发放/回收登记本》。

3. 监区、分监区要定期检查车间生产工具的管理情况，监区每周 1 次，分监区每天检查 1 ~2 次，一是检查工具是否齐全；二是检查有无落实工具固化、钝化制度；三是检查工具有无老化、损坏的现象，及时回收老化、损坏的工具，进行更新。

4. 劳动工具由警察直接发放、回收、登记，工具箱的钥匙由警察直接保管。

5. 严禁外协人员私自携带劳动工具供罪犯使用，必须严格执行工具入库登记。

6. 严格执行收工 5 分钟后巡查制度，组织监区值班干事对车间现场的劳动工具进行检查，特别是一些发热（如电烙铁、烘烤箱等）的工具或者机器，防止发生消防安全事故。

九、车间企业文化建设标志牌的管理

车间应悬挂明显的标识牌、安全标语、团队口号、质量要求等，加强车间企业文化建设，目的是营造良好的劳动环境，促进生产团队建设。

注意事项

一、定置管理要符合监狱生产安全的需要

1. 在生产设备的布局、原材料的摆放、生产工具的固定等方面，都要根据罪犯的特点做到科学设置。

2. 要特别注重符合消防安全的需要，罪犯劳动一般以集中劳动为主，作为人员密集的劳动场地的布置，必须依据国家有关消防安全的法规，开辟应急消防安全通道，做到道路畅通、消防安全、有备无患。

3. 符合环境保护和劳动保护的规定标准。

二、定置管理要符合生产流程的需要

机器设备、工器具、材料等物品的定置，要考虑所生产产品的特性、工艺流程，尽可能避免迂回运输，使其具有生产劳动的便利性。

范例分析

范例：某年某月某日17时30分左右，某监狱某监区收工回收工具的时候，发现某分监区罪犯作业台一把尖锐的小剪刀不见了，值班的监区领导马上下令停止收工，组织值班警察查找出小剪刀后再收工。值班警察按照分监区先对罪犯进行搜身检查，在确定罪犯没有私藏小剪刀的前提下，将罪犯收入监舍继续寻找小剪刀。经过值班警察近1小时的努力，终于在车间角落的垃圾桶找到了这把小剪刀。值班监区领导随后组织值班警察立刻对车间现场的固化工具进行检查，发现有十几处固化工具因老化出现松动的现象，马上组织警察对固化工具进行二次固化。

分析：车间劳动工具管理是现场定置管理的重点，罪犯经常利用车间劳动工具进行自伤、自残、自杀或者凶杀，因此要加强车间劳动工具管理。本案例中，小剪刀属于尖锐利器，罪犯利用固化工具出现问题，意图私藏小剪刀进行不法活动，监区值班领导下令停止收工对罪犯进行搜身检查是为了防止罪犯将违禁品带入监舍，加大清查难度。罪犯慑于检查压力可能会将工具随手丢进垃圾桶或者车间角落，因此，在车间查找工具的时候要注意隐蔽的地方。这个案例同时暴露出一些问题，工具的定置管理制度没有落实好，现场巡查制度没有落实好，因此导致固化工具出现松动的现象。

情境训练

在某监狱一次突击检查车间的过程中，发现车间罪犯的私人物品比较多，主要是雨衣到处乱摆乱放；罪犯个人的作业台底下有烟头、垃圾等杂物；罪犯作业台上有茶叶、风油精、润肤露等私人物品；车间的原辅材料堆放过高，影响警察的监控视线；车间的半成品、成品没有归类，摆放超出了警戒线。

根据以上情况，简单说说该车间在“5S”管理过程中出现的问题，并拟定整改措施。

附：

某监狱罪犯劳动现场定置管理制度

第一条　目标和原则

1. 规范现场物品放置秩序，创造整洁有序的环境。
2. 促进现场安全工作，消除安全隐患。
3. 避免因现场物品混乱而影响工作秩序，提高工作效率。
4. 提倡并推行“6S”。

第二条　定置范围

1. 区域定置：裁剪区、缝纫区、整理区、原料区、成品区。
2. 生产用品定置：原辅料、半成品、成品、回收材料、废旧包装等。

3. 操作用品定置：运输工具、计量器具、生产用具等。

4. 维修用品定置：工具箱、材料箱、备件箱等。

5. 清洁用品定置：扫把、拖把、垃圾桶、毛巾等。

6. 操作记录用品定置：桌椅、台账、记录板等。

7. 劳保安全用品定置：更衣橱、消防用具等。

8. 生活用具定置：餐具、衣物等。

第三条　定置管理程序

定置管理按以下顺序进行：作业、动作分析，确定定置对象、定置点、定置数量、定置物负责人，绘制定置图，物品按图就位，检查考核。

第四条　定置管理的具体要求

1. 区域定置。按生产运行区域和工艺流程将生产现场划分为裁剪区、缝纫区、整理区、原料区、成品区。

2. 生活用品。

（1）原辅料、半成品、成品、回收料要分类定置。

（2）原辅料、半成品、成品按照规定分类标示，摆放整齐有序，留足通道。

（3）空桶、废旧包装物分类定置，界线分明，排列整齐。

（4）保持定置物品存放环境卫生，每日进行清洁。

（5）定置区域严禁摆放不属于本区的非定置物品。

3. 操作物品。

（1）工具箱，定置要方便、合理，并与环境保持和谐美观，箱内要有工具定置图，挂在醒目位置。图、号、物相符，数量准确，摆放整齐，消除与生产操作无关的器具。

（2）运输工具按图就位，随用随推，用完就位。

（3）计量器具标志清楚，摆放整齐，保持清洁，位置合理。

4. 维修用品。工具箱、材料箱（库）、备件箱，均有各自的定置图。并分类按图就位，箱（库）内物品的存放要整齐、有序、清洁、无与定置无关的物品，保证定置物品的数量准确。

5. 清洁用品。拖把、抹布等放在清洁卫生工具间内，垃圾桶要定期清理，保持清洁。

6. 操作记录用品。桌椅摆放位置符合生产管理的需要，台账要摆放整齐。

7. 劳保安全用品。

（1）更衣橱内，衣物、鞋、帽要分类存放。

（2）消防器具数量和定置位置要符合安全规定摆放整齐，有明显标记。

8. 生活用具定置要符合整洁、规范的要求。

第五条　检查与考核

1. 检查考核周期。监狱定置管理领导小组对各监区定置管理考核为每季度一次，各监区定置管理小组应每月进行自查。

2. 检查考核内容。

（1）各单位加强劳动区定置管理工作，建立定时巡检制度，有定期检查考核记录。

（2）现场区域划分必须与定置图相符；区域内的物品放置整齐规范；安全通道界线明确清晰。

（3）一切与现场无关的东西，必须清理出现场，不许在现场存放。

（4）加工过程中，加工产品不落地，材料、半成品、成品整齐摆放在指定位置，不合格品与合格品严格区分，标志明显。

（5）边角余料不乱堆、乱放，必须放在回收箱或垃圾箱内，一个批次生产任务完成后必须立即清理出现场。

（6）不许在通道上作业，通道上无生产资料、周转箱和杂物。

（7）工作结束后必须清扫缝纫设备及各种台，保证设备、工作台干净无积灰、无黄袍。

（8）工作结束后必须对个人周边的卫生进行清理，保持地面清洁。

（9）各类信息标志牌应按规定制作；每个操作者必须熟练正确使用各类信息标志牌。

（10）库房应建立定置台账；库房、货架、货位必须用标志牌标志；货物必须按标准高度、宽度堆放整齐。

（11）工具、量具必须按定置管理要求摆放，不得乱放。

（12）生产厂房内无乱堆、乱放，无卫生死角。

（13）工具箱、窗台、设备上洁净无物。

（14）门窗无破损，玻璃洁净。

（15）水池洁净，无长流水，下水畅通。

（16）厂房周围清洁，不得有纸屑、垃圾等，厂房周围走道平整、环境优美。

学习情境三　警察值勤管理

知识储备

一、罪犯劳动现场警察值勤类别

罪犯劳动分为狱内劳动、狱外劳动和零星分散劳动。相应地，劳动现场监狱警察值勤管理分为狱内劳动现场、狱外劳动现场和零星分散劳动现场的值勤管理。

二、罪犯劳动现场值勤管理特点

（一）狱内劳动现场

狱内劳动是目前罪犯劳动的基本形式，自20世纪90年代末监狱布局调整以来，全国多数监狱都形成了以狱内加工为特点的生产形式。狱内劳动现场是监狱在建设监狱生产设施中事先规划的，是比较标准化的罪犯劳动场所，其有完备的警戒设施、固定的厂房，生产区与生活、学习区严格分开，生产区内各生产车间也实行相对独立的全封闭管理，各车间内设置有警戒标志、报警装置、监督岗位等，且罪犯以集体的形式参加劳动，监狱警察现场值勤管理相对容易。

（二）狱外劳动现场

罪犯狱外劳动是我国农场式监狱的劳动形式，主要从事农业劳动。随着我国监狱布局调整，农场劳动逐步被加工劳动方式所取代。但在内地经济较为落后的地区，狱内劳动仍然是罪犯的主要劳动方式。狱外劳动现场由于在监狱围墙外，现场范围较广，罪犯活动场地较大，警戒设施不完备，监管难度大，容易发生罪犯脱逃。

（三）零星分散劳动现场

为了满足监狱的运作，根据我国监狱的习惯做法，在一些杂务岗位上安排罪犯进行劳动，如罪犯伙房、仓库、监舍维修、区域卫生等劳动岗位。零星分散劳动现场由于劳动项目不需要太多罪犯，有时一个罪犯就可以完成劳动任务，其劳动具有分散性、个体性、流动性、多样性的特点，导致罪犯活动范围较大，行动较为自由，监狱警察现场值勤监管有一定的困难。

三、罪犯劳动现场值勤管理要求

（一）狱内劳动现场

在狱内劳动现场值勤时，监狱警察要严格限定罪犯活动区域，固定劳动岗位，严格控制罪犯走动，实行定岗、定位、定活动区域的管理制度；点名、搜身、巡查、安排劳动岗位、检查劳动任务都应由现场值勤警察直接进行。

（二）狱外劳动现场

在狱外劳动现场值勤时，值勤警察必须具备必要的监管警戒条件，有通信、交通工具和警戒具、武器，必要的劳动保护条件；值勤警察要划定警戒范围，树立明显的警戒标志，选择有利地形部署外围警戒力量；劳动现场要有足够的警力，严禁警察单独值勤。

（三）零星分散劳动现场

在零星分散劳动现场值勤时，监狱警察不准罪犯脱离规定的劳动区域。

四、罪犯劳动过程行为管理

（一）狱内劳动现场

在狱内劳动现场中，罪犯要坚守劳动岗位，遵守劳动纪律，不准大声喧哗、谈笑打闹和睡觉，不准做私活，不准擅自离岗、串岗、换岗；罪犯必须亲自完成劳动任务，不准让他人代替，不准欺压其他罪犯；不准破坏生产工具、消极怠工、偷窃、毁坏公私物品；不准私造刀具，不准私藏违禁品。

（二）狱外劳动现场

在狱外劳动现场中，罪犯要听从监狱警察指挥，在监狱警察的指挥下进行生产劳动、休息等活动，不准擅自脱离规定的劳动区域；在劳动过程中不得私自与外界人员接触，索取、交换钱物，不准私自购买物品；罪犯未经许可，不准进入值勤警察办公、生活、休息区；有事需要找值勤警察的，应在 5 米以外止步报告。

（三）零星分散劳动现场

在零星分散劳动现场中，罪犯要严格遵守劳动纪律，服从管理，定期定时向值勤警察报告自己的劳动、生活情况。

工作要点

一、狱内劳动现场值勤管理

（一）罪犯出工值勤管理

1. 集合罪犯。值勤警察按监狱规定、批准的劳动时间，在指定区域集合、清点罪犯并整理队伍。

2. 搜身检查。值勤警察集合、整理队列后，对罪犯进行安检门检查或搜身检查，搜身检查重点检查罪犯的口袋、衣领、鞋子、袜子等部位，确保罪犯不私带物品和按要求着装、佩戴分级卡等。

3. 出工报告。值勤警察搜身检查结束后，向罪犯下达立正口令，跑步（齐步）向值班监区领导报告罪犯出工情况［报告词：×××（职务）同志，×××分监区（管区）×××名罪犯开工列队完毕，请指示。报告人：×××］。听到领导出工指令后，跑步（齐步）返回指挥位置，组织罪犯按顺序报数出监舍区大门，并与监舍值班警察交接开工罪犯人数。

4. 指挥队列行进。一名值勤警察在队伍左前方带领罪犯列队前往生产区，行进过程中下达队列行进口号、喊番号或组织唱歌；另一名值勤警察在途中队列停候时，位置保持不变。

5. 强调劳动纪律。值勤警察将罪犯带到生产区，整理队列后布置劳动任务，强调劳动纪律以及有关注意事项。

6. 进入生产车间。一名值勤警察开启车间大门先行进入车间监管；其他值勤警察整理队伍，组织罪犯进入车间；罪犯进入车间后，关上车间门，并及时清点人数。

（二）劳动现场巡查

1. 明确巡查任务。值勤警察通过巡查，密切观察劳动现场罪犯的言行，及时发现和处理罪犯在劳动过程中发生的各种问题，维护劳动现场的秩序和纪律，指导罪犯生产，掌握生产情况，确保生产的正常进行。

2. 设置值勤岗。根据罪犯劳动现场实际情况，从有利于监管出发，合理设置警察值勤岗，并确保出工时段监区生产现场有 1 名监区领导值勤，每个车间至少有 2 名以上警察值勤（出工罪犯人数超过 150 人的，值勤警察不得少于 3 名），每个管区至少有 1 名警察值勤。

3. 佩戴警械具。值勤警察巡查时，按要求着装，佩戴警械具，值勤警察负责携带管区对讲机，保证管区通信畅通。

4. 巡查。值勤警察应每隔 1 小时清点一次罪犯人数，重点巡查劳动现场的通道、小房小室（包括厕所、仓库、机修房、物料房等）、死角和重点罪犯劳动岗位等部位。

5. 点名和清点人数。值勤警察按要求点名和清点人数，如发现人数不齐、有罪犯不在其劳动岗位时，应及时查找；5 分钟内找不到的，立即报告值班监区领导。

6. 记录。值勤警察应按规定做好巡查记录，发现安全隐患的，应及时处理，并将巡查管理情况记录在《值班日志》本上。

（三）外协人员管理

1. 建立花名册。凭监狱业务部门审批表对外协人员登记造册。

2. 组织学习。每月组织外协人员学习有关法律法规和规章制度，建立学习记录本，并向外协人员强调以下纪律：不得私自接触罪犯，或与罪犯认老乡、结亲友；不得为罪犯传带或保管任何物品；不得携带通信工具进入监管区；不得为罪犯邮寄信件、捎口信或替罪犯打电话；不得从事其他有碍监狱安全的行为。

3. 设置工作台。根据监管劳动需要，在警察值勤岗位附近设置外协人员工作台。外协人员到罪犯岗位指导、检查时，值勤警察必须全程陪同，不得让外协人员单独与罪犯相处。

4. 违规处理。对轻微违规的外协人员应勒令其离开监狱，并通知其所在厂方进行处理；严重违规、违法的，由监狱业务部门依法报请有关部门处理。

（四）外来车辆管理

1. 带领车辆进入监管区。对确需进入监管区的外来车辆，填写《外来人员车辆进入监管区审批表》，报对口业务部门审核、狱政管理科审批，在监狱警察的全程引导下由司机驾驶进入。有条件的监狱可由监狱司机代为驾驶外来车辆进入监管区。

2. 外来车辆管理。值勤警察将外来车辆带入监管区后，应要求司机将车辆停放在指定位置，车头向里；驾驶员原则上不准离开驾驶室，确需离开的，必须拔下钥匙，关上车窗，锁好方向盘和车门，将车辆钥匙交值勤警察保管。

3. 带领车辆离开监管区。外来车辆离开监管区，驾驶员凭《外来人员出入证》并经过严格检查后由值勤警察带出；装卸货物的外来车辆在离开监管区前，需待值勤警察清点劳动现场罪犯人数并全面检查车辆后，方可按程序驶离监管区。

（五）装卸货物管理

1. 核对身份。值勤警察直接组织罪犯装卸货物，装卸货物前核对装卸罪犯身份，点名、搜身后统一着装卸工服。罪犯装卸货物时落实互监组制度，确保罪犯板块移动。

2. 现场监管。装卸货物时，白天应有 1 名警察、夜间应有 2 名警察在现场监管。装卸货物结束后，值勤警察要立即清点罪犯人数和搜身离场，并检查车厢、底盘、驾驶室、车顶部、车体连接部，确保安全后才准许车辆锁车厢门并驶离生产区。

3. 清点车间罪犯人数。装卸工回车间后，立即清点车间罪犯人数，及时回收并保管装卸工专用服装。

4. 登记。在《清点人数登记本》上填写装卸工进出人数、事由、时间，并由负责带领警察签名确认。

（六）收工管理

1. 收回劳动工具。值勤警察根据劳动时间响收工铃，组织罪犯有序整理劳动工具和物品。对照《劳动工具领取登记本》组织收回劳动工具，逐件清点、核对，无误的由罪犯和值勤警察分别签名确认。

2. 集队清查。以互监组为单位，组织罪犯依次通过车间门，并在指定区域集合。集合罪犯时，一名值勤警察预先到达集合区域，组织罪犯集队，其余值勤警察负责车间清场、关闭电源、锁门等并协助整队。集合完毕后，进行清点人数和搜身检查。

3. 收工讲评。值班警察要对本次罪犯完成劳动任务、安全生产、罪犯表现等情况进行讲评，讲评地点可在生产区或监舍区。

4. 组织罪犯回监舍。参照出工程序进行报告后，将罪犯带回监舍区。组织罪犯有序报数进入监舍门，并与值班警察进行交接（根据监区警察值班表的时间段，视情况在带离监舍前或在开工到车间后交接）。

二、狱外劳动现场值勤管理

（一）挑选参与狱外劳动罪犯

在组织罪犯开展狱外劳动时，应挑选一贯改造表现好、余刑不长的罪犯参加，重型犯、顽危犯、累犯及严重暴力性犯罪、有脱逃史、近期思想不稳定、家庭有变故等罪犯不得从事狱外劳动。

（二）严格出入管理

参加劳动的罪犯要由值勤警察亲自带进带出，经过生产区大门时，监门值班警察应认真清点人数和检查登记。

（三）设置警戒范围

狱外劳动现场应划定罪犯劳动区域的警戒范围，设置明显的警戒设施或警戒标志，选择有利的地形进行看守、值勤，值勤警察应配备通信、交通工具、警戒工具、武器及必要的劳动保护设施。

（四）全程武装警戒

驻监武警部队应派出适量武警战士，全副武装随行押解和警戒，特别是出工、收工途中应有全副武装的武警战士参与押解警戒。

（五）加强现场管理

值勤警察要严格落实互监组、点名（清点人数）、巡查、搜身、狱情排查处置、直接管理等监管制度，防止狱外劳动罪犯脱管失控。

三、零星分散劳动现场值勤管理

（一）严格控制劳动人数

由于零星分散劳动的罪犯活动范围大、行为自由，监管这些罪犯较为困难。因此，应严格控制零星劳动的罪犯人数，劳动人数以值勤警力能有效监管为原则。

（二）挑选参与狱外劳动罪犯

严格选用短刑犯和余刑较短的、改造表现一贯较好、有相关技能的罪犯。对重型犯、累犯、顽危犯及暴力性犯罪、有脱逃史、严重暴力性犯罪罪犯及近期思想不稳定、家庭有变故的罪犯，均不得选用从事零星分散劳动。

（三）落实监管制度

对零星分散劳动罪犯要严格落实警察直接管理和互监组、点名（清点人数）、搜身、狱情排查处置等监管制度，强化罪犯遵守行为规范和监管纪律的意识，防止罪犯因零星劳动从事违法违纪活动。

（四）实行定期轮换

定期轮换零星分散劳动的罪犯，对检查中发现有违规违纪行为或不适宜再从事零星分散劳动的，应及时予以撤换。

注意事项

1. 因为罪犯的劳动是强制性的，大部分罪犯好逸恶劳的习气严重，对劳动存在对抗情绪，在现场管理中，值勤警察要始终保持高度警戒，防止随时可能发生的突发事件。

2. 值勤警察不得擅自离岗、在岗看书报、与他人闲聊等，应经常巡查罪犯的劳动情况，做好对重点罪犯、重点部位的监控，并提示进入车间的人员将火种留在车间外。值勤警察巡查时，至少应有1名警察在值勤台上注视罪犯的劳动情况。

3. 由值勤警察直接保管、使用厂房门、车间门的钥匙；直接开启、关闭厂房门和车间门；直接启动或拉闸电控器，严禁假手于罪犯。

4. 值勤警察应划分车间内每个罪犯的卫生责任区域，经常组织罪犯做好车间废料、杂物、灰尘的清理打扫工作，以及劳动岗位的物料整理等工作，保持劳动现场整齐、有序。

范例分析

范例：2004年12月24日下午，某监狱八监区四管区警察胡某组织20名罪犯从生产区三楼车间搬货物到一楼装车时，二管区罪犯陈某某混进搬货的罪犯中间并下到一楼；装完货物后，警察朱某带领搬货的罪犯返回三楼，此时陈某某故意落在后面，并趁机爬上车厢躲藏在货堆内，14时35分随货车混出生产区大门。16时41分许，货车到达市区某住宅小区，司机打开车厢时，陈某某突然跳下车并向司机踢了一脚后逃窜。后监狱和当地武警、警察出动200多人，于25日早晨7时25分在市区将其抓获。

分析：该脱逃事故的发生主要是因为监狱存在以下几个方面的问题：一是劳动现场管理混乱，对尾随下楼的陈某某未及时发现，装车后车厢未及时上锁；二是生产区大门值班警察对车辆进出检查不严，流于形式；三是值勤警察半小时清点一次人数制度不落实；四是互监组形同虚设，陈某某擅自离开互监组长达2个小时，但互监组成员均未发现。

情境训练

某日开工后不久，一名专项工种罪犯向值勤警察反映，罪犯李某近期经常收集鞋线，并将收集到的鞋线编成辫子，问他干什么用也未回答。值勤警察非常重视，立即检查了李某的工具箱，发现工具箱里藏有铁钩、空心横梁铁、铁皮磨制成的刀片、用皮鞋鞋面缝制的2只手套。

你认为该名值勤警察下一步应怎么做？

附：

某监狱罪犯劳动现场生产劳动规范

1. 听到开工或收工号令后，应立即按规定的时间集合。

2. 劳动中服从分工，积极工作。

3. 在劳动中不允许谈笑打闹，不允许睡觉。

4. 认真完成劳动定额任务，严格执行岗位责任。

5. 严格控制不合格率和物耗标准，对生产中出现的问题要如实、及时报告。

6. 按规定保管、使用劳动工具、劳动器材。

7. 严格执行作业标准，不违章作业、不违反操作规程、不违反劳动纪律。

8. 质检员认真负责，严格执行质量标准，操作者应服从质检员检查。

9. 未经警察批准不准擅自离开工作岗位，如有类似情况，互监组成员应及时报告。

10. 爱护机械设备、工具、器具和农作物。

11. 能够记背《安全操作规程》。

学习情境四　生产进度管理

知识储备

一、生产进度管理的概念

监狱生产现场的进度管理，主要是根据监区的生产计划，结合罪犯的劳动累计、工时定额与技术特长，合理安排罪犯劳动工序，并实时掌握罪犯劳动定额完成情况，确保劳动定额得到严格执行。

通过生产进度管理使监狱企业能准确地下达生产任务，确保准时交货，进一步提高生产效率。

二、生产进度管理的基本要求

1. 根据产品的工时定额、劳动时间和罪犯的劳动类级与技术特长，直接安排每名罪犯从事的劳动工序及日产量定额，并实时掌握罪犯劳动定额完成情况，确保劳动定额的严格执行，保证正常的生产秩序。

2. 加强对生产劳动记录的监督管理，确保生产统计原始记录工作客观、全面、准确、公正，杜绝生产劳动记录弄虚作假、徇私舞弊的行为。

3. 巡查和监督产品质量，及时发现质量问题并采取应对措施，确保产品合格率达到规定标准。

4. 熟练掌握各批次产品的数量、货期、质量标准和来料情况，熟练掌握生产项目的生产流程、质量控制点、在线产品进度，以及车间生产设备、罪犯工种结构等情况，实施有效进度管理。

三、生产进度管理的主要方法

1. 在开货前了解产品的制作要求，明确工序标准，通过制作要求的难易程度预计日完成量。

2. 讨论产品工序的制作顺序，分析工序的重点难点，并根据工序的难易程度合理安排人员，安排工序杜绝随意性。

3. 根据前工序每天个人的产量完成情况进行对比，并按此情况调配后工序人员，以保证能够按照预计生产计划正常出成品。

4. 出成品后，各工序开始逐渐进入正常，以日完成成品量和重点难点工序为基础，合理调配工序人员；在运作过程中，以重点难点工序为主，出现问题及时解决，以保证流水线的畅通无阻。

5. 熟练掌握制作要求，跟踪好产品质量，找出产生质量问题的原因，及时采取措施预防，加强对重点难点工序的质量控制，落实罪犯自检、互检、专检制度。

6. 在运作过程中，必须注意辅助工的疏通工作，如杂工、机组，以避免该环节出现问题而造成流水线混乱。

工作要点

一、掌握生产进度情况

（一）熟知流水线

管理人员应熟知流水线的生产情况，通过了解生产线上的半成品或物料就可判断车间、班组是否按照计划进行生产。

（二）了解产品的生产工艺

了解产品生产工艺，可以对各工序的生产平衡状况进行评价，进而发现问题，解决问题。

（三）加强流水线和产品的巡视

1. 对每一款产品刚上生产线或刚开料时进行跟进巡视，这时物料少，便于认识产品，如果中途才巡视，生产已在各工序全面铺开，成品及半成品较多，很难辨认。

2. 及时巡视便于准确跟踪进度，因为从产品一上线就注意对各个环节进行巡视，有利于全面把握进度，及时发现问题。

二、控制生产进度

1. 在制订生产计划时，要有平衡生产的观念，对于同一订单、同一批次的产品，用同时交货的方法去反推投产日期，以确保交货期的同步。同一产品的不同批次交货期，可根据其生产所需的必要工时数去换算人员需求数量，以防止生产的不平衡性出现。

2. 在一条生产线上，或者是一个生产过程的生产环节中，其进度、效率和生产能力常常存在着很大的差异，这必然会导致在整体运行上出现不平衡现象。生产瓶颈限制生产能力、生产进度和生产效率，因此，要找到生产瓶颈的所在，然后集中力量去解决生产瓶颈。

三、解决生产进度的瓶颈

（一）影响生产进度的因素

1. 警察（或管理者）的责任心和管理水平。

2. 技术人员的职业技能和劳动熟练程度。

3. 材料供应的顺畅程度。生产车间停工往往是因为合作厂方原辅材料、工具等供应不及时造成的。

4. 工序的难易程度。在流水线安排工序的先后顺序也很关键，决定流水线顺畅或者生产进度的往往是比较难的工序。

5. 产品质量。产品质量的好坏直接影响生产进度，产品质量出现问题，导致的后果是部分产品需要返工，返工所需的时间会影响交货时间。

（二）解决生产进度瓶颈的方法

1. 解决生产技术人员的瓶颈问题。

（1）强化操作人员岗位技能培训，储备更多技能熟练的操作人员，提高操作人员生产劳动技能和效率，随时进行岗位填充与调整。

（2）实行严格的人员定编，确保人员数量。

（3）实行“人员定岗”，明确设备的具体操作要领，设备操作手的工作职责与任务分工，并严格禁止串岗事件的发生。

2. 解决生产过程的瓶颈问题。

（1）找准进度瓶颈所处的位置。

（2）分析瓶颈对进度的影响。

（3）分析瓶颈产生的原因。

（4）制定解决瓶颈的方法和时间。

（5）明确责任人。

（6）跟踪瓶颈解决的过程。

（7）评估改进后的生产进度。

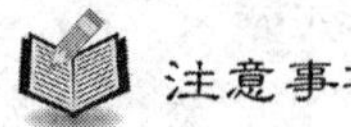注意事项

一、强化岗位技能培训，提高生产劳动效率

在实践中，罪犯的劳动熟练程度会影响生产进度，尤其是特殊岗位的特殊工种或

者是技术人员、重要的设备操作手等，因此，监区要结合生产项目特点，制定《罪犯劳动岗位技能培训方案》，通过技能培训促进生产效率提高。

二、加强对生产统计员的管理

生产统计员一般由监区警察或者事业编制职工担任，其主要职责是负责建立和完善生产进度台账、罪犯完成劳动定额情况台账等统计基础台账，做好原始记录的收集和整理，及时、准确填报各种台账、报表，负责生产信息系统的管理和录入工作。

三、加强对生产劳动记录员的管理

生产劳动记录员可由专项工种罪犯担任，但是，警察要加强对生产劳动记录员的监督和管理，确保杜绝罪犯生产劳动记录员弄虚作假、徇私舞弊。生产劳动记录员的主要职责是在警察指导下负责车间生产人员每日劳动工效的记录事务，安排本生产线的生产调度任务，做好每批产品加工的技术指导，完成生产统计原始记录工作。

 范例分析

范例：某监狱某监区，与合作厂方采取保底计件签订生产合同。某月，因合作厂方供货不足，导致生产车间停工3天，在停工期间，某监区组织罪犯在监舍进行队列训练，导致个别罪犯出现不满情绪，在监舍队列训练期间对抗警察管理。月底，合作厂方以某监区没有按时交货为由，拒绝支付停工期间的货款。

请分析导致生产进度的瓶颈是什么？停工导致的后果有哪些？合作厂方有没有理由拒绝支付货款？为什么？

分析：导致生产进度瓶颈的原因是合作厂方原辅材料供货不足。停工导致的后果有以下几个方面：一是生产进度受到影响，某监区无法按时交货；二是罪犯不开工，容易引发监管安全事故，狱政管理和劳动改造同为改造罪犯的三大手段之一（狱政管理、教育改造、劳动改造为改造罪犯的三大手段，还有一些学者认为，心理矫治为改造罪犯的第四大手段），相辅相成，相互促进。

合作厂方没有理由拒绝支付货款，因为生产进度受到影响，出现瓶颈的主要原因是厂方供货不足，按照保底计件的合同要求，厂方必须支付停工期间的货款。

 情境训练

某分监区A流水线共有罪犯40人，在组织单号为007的电子产品生产时，007共有7道工序，其中第一、二道工序共需时25秒，第三道工序需时50秒，第四、五、六、七道工序共需时50秒。

假设每个操作人员的技能水平一样，若你是该分监区分管生产工作的领导，你如何安排40人负责相应的工序？

学习情境五　质量管理

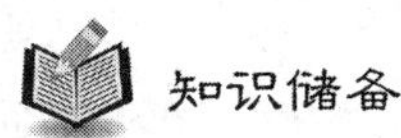
知识储备

一、质量管理的基本概念

质量管理是指确定质量方针、目标和职责，并通过质量体系中的质量策划、质量控制、质量保证和质量改进来实现所有管理职能的全部活动。

罪犯劳动现场质量管理就是加强对罪犯、设备工装、物质材料、工艺技术、检测手段等质量因素的管理和控制，保证生产出来的产品达到设计质量标准。

二、罪犯劳动现场质量影响因素的控制

罪犯生产劳动现场，影响产品质量因素是多方面的，就其主要因素而言，必须控制好以下几个方面：

（一）工艺技术因素的控制

生产工艺技术是组织生产的先决条件，先进的工艺和符合精度的工艺装备是高质量的保证，工艺技术质量控制贯穿于产品生产的始终。

（二）设备及工艺装备因素的控制

设备和工艺装备质量合格，并保持良好状态是保证产品质量的基础。因此在生产过程中，一是必须保证设备和工艺装备稳定的技术状态和有效的精度；二是操作人员严格遵守操作规程，做到“三好四会”（管好、用好、修好；会使用、会保养、会检查、会排除故障）。

（三）检验因素的控制

检验现场的材料、生产中的在制品和半成品是否符合质量标准，是现场质量管理的重要环节。检验对产品质量起着把关作用，因此要求做到：一是检验手段配备齐全；二是合理选择检验的方式方法；三是健全检验制度，包括自检、互检、专检和抽检制度。

（四）人的因素的控制

现场劳动力的业务技术水平，管理能力和质量意识是影响产品质量因素之一。因此，罪犯劳动现场质量管理中应重点抓好以下几项工作：

1. 开展业务技术培训和质量管理知识培训，提高罪犯劳动技术水平和质量管理知识水平。

2. 强化质量意识教育，使人人都有质量意识。

3. 健全与质量有关的规章制度以及考核评比、奖惩等制度，增强罪犯的质量责任心，约束罪犯的劳动行为，促进工作质量的提高。

三、质量管理的主要内容

1. 建立完善的作业标准和质量保证体系。它是保证劳动现场制造质量稳定的合格产品的关键，它可以把各环节、各工序的质量管理职能纳入一个统一的质量管理系统，形成有机整体，不断地按“计划——实施——检查——处理”（PDCA）的管理循环进行，使生产现场的质量问题做到自动发现、自动调整、自动改善、自动反馈，从而使现场质量管理工作制度化、经常化、标准化，使品质工作不断改进、不断提升，实现良性循环。

2. 严格执行操作规程，严明工艺纪律，认真做好生产控制与检验，并根据每批产品的质量要求，明确每批产品的质量控制点，对控制点和薄弱环节实行强化管理，保证规定的质量。

3. 确定产品质量检验手段和方法，并在生产过程中不断改进加工工艺和质检方法。

4. 做好生产过程中的原始记录、台账、报表的记录、整理、传输工作。

四、质量管理小组

监区（车间）成立质量管理小组，简称 QC 小组，主要职责是负责推进监区的全面质量管理，指导、检查监区产品质量管理工作。监区产品质量管理小组由监区分管生产工作领导、生产干事和管区警察组成；监区可选用罪犯质检员若干名，协助警察对产品质量进行检验。

工作要点

一、监区产品质量管理小组的工作内容

监区产品质量管理小组根据各批次产品的质量标准，参考监狱企业打板中心的意见，结合罪犯技术特点和设备状况，明确各批次产品的质量控制点，确定产品加工工艺和质检方法，并在生产过程中不断改进加工工艺和质检方法。建立产品质量统计台账，针对监区质量管理薄弱环节和产品的技术质量难点，组织 QC 小组开展活动，促进监区质量管理水平的提高。

二、质量检查的主要方法

应结合生产项目特点灵活运用多种质量检查手段。主要手段有：

1. 自检：作业人员自己检查。

2. 互检：作业人员相互检查。

3. 巡检：警察、厂方外协人员或者罪犯质检员到生产流水线对产品质量进行巡查。

4. 抽检：警察、厂方外协人员或者罪犯对半成品或者成品进行抽样检查。

5. 全检：主要指合作厂方之间人员对产品进行全面检查，确保产品合格率。

6. 首检：监区对合作厂方提供的原辅材料的质量进行检查。

7. 中检：检查每道工序的产品质量情况。

8. 总检：对产品成品进行质量检查，一般采取全检的方式进行。

三、生产前的质量准备

1. 在每批产品生产之前，双方要签字确认产品的生产制单、检验标准方可开货，生产制单、检验标准由合作厂方提供，必须留档保存。

2. 原辅材料首检制度。产品质量不合格有些是由于原辅材料不合格引起的，所以，要针对合作厂方的来料（原辅材料）进行质量检查，杜绝或减少因原辅材料不合格造成的质量问题。对原辅材料的首检可采取抽检或者全检的方法进行。若检查到原辅材料不合格，要马上报告监狱企业公司和合作厂方，请合作厂方立刻更换或者补充原辅材料，以免贻误货期。

3. 首件产品留样制度。对生产线生产出来的每批产品的首件产品要交给合作厂方派出的外协人员进行签名、确认，若产品合格则进行留样，直到该批产品全部出货，无质量纠纷为止。首件产品留样制度的意义在于：一是在生产过程中，可根据首件合格产品对生产中的产品进行比照抽检、巡检；二是避免与合作厂方产生产品质量纠纷，规避企业经营风险。

4. 有生产工具及测量器具应由合作厂方定期检测，确保其使用精确度。

四、生产过程的质量控制

产品质量控制主要分为“事前控制”“事中控制”和“事后控制”。

1. 事前控制。主要是落实好原辅材料的首检制度和首件产品的留样制度，在确保原辅材料合格和首件产品质量合格的基础上开货。

2. 事中控制。事中控制主要是控制工序半成品的质量，一般采用自检、巡检和全检的方式进行，不合格的半成品不允许流入下一道工序。

3. 事后控制。事后控制一般是对成品进行全检和总检，发现不良品及时退回生产线返工，确保成品合格率，确保产品质量。

在实际操作中，一要强化质量控制点，使作业人员熟练掌握程序运作要求和提高技术水平，牢固树立质量观念，将质量意识渗透到每一道工序，对工序的每个环节进行有效控制，确保产品质量稳步提高；二要强化质量全检工作，降低产品不良率，提高企业信誉；三要不断地进行“计划——实施——检查——处理”（PDCA）的管理循环，强化现场质量管理工作的制度化、经常化和标准化。

五、质量报告制度

合作厂方的质量检测部和监区的质量管理小组要及时报告产品质量，反馈产品质量情况，及时纠正生产中存在的错误的操作方法，提高产品质量。与此同时，要及时与监狱的业务部门沟通，在生产过程中发生下列情形之一的，应及时报告：

1. 发现原辅材料存在缺陷，影响产品质量的。
2. 合作厂方要求变更质量要求或工艺标准的。
3. 合作厂方的不同技术人员对产品质量要求存在较大差异的。
4. 与合作厂方发生其他产品质量争议的。

延伸：为准确掌握产品质量信息，监区与合作厂方可以建立质量沟通交流平台，利用微信群的方式，建立合作厂方 QC 人员与监区生产机构的微信群，每天报告产品质量检查报告，及时发现产品质量问题，立刻进行质量整改，可降低产品不良率，提高产品合格率。

六、质检员的管理

1. 质检员一般由专项工种罪犯担任，在警察的管理下履行职责。
2. 质检员的主要职责：在警察的管理下，协助警察对生产线产品质量进行巡查和控制；制定产品生产的质量检验标准和要求，并做好产品质量的检验工作；做好罪犯生产技术培训工作。

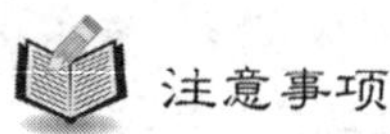

注意事项

一、操作方法巡视及注意的问题

正确的操作方法是提高工作效率的前提，是保障产品质量的前提，是降低成本和减少浪费的前提，也可以防止设备的损害和人身事故的发生。

进行操作方法巡视时应注意以下几个问题：

1. 要研究和熟知操作方法。只有自己知道标准操作方法，才能判断罪犯操作方法是否正确。
2. 要建立作业标准文件。作业标准文件是作业人员作业的依据，作业标准应该规范、科学、严谨，要加强宣传和培训，使每个作业人员都非常清楚作业要求和标准。
3. 观察要深入细致。现场巡视时对重要的工序和工作环节要特别留意，不能放过任何违反操作要求的做法。
4. 操作方法巡视的主要内容包括：

（1）作业人员是否按规定穿戴好劳动保护用品及个人标识。

（2）作业人员是否与设备标识的操作人员是同一个人。

（3）作业人员是否带病或困倦作业。

（4）作业人员是否按照正常的操作程序进行操作。

（5）作业人员是否按照正确的工艺流程进行作业。

（6）半成品的摆放是否符合要求。

（7）是否按照项目的作业标准进行作业。

（8）作业人员离开机器时是否处于关机状态。

二、发现并解决质量问题

质量问题一般是在生产过程中出现的，因此，加强过程管理，坚持按标准组织生产是解决质量问题的关键。包括：原材料、辅助材料、工艺工装标准、半成品标准、产品标准、检验标准等技术标准；产品工艺规程、操作规程、经济责任制等管理标准。按照产品生产的这条线，环环控制、层层设卡，使各作业处于可控状态。另外，抓住影响质量的关键因素，设置质量控制点和关键点。控制点是生产现场在一定时期、一定条件下对需要重点控制的质量特性、关键部位、薄弱环节以及主要因素等，对控制点采取特殊管理措施和方法，实行强化管理，使生产处于很好的控制状态。

及时发现和掌握质量问题是抓住影响质量的关键因素，其有两个含义：一是发现潜在的质量问题，及时纠正，确保产品质量；二是发现已经出现的质量问题，及时进行处理，将不良品的比率控制到最低。

在现场巡查质量问题，要注意以下几点：①注意质量问题的多发环节。②注意手工集中的工序。③注意重点环节的质量问题。④注意新工艺、新材料，尤其是新产品开货时的质量问题。⑤注意新作业人员操作的工序。

控制生产流水线的产品质量，要注意以下几点：①管理警察加强车间生产现场和流水线的产品质量巡视，发现问题及时纠正。②监督管理好罪犯质检员，使罪犯质检员真正“为我所用”，发挥其最大的作用。③合理安排作业人员；技术熟练的作业人员要安排到复杂、容易出现质量问题的工序，新入监和技术水平不高的罪犯要安排到简单、不容易出现质量问题的工序。④强化生产流水线的全面质量管理观念，要求每一道工序进行自检，确保质量合格再进入下一道工序；管理警察和罪犯质检员加强抽检和最后工序的产品质量全检，确保不良品不流出生产线和车间。⑤加强 QC 小组管理，攻坚质量难题，提高工艺效率，确保降低产品不良率。

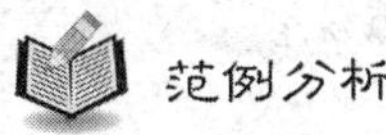

范例分析

范例：年底，是电子产品的旺季，某合作厂方为赶货期，在没有制定生产制单、检验标准的前提下，要求某监区一生产流水线匆忙生产一批电子产品共5000个，当该监区生产到4000多个的时候发现产品质量大面积不合格，合作厂方要求监区重新返工，并赔偿损失。后经调查发现合作厂方提供的原辅材料存在严重的质量问题，合作厂方外协人员口头要求制作的电子产品不符合国际标准，无法通过 QC 检测。

请分析该电子产品的质量问题应由谁承担责任？监区在操作过程中存在哪些问题？

分析： 该批电子产品的质量问题应由合作厂方承担责任，但是监区在质量管理过程中也存在一些问题。

监区在操作的过程中主要存在以下几个问题：

1. 没有严格检验原辅材料的质量问题，匆忙上线。

2. 监区在生产制单和检验标准没有经双方签字确认的情况下开货，存在问题。

3. 没有严格执行首件留样制度，造成大批电子产品出现质量问题时无法比对首件产品，分清质量问题的承担方。

情境训练

某监区在生产过程中实行全面质量管理，要求每一道工序都进行质量检查，确保产品在每一道工序质量都过关，最终实现产品质量100%合格的目标。

请组成监区 QC 小组对监区实行的全面质量管理进行优缺点分析和调研。

附：

某监狱劳动现场质量管理制度

为了提高监狱经济的运行质量，确保罪犯劳动的顺利进行，使产品质量指标落实到实处，特制定本制度。

一、坚决贯彻质量方针和质量目标，严格执行各项生产管理制度。

二、各劳动岗位应有岗位责任制，关键岗位人员应经技术人员培训合格后持证上岗，各生产设备都应按操作规程使用，各工序应按工艺卡执行。

三、各车间依据生产通知单进行生产。

四、各车间严格贯彻执行生产工艺作业文件，做好工序控制。

五、保持生产环境整洁。

六、日常保养生产设备，保证满足生产需要。

七、不合格原材料不适用，不合格产品不转序。

八、具体细节：

（一）采购员

1. 负责搜集供方有关产品信息，为本厂的《合格供方名录》提供相关资料。

2. 确保采购产品的质量，对供方进行评价和选择，严格按合格供方名单采购产品，防止不合格品投入使用。

（二）检验员

1. 严格按照检验标准和规定检验采购产品、过程产品和最终产品，并予以记录。

2. 对检验结果按要求填写检验报告。

3. 对过程进行监控，以提高产品检验合格率。

4. 正确使用和防护检验设备。

5. 及时传递和报告质量信息。

（三）销售员

1. 广泛进行市场调查，收集分析顾客对产品及服务满意程度的信息。

2. 确保交付顾客的产品符合规定要求，及时做好交付后的服务工作。

3. 负责与顾客的沟通。

（四）库房保管员

1. 严格执行库房的各项制度，熟悉保管物品的特性及应注意的事项，确保物品不损坏、不变质。

2. 物资存放、保管做到科学管理，并坚持先进先出的发放原则。

3. 负责保管物资的验收、发放，收发物资要亲自检查、计量、摆放，特别要查对质量证明文件，不合格的不准入库，并做好记录。

4. 按规定进行盘点，保证账、物、卡相符，对数据的准确性负责。

（五）操作工

1. 严格按照车间生产工艺流程进行生产，并做好每班生产记录。

2. 严格按照产品质量标准进行生产，力争做到每半小时进行一次质量检查。

3. 严格按照设备使用说明和培训方法进行生产。

4. 及时准确地将设备运转状态反馈至机修工。

5. 如因操作原因出现与标准不符的要素时，按罪犯考核奖惩实施办法执行。

（六）机修工

1. 负责现场设备的维修工作，定期进行设备保养。

2. 及时发现设备存在的隐患，如发现异常现象应立即停机维修，确保后续生产顺利进行。

3. 每天认真做好维修设备记录。

上道工序为下道工序把好关，下道工序为上道工序负好责，各岗位除需对本岗位工作严格把关外，同时应在本道工序开始前认真检查上一道工序是否存在产品质量问题及是否存在造成质量问题的隐患，一旦出现产品质量问题，由直接人员承担直接损失，按规定予以惩罚。

学习情境六　物料管理

一、物料管理的概念

物料管理是将管理功能导入企业产销活动过程中，希望以经济有效的方法，及时取得供应组织内部所需之各种活动。物料管理的主要内容包括来料管理、物料控制、损耗控制和出库管理。

二、物料管理的要求

1. 对现场使用的各种物料的质量应有明确规定，在进料及投产时应检查物料的质量，确保其符合要求。

2. 容易混淆的物料应对其牌号、品种、规范等有明确的标识，确保可追溯性，并在加工流转中做好标识的移植。

3. 检验状态清楚，确保不合格物料不投产、不合格制品不转序。

4. 做好物料在储存、搬运过程中的防护工作，配置必要的工位器具、运输工具，防止磕碰损伤。

5. 物料堆放整齐，并坚持先进先出的原则。

三、物料管理的目标

1. 尽量减少车间存放的物料量，避免车间拥挤、杂乱，实现“5S”管理目标。

2. 争取实现当日发放，当日回收，提高物流效率。

3. 确保危险品和易燃易爆品有效管理，实现安全生产目标。

4. 明确各批次产品的物耗控制标准，实现物料损耗目标管理。

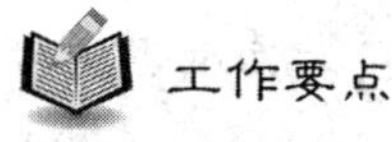

一、来料管理

根据每批次产品的生产要求，领取厂方提供的相关物料（原辅材料、生产工具等），要严格按照质量管理要求，落实原辅材料的首检制度，确保原辅材料质量合格；要认真核对物料的数量、质量和配比情况，与合作厂方在《产品物料单》上签字确认，并做好物料入库登记工作。

二、物料控制

1. 根据监区和合作厂方共同制定的物料发放标准，控制生产岗位的物料存放量，当日发放，当日回收，提高物料流转率。

2. 定时组织盘点车间内的原辅材料、半成品、成品数量，确保账物相符。

3. 危险品和易燃易爆品要确定专人管理，管理警察要严格按程序控制和发放，如实登记；车间内存放的危险品和易燃易爆品用量不得超过 1 天生产所需的用量，用剩的危险品和易燃易爆品要及时回收，交回危险品仓库管理。

三、控制损耗

监区应实行物料损耗目标管理，在合同约定的范围内，明确各批次产品的物耗控制标准，严格按生产计划使用生产物料，按照产品质量要求操作，培养作业人员的节约意识，有效控制物耗；因返工浪费或原辅材料配比不足需要补料的，应及时报告监狱企业公司和合作厂方。

监狱对节余的原辅材料应及时组织清理，报告监狱企业公司后按合同约定退还给合作厂方或收集利用。

四、出库管理

监区要对检验合格的产品按合同约定要求进行包装，包装完毕后及时将产品存放入库并做好登记。产品出库时，管理警察要监督罪犯物料收发员做好清点工作，准确填写《产品出库单》，并履行出库手续。

注意事项

一、加强对危险品、易燃易爆品的管理

1. 监狱要建立危险品、易燃易爆品仓库。
2. 危险品、易燃易爆品要确定专人进行管理。
3. 危险品、易燃易爆品在车间的存放量不能超过 1 天的用量。
4. 当天没用完的危险品、易燃易爆品要及时回收，交回危险品仓库。
5. 严禁任何人带火种进入危险品仓库。

二、节余原辅材料的管理

监狱要加强节余原辅材料的管理，否则，轻则造成浪费，重则容易滋生职业腐败，因此，在管理中应注意以下几个问题：

1. 强化作业人员节约意识，使原辅材料最大限度地用于生产，避免浪费。

2. 节余的原辅材料要及时清理，及时回收。

3. 节余的原辅材料或用于以后的生产，或及时退回给合作厂方。

4. 严禁任何人私自处理节余的原辅材料，杜绝职业腐败。

三、物流仓库的管理

目前，监狱企业很多都建立了打板中心和物流仓库，极大地提高了生产劳动效率。物流仓库是指将产品原辅材料、危险品、易燃易爆品以及成品集中起来进行管理的地方。物流仓库的建立既方便了生产物料的管理，实现了高效、规范的目的，又确保了人与生产材料（尤其是危险品、易燃易爆品）的分离，极大地提高了安全生产系数。未来，建立电子物流中心，是创建现代化监狱研究的目标和方向。

四、物料收发员的管理

1. 物料收发员一般由专项工种罪犯担任，在警察的管理下履行职责。

2. 物料收发员的主要职责：在警察的管理下，协助警察做好生产车间的生产物料领取、发放工作；生产物料和货物的出入库管理工作。

范例分析

范例： 某生产车间，为图方便，将当天剩余的天那水、酒精等生产辅助材料放在车间仓库，且没有加盖拧紧。

请分析以上做法的错误之处。

分析： 该生产车间违反了物料管理中危险品、易燃易爆品管理的要求，天那水、酒精等都属于挥发性极强的易燃易爆品，容易造成火灾等安全事故。危险品、易燃易爆品在车间的存放量不能超过1天的用量；当天没用完的危险品、易燃易爆品要及时回收，交回监狱危险品仓库；天那水、酒精等挥发性极强的易燃易爆品要用安全的器皿盛放，并加盖拧紧，防止挥发。

情境训练

如果监狱成立物流中心，你是物流中心的具体负责人，你如何制定物流中心管理规定？并简单叙述应注意的主要问题。

学习情境七　生产统计

一、监狱生产统计的概念

统计是人们为了认识、研究客观现象，对其数量特征进行搜集、整理和分析的活动。

监狱生产统计是罪犯劳动生产过程中，对其经济数值的搜集、整理和分析的活动。其主要内容包括产品统计、劳动统计、设备统计、原料、能源统计、财务成本统计、经济效益统计和统计分析等。统计形式有监狱综合统计、监区统计和车间统计（车间统计在三级管理模式的监狱一般由罪犯的生产记录员担任）三种。

二、监狱生产统计的任务

1. 按国家有关规定和要求编制统计报表，向上级机关和监狱及有关部门报送和提供部门的基本统计资料。

2. 根据上级和监狱工作要求，搜集、整理提供本单位和部门的统计资料，对生产经营情况等进行统计分析、统计预测和统计监督。

3. 制定监狱生产统计制度、报表样式和指标计算口径。

4. 加强对监区统计基础工作的管理，了解生产活动和经营情况，及时解决统计工作存在的问题。

5. 负责指导、组织监狱生产统计人员的培训工作。

6. 统一管理监狱的统计报表和统计资料。

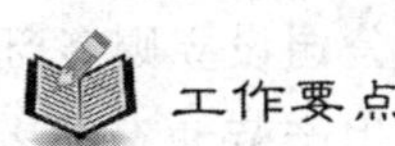

一、车间统计

车间统计一般由生产记录员负责，生产记录员从专项工种罪犯中挑选担任，在警察的管理和指导下履行岗位职责和岗位任务，一般每个管区设置2~4人。

1. 生产记录员岗位职责：

（1）在警察指导下负责车间生产人员每日劳动工效的记录事务。

（2）按警察指令安排本生产线的生产调度任务。

（3）按警察指令做好每批产品加工的技术指导。

2. 生产记录员岗位任务：

（1）及时、准确填报车间生产人员每日劳动工效，并进行汇总统计报警察审核。

（2）掌握生产线各工序的安排，熟悉生产线的技术分布，协助警察做好生产线的生产管理任务。

（3）熟悉掌握生产线每批货物的技术要求及质量要求，协助警察合理安排好生产线工序的布置。

（4）根据厂家每批货物的货期和数量，协助警察制定生产进度计划和落实生产计划，确保按时、按质完成生产任务。

（5）协助警察对质检员和生产人员讲解产品技术要求和注意事项。

3. 车间统计的主要工作内容：

（1）记录罪犯的每日劳动工效。

（2）在警察指导下负责《生产进度日报表》的填写。

（3）在警察指导下负责《罪犯劳动定额完成情况日登记表》。

（4）按照警察的要求，负责分监区生产电脑的管理、使用和操作。

二、监区统计

监区统计由警察担任（一般由女性警察担任），必须经过专业培训，具备生产统计职业资格证书，工作责任心强，对工作认真、细致、负责。其主要岗位职责有：

1. 制作、报送监区生产统计报表。
2. 协助制作、报送监区罪犯劳动改造类报表。
3. 协助监区领导填写生产劳动类台账。
4. 负责生产线有关信息的接收和处理工作。
5. 负责监区生产信息系统的管理和操作。

三、监狱综合统计

监狱综合统计一般由具备财务资格证书的警察担任，在监狱企业公司设立财务部，负责监狱生产劳动类的综合统计工作。其主要职责是收集监区相关的生产劳动类报表、资料；指导监区开展生产统计工作；管理监狱的生产信息系统等。

四、生产信息系统

生产信息系统中包括一些生产统计的相关内容，主要有以下几类：

1. 生产进度日报表。
2. 物料进出库情况登记表。
3. 罪犯劳动定额测定表。
4. 罪犯劳动类级评定情况登记表。
5. 罪犯劳动定额完成情况日登记表。

6. 罪犯月劳动定额与劳动报酬统计表。

7. 罪犯劳动报酬月统计表。

8. 罪犯劳动时间统计表。

9. 罪犯生产构成情况月报表。

五、生产信息的衔接

生产信息一般由分监区生产记录员统计相关信息，通过报表和数据的形式报监区统计，由监区统计负责在生产信息系统中录入、统计和上报。

由于分监区生产电脑由罪犯生产记录员担任，因此，分监区生产电脑要有严格的保密措施，由分监区或警察设置开机密码和使用密码，不连接任何网络，单机操作；配发相应的媒体介质（如光盘、移动U盘等），实现数据的传输和报送。

为切实做好监狱和合作厂方的保密工作，在生产信息中一般不涉及监狱、监区、分监区和合作厂方的名字，合作厂方统一由监狱企业公司编写代码，按照代码录入相关信息。

六、生产电脑的管理

生产电脑的管理要遵循以下原则：

1. 严格保密原则：由分监区或警察设置开机密码和使用密码，定期更改。

2. 专人专机原则：生产电脑由固定的罪犯使用，其他罪犯一律不得使用生产电脑。使用生产电脑的罪犯必须具备一定的文化知识和计算机知识。

3. 专项使用原则：生产电脑只用于生产统计和储存相关的生产信息。

注意事项

1. 防止罪犯生产记录员随意篡改生产信息，在统计过程中利用岗位便利获取相关的利益。

2. 防止生产电脑造成信息泄密。

3. 防止丢失生产统计的相关媒体介质。

4. 生产统计具有时效性、延续性和完整性，相关的生产统计如有岗位变动必须做好相关数据的交接。

5. 无论是罪犯生产记录员还是监区统计、监狱综合统计都必须经过专业培训，具备相应的资格。

范例分析

范例：某监区统计，在管理生产用的U盘的时候，私自将生产U盘带回家，在家庭网络中使用，导致U盘中毒，信息外泄。随后，该生产统计为了逃避责任，私自购买了U盘，替换生产U盘，并对泄露信息的情况隐瞒不报。

请分析该生产统计违反了生产统计工作的哪些要求？造成了什么后果？该如何追责？

分析： 该生产统计违反了生产统计工作的保密要求、生产媒体介质的管理规定，导致的后果是生产信息外泄，生产信息没有延续性。鉴于该监区统计的工作表现，若导致信息大面积泄露，要按照警察绩效考核予以扣分处理，严重的要给予行政处罚，特别严重的要追究当事人的刑事责任。

情境训练

监狱管理局在检查某监区某分监区的生产电脑时，发现该电脑无任何密码，随时可以操作，且电脑中存在外接网络的现象，下载了不少淫秽的图片，存有关于罪犯改造方面的信息，甚至有一张某分监区的警力分布图。

请指出该分监区生产电脑管理中存在的问题，并制定整改措施。

学习情境八　劳动现场考核

知识储备

一、劳动现场考核的概念

劳动现场考核是罪犯劳动考核的重要组成部分，也是罪犯日常考核的主要内容。劳动现场考核主要是对罪犯劳动现场的物品摆放情况、卫生环境情况、罪犯劳动习惯等环节所进行的考核。通过劳动现场的考核，在促进罪犯遵守劳动纪律，保证劳动生产安全，提高劳动产品质量和劳动生产效率等方面都有着重要的作用。

二、罪犯劳动考核的内容

劳动现场考核，主要包括现场卫生、机器设备工具、物品摆放、安全、人员等的考核。每日由监区领导或生产干事进行检查考核，生产劳动部门不定期进行检查考核。

1. 卫生考核。地面、墙壁、门窗等无污渍、垃圾、积尘，无印记或蜘蛛网；屋角、梯间等无杂物；饮水区域、厕所干净整洁、无异味，清洁工具放于规定位置；劳动岗位及周边、公共区域整齐整洁。

2. 机器设备工具考核。机器设备定时点检保养，故障及时报修；工具夹具正确摆放，数量清楚无丢失；按照操作规程正确使用。

3. 物品摆放考核。成品、半成品、物料、闲置物品等按规定位置整齐摆放，各物料区明确标示；物品摆放不超出定位线，不得占压安全通道。

4. 安全考核。安全通道整洁、畅通；危险物品按规定正确存放、明确标示，存放量不超标；危险场所有警告标识；消防器材完好，前方无障碍物；通风降温设施正常使用，电线电压负荷正常；收工时关闭机器电源和车间总电源。

5. 人员考核。按规定着装，保持仪容清爽；个人物品在规定位置整齐摆放；认真专心劳动，不闲谈、不怠慢、不打瞌睡。

6. 其他方面考核。水龙头关紧，减少多余照明，节约水电；办公桌台面干净，台账、物品分类整齐摆放，使用方便。

工作要点

目前，监狱劳动现场的考核主要是“5S”日常检查考核。

一、整理

将劳动现场内的任何物品区分为有必要的和没必要的，除了有必要的留下来，其他的都消除掉。

1. 目的：腾出空间，空间活用，防止误用，塑造清爽的工作场所。

2. 内容：

（1）车间内废品、边角料当天产生当天处理，入库或现场清除。

（2）班组产生的返修品及时返修，在班组内存放不得超过 2 天，避免与合格品混淆。

（3）用户返回的产品应及时处理，如暂时无时间处理，应放在临时库，不得堆放在生产现场。

（4）外来产品包装物及时去除，货品堆放整齐。工作现场不能堆放过多（待包装）外购产品。

（5）合格部件、产品经检查人员确认后及时入库，不得在班组存放超过 1 天。

（6）报废的工具、量具、机器设备撤离现场存放到指定的地点。

（7）领料不得领取超过 2 天用量的部件材料，车间内不允许存放不需要的材料、部件。

（8）工作垃圾（废包装盒、废塑料袋）及生活垃圾及时清理到卫生间。

（9）窗台、设备、工作台、周转箱内个人生活用品（食品、餐饮具、包、卫生用品、衣物、鞋等）清离现场。

二、整顿

把留下来的有必要用的物品依规定位置摆放，并放置整齐加以标识。

1. 目的：工作场所一目了然，节省寻找物品的时间，保持整整齐齐的工作环境，消除过多的积压物品。

2. 内容：

（1）车间绘制现场《定置管理图》。

（2）车间对各类设备、工具、器具进行分类编号。

（3）废品、废料存放于指定废品区、废料区。

（4）不合格品、待检品、返修品要与合格品区分开，周转箱内有清晰明显的标识。

（5）周转箱应放在货架上或周转车上，设备上不得放置周转箱、零件等。

（6）操作者所加工的零部件、半成品及成品的容器内，必须有明显的标识（交检单、转序卡），注明品名、数量、操作者、生产日期。

（7）搬运周转工具（吊车、拖车、升降车、周转车）应存放于指定地点，不得占用通道。

（8）工具（钳子、螺丝刀、电烙铁、通路仪）、工位器具（周转箱、周转车、零件盒）、抹布、拖布、包装盒、酒精等使用后要及时放回到原位。

（9）部件、材料、工装、工位器具按使用频率和重量体积安排摆放，使物品使用和存放方便，提高工作效率。

（10）员工的凳子不得随意摆放，下班时凳子全部靠齐机脚。

三、清扫

将工作场所内看得见与看不见的地方清扫干净，使生产现场始终处于无垃圾、无灰尘的整洁状态。

1. 目的：消除脏污，保持劳动现场干净、亮丽的环境。

2. 内容：

（1）车间建立“车间组清扫责任区”，落实到班组内具体责任人。

（2）地面、设备、模具、工作台、工位器具、窗台上保持无灰尘、无油污、无垃圾。

（3）掉落地面的部件、边角料及时处理，外购成品的包、盒、箱随产生随清理。

（4）不在本组责任区内工作时，工作结束后及时将工作地点清理干净。

（5）维修人员在维修完设备后，协助操作者清理现场，并收好自己的工具。

（6）各班组对在车间内周转的原料、部件、产品做好防尘、防潮措施，罩上塑料袋或将其垫起。

四、清洁

将整理、整顿、清扫进行到底，并且制度化，经常保持环境外在美观的状态。

1. 目的：创造明朗现场，维持一个整齐、整洁、有序和安全的现场工作环境。

2. 内容：

（1）各班组每天下班前15分钟进行简单的日整理活动。

（2）各班组每周最后一个工作日下班前30分钟进行周整顿活动。

（3）各班组每月27日下班前1小时进行一次彻底的整理、整顿、清扫活动。

（4）车间每日依据《班组5S考核表》对各班组责任区进行检查，并做好相应的记录，作为考核各班组业绩的依据之一。

（5）车间每月1日对上月各班组“5S”实施情况进行一次总结，公布各班组本月“5S”考核结果。

（6）车间依据《车间劳动管理制度》对“5S”活动不合格的班组进行相应的处罚。

五、素养

提高文明生产水平，增强团队意识，养成按规定行事的良好工作习惯和作风，素养是“5S”活动的核心。

1. 目的：培养良好习惯、遵守规则，营造团结精神。

2. 内容：

（1）每日坚持“5S”活动，达到预期效果。

（2）对各班组罪犯进行各种规章制度学习、培训。

（3）严格遵守监狱各项管理规章制度。

（4）遵守车间内部各种管理制度，包括工作流程、劳动纪律、安全生产、设备管理、器具管理、周转搬运管理、工资管理等。

（5）工作时间穿着工作服，注意自身的形象。

（6）现场严禁随地吐痰和唾液，严禁随地乱扔纸巾、杂物。

（7）爱护公共环境，卫生间马桶、手盆、水池用后自觉冲洗，不随意乱倒剩余饭菜。

（8）每年对车间班组的罪犯进行一次评选，优秀者给予奖励。

注意事项

1. 生产现场考核中发现生产现场秩序混乱、卫生状况差，生产设备、物品摆放无序，物品占用安全通道及阻碍消防设施，生产统计原始记录、物料收发登记混乱或弄虚作假等问题的，应现场责令纠正，或发出《生产现场管理整改通知书》责令限期整改。

2. 现场值勤警察或监区根据《生产现场管理整改通知书》提出的整改意见进行整改，并将整改结果情况报监区或生产劳动部门。

3. 对生产现场管理问题纠正或整改不力的，要追究现场值勤警察和监区值勤领导的直接责任和领导责任。

范例分析

范例：罪犯鲁某劳动中因不按要求摆放劳动工具被扣了分，一时间怨气很大，总认为自己不按照要求摆放劳动工具不是什么大事，而且没有造成什么后果，警察对他处罚过重，鲁某就将怨气发泄到自己的劳动工具横机上，故意不按操作规程作业，使机针大量撞断。

作为当值警察，面对这种情况，该如何处理?

分析：1. 对考核处罚不满并且闹情绪的，应该暂停其劳动，并对其进行教育。

2. 故意不按操作规程作业，造成安全事故的，按生产安全事故的有关规定处理。

情境训练

由于监狱调整监区的生产项目，监区从1日开始组织罪犯从事牛仔裤生产劳动，在生产项目启动时，厂家运来了大量的生产原料和设备，并随意堆放在劳动现场上，部分物料甚至占用安全通道。

你作为现场值勤警察，将如何处置?

学习单元七

安全生产

知识目标

通过本单元学习，能够：

1. 掌握安全管理的基本内容以及安全生产的法律法规、制度和各种措施。
2. 掌握监狱常见的几种安全生产事故和工伤事故处置办法。
3. 了解罪犯劳动的社会保险的内容以及有关的法律法规的规定。

学习情境一 安全生产管理

知识储备

一、安全生产管理的概念

安全生产是指为了使劳动过程在符合安全要求的物质条件和工作秩序下进行，防止伤亡事故、设备事故及各种灾害的发生，保障劳动者的安全健康和生产作业过程的正常进行而采取的各种措施和从事的一切活动。安全生产是我国企业管理的一项重要任务，也是劳动保护的重要组成部分。当前我国的安全生产方针是“安全第一、预防为主、综合治理”，其核心是“预防”，根本思想是必须坚持以人为本，把预防劳动过程中的伤亡放在工作的首位，保证劳动者的生命和健康利益。

安全生产管理就是针对人们在安全生产过程中的安全问题，运用有效的资源，发挥人们的智慧，通过人们的努力，进行有关决策、计划、组织和控制等活动，实现生产过程中人与机器设备、物料环境的和谐，达到安全生产的目标。为使生产和建设有序发展，我国制定了一系列的安全生产法律、法规、规章和标准。规范监狱企业安全生产管理，减少监狱内伤亡事故发生，这就需要在完善安全生产法律体系的同时，监狱各部门的领导和监狱警察强化安全生产的意识，切实履行安全生产的责任，从严管理安全生产工作。

二、监狱安全生产的法律法规依据

监狱安全生产的法律法规依据主要包括：《中华人民共和国监狱法》《中华人民共和国劳动法》《中华人民共和国安全生产法》《中华人民共和国消防法》《国务院关于特大安全事故行政责任追究的规定》《生产安全事故报告和调查处理条例》《广东省安全生产条例》《广东省安全生产检查、督查工作规范》《广东省监狱系统安全生产工作规范（试行）》《安全生产专项整治验收标准》《广东省监狱生产现场管理办法（试行）》《剩余电流动作保护装置安装和运行》（GB 13955－2005）和《建筑灭火器配置设计规范》（GB 50140－2005）等。

三、监狱安全生产技术和任务

（一）监狱安全生产技术

罪犯在从事生产劳动过程中，为预防各类事故发生所采取的各种技术措施，称为安全生产技术。安全生产技术因产业的性质与使用的机器设备的性质不同而多种多样，一般按以下两种性质分类：

1. 按产业性质来分，有煤矿生产安全技术、冶金生产安全技术、化工生产安全技术、建筑安全生产技术、运输安全生产技术等。

2. 按机器设备性质来分，有电气安全生产技术、起重安全生产技术、锅炉与受压容器安全生产技术、焊接安全生产技术、机械安全生产技术等。

安全生产技术不论从产业性质还是从机器设备性质来分，都是从它的自身特点研究它的固有规律，采取预防手段来保证安全生产，保证人身安全，保护国家财产。

（二）监狱安全生产任务

1. 分析生产过程中引起伤亡事故的原因，采取各种安全技术措施，改善劳动条件、消除事故隐患、预防事故发生。

2. 收集各种资料信息，及时制定有关安全生产的制度、规程、标准，并确定专门的安全生产人员。

3. 编写对罪犯进行安全生产教育和安全生产技术宣传的材料，负责对罪犯进行全员培训。

四、监狱安全生产管理的目标和主要内容

监狱安全生产管理的目标是减少和控制危害，减少和控制事故，尽量避免生产过程中由于事故所造成的人身伤害、财产损失、环境污染以及其他损失等。

安全生产管理的主要内容包括安全生产管理机构和安全生产管理人员、安全生产责任制、安全生产管理规章制度、安全生产策划、安全生产培训教育、安全生产档案

管理等。

五、监狱安全生产领导责任制

监狱法定代表人是安全生产第一责任人，分管领导是直接责任人。对监区来说，监区长是安全生产第一责任人，分管劳动改造和安全生产的副监区长是直接责任人，现场值勤警察是劳动现场安全生产直接责任人（现场直接责任人），必须对劳动现场安全生产工作进行直接管理。

六、监狱安全生产管理机构

监狱安全生产管理机构包括省级监狱管理局、监狱和监区三级管理机构。省级监狱管理局成立安全生产领导小组，下设安全生产办公室；监狱成立安全生产领导小组（或委员会），设立安全生产监督管理办公室（简称“安全办”），配备有专业管理知识、责任心强的警察。监狱一级的安全生产管理人员要报省级监狱管理局备案；监区设置兼职安全员，特大型的水泥厂、机械厂、煤矿等监区要设立专职安全员。监区必须在罪犯中指定安全生产监督员。

工作要点

一、安全生产责任制

安全生产责任制是安全生产管理的核心内容，是根据安全生产法律法规和生产实际，将各级领导、职能部门、工程技术人员、岗位操作人员在安全生产方面应该做的事及应负的责任加以明确规定的一种制度。落实安全生产责任制主要通过安全生产管理机构、制度的建设，形成自上而下的安全生产管理网络，达到各部门、岗位分工明确、责任明确、层层落实、发挥作用的目的。安全生产责任制的作用是通过明确单位的主要负责人及其他负责人、各有关部门和员工在生产经营活动中应负的责任，在各部门及员工间，建立一种分工明确、运行有效、责任落实的制度，有利于把安全工作落到实处，做到明确分工、各负其责、协调一致、全员参与。

监狱的安全生产责任制实行事故目标考核制度。省局给监狱单位下达全年安全生产考核指标，监狱对监区和科室也要实行安全生产目标管理。监狱法定代表人是安全生产第一责任人，分管领导是直接责任人，对监区来说，监区长是安全生产第一责任人，分管劳动改造和安全生产的副监区长是直接责任人，现场值勤警察是劳动现场安全生产直接责任人（现场直接责任人），必须对劳动现场安全生产工作进行直接管理，职能部门负责人对其职责范围内的安全生产负责。监狱必须向各级责任人颁发任命书，明确安全生产职责和考核内容，并在各自的办公室内悬挂出来。对安全生产责任单位和个人责任制考核实行安全生产一票否决制和“一岗双责”制（“一岗”是指领导干部对应的岗位；“双责”是指领导干部既要履行岗位业务职责，又要履行安全生产职责），形成各级领导责任明确，职能部门监管到位，监区层层落实的工作格局。

二、安全生产管理规章制度

安全生产管理规章制度是安全生产管理的基础内容，是依据国家相关法律法规，结合生产实际和实践经验，建立健全规章制度及相关标准，使生产过程的各个环节、各个要素的安全生产管理都做到有章可循，使安全生产管理处在一个可控的系统中。

生产单位要制定和完善符合本单位实际的安全生产各项管理制度。所有设备工种必须要有安全操作规程，做到有章可循、循章必严、违章必纠，制度和规程必须在车间内规范上墙，并定期组织操作人员学习和考核，达到人人熟练掌握并遵守的目的。重点设备必须挂操作证，注明操作人员姓名、培训及上岗日期。

1. 建立及落实各级负责人、管理人员、操作人员安全生产岗位责任制、消防安全责任制。

2. 建立和落实安全考核、奖惩制度。

3. 事故隐患、整改和事故管理制度。

4. 安全生产规程。

5. 危险品安全生产管理制度。

6. 设备管理制度。

7. 建立安全档案管理制度。

8. 安全生产专题会议和专题活动。监狱每月召开专题会议不少于一次；每年的6、7、8三个月必须开展“百日安全生产”活动。

三、安全生产教育培训

安全生产教育是安全生产管理的重要环节。开展各种针对不同层面的安全生产培训是监狱的法定职责。通过开展不同形式的教育培训，提高全员安全意识和安全素养，掌握安全知识和技能，营造安全氛围，形成良好的安全文化。

监狱应坚持开展安全生产一系列教育培训活动，具体要求有：

1. 监狱安全生产第一责任人必须参加安全生产培训考核，并取得《厂长经理安全生产资格证》；监狱必须按不少于从业人员人数的3‰的比例配备安全主任，其中安全生产监督管理部门领导必须是中级安全主任，监区分管领导必须是初级以上安全主任，监狱中级以上安全主任的比例不少于1/3。

2. 新警察、新职工上岗前必须接受安全技术知识和管理知识的教育，对在岗的警察、职工必须经常进行安全生产管理知识的教育；新入监罪犯在入监教育阶段要把安全生产知识的培训列入重要内容，并实行三级（厂级、车间级、岗位级）安全教育制度。

3. 转岗的操作人员必须重新接受相关产业安全教育。

4. 监区每月至少安排一个晚上对全体罪犯进行安全生产教育。

5. 从事电工、机动车驾驶、锅炉、压力容器操作工、焊工、起重工、爆破工、架子工等特殊工种人员必须经当地主管部门培训、考核、发证，才能上岗操作，罪犯入监前已取得特殊工种操作证的，经当地有关部门年审后方可上岗操作，无证人员一律不得从事特殊工种操作。

四、经常性安全生产教育

经常性安全生产教育，要求在生产过程中自始至终坚持不断。一般的教育方法是警察班前布置、班中检查、班后总结，使安全教育制度化。经常性安全教育是安全控制的有效措施，主要形式有：

1. 班前班后会强调安全注意事项。值勤警察在生产前的例会上，重点强调安全生产的注意事项，特别是容易出现安全问题的危险控制点；生产后例会上，及时进行总结，对工作中存在的不足，提醒罪犯今后要克服和改正。

2. 熟记安全规程。要求罪犯必须熟记安全规程，并随时进行现场考问抽查。

3. 及时沟通，把好安全关。监区主管警察、生产安全员和生产班组长召开安全生产碰头会，及时了解生产安全方面存在的问题以及需要解决的问题，并采取措施消除安全隐患。

4. 召开现场会，有针对性地进行安全教育。特别是对出现事故的地方，通过现场会的方式，结合事故现场进行讨论，分析事故原因及教训，提出整改方案。让每一个罪犯记住事故原因和教训，预防事故的再次发生。

5. 加强宣传，开展竞赛。通过各种各样的宣传手段，采取墙报、小册子、简讯等形式进行宣传报道，并结合开展安全生产竞赛活动等，不断强化罪犯劳动安全生产的意识，做到人人安全生产，确保监狱的安全稳定。

五、安全生产检查

安全生产检查是安全生产管理的重要手段，是为保障监狱生产安全，而对容易或可能发生危险事故的生产场所部位进行检查的专门活动。安全生产检查制度是发动全体管理人员和罪犯排查隐患消除不安全因素的好办法。通过采取不同方式、不同阶段、不同对象、不同规模、不同手段的安全检查，及时发现问题，消除安全隐患，堵塞漏洞，防止事故发生，保证安全生产。

1. 安全生产检查的主要内容。

（1）各项安全生产管理制度和操作规程的执行情况，各种安全记录是否填写完备。

（2）设备、机器的安全防护设施是否齐全有效。

（3）机器设备操作人员是否熟悉设备安全操作规程，身体条件是否适合所从事的工种。

（4）需要配备劳动保护用品的岗位人员是否按要求配备劳动保护用品并能够正确使用。

（5）紧急撤离通道是否畅通，是否有明显的疏散指示标志。

（6）岗位人员是否接受过必要的安全生产培训，具备一定的安全防护知识和技能。

（7）是否存在违章作业和违章指挥的行为。

（8）易燃易爆危险品的管理是否符合规定。

（9）供用电的安全管理是否规范。

（10）其他应检查的项目。

2. 安全生产检查的要求。监狱开展定期和不定期的安全生产检查。定期检查是指监狱每月一次、监区每半个月一次，分监区（车间）每天一次及重大节假日前要开展一次的定期安全生产检查执行制度，并做记录。监区劳动生产场所必须落实收工断电，断电后“五分钟”罪犯岗位安全检查、“半小时”警察安全巡查。不定期检查是指监狱安全生产监督管理人员及执法队必须不定期到劳动现场进行检查，对查出有违反安全规定的现象必须立即给予纠正和处罚，对查出不能立即整改的隐患必须发出整改通知书限期整改，且必须登记、建档；对列入治理计划的重大事故隐患必须做到“五落实”（落实措施、落实资金、落实期限、落实责任、落实应急预案）。此外，监狱还要求进行专业检查和群众性检查、全面检查和专题检查。这些检查应形成制度，在一般情况下要求监狱每季度检查一次，生产班组结合周末清扫组织检查，每个罪犯每天上岗前自检一次。

六、安全生产评估

安全生产评估是安全生产管理的重要内容，是指通过辨识生产过程中的各环节、各作业单元、各作业岗位等存在的危险，确定可能发生事故的概率和严重程度，从而采取相应的控制措施，达到消除隐患、预防事故的目的。

1. 生产项目安全生产评估。监狱企业引进或调整生产项目应遵守国家有关法律法规，符合国家产业政策，符合国家标准或行业标准规定的安全环保条件，按照有关规定进行安全条件和环境影响评价。

2. 安全生产状况评估。

（1）评估的内容：基础管理考评、设施设备考评和作业环境考评。

（2）安全生产评估的方式：单位自评、向上申报、考核验收（听取汇报、查看现场、询问相关人员、查阅相关资料、对照标准予以评分）。

（3）评估结果：安全、次安全、不安全。

七、车间消防安全

1. 新建厂房、监舍、住宅，其安全及消防设施必须同时设计、施工和投入使用，监狱的安全生产管理部门必须参与审核、监督施工和验收。

2. 监狱和监区必须制定完善的消防预案，成立消防应急小组，监狱、监区每年必须组织 1 次以上的消防演练。两层以上厂房的消防演练要以 1 栋楼为演练单位。消防应急处置的程序一般是：立即报警→扑灭初起火灾（若初起火灾无法扑灭）→组织疏散→组织灭火→善后工作（清点损失）。

3. 车间内必须留宽度 1.5 米以上的安全通道，每个车间必须有 2 个以上的安全出口，并保持畅通无阻。同时，要设置符合规定的消防安全疏散标志。车间入口处应悬挂《平面定置、消防疏散图》。

4. 车间安全门要用钢化玻璃门，并且要上锁，门前设置警戒线。安全门外加装的金属门在开工时不能上锁，并要顺人流疏散方向开启。

5. 消防器材必须配齐、有效。车间每 50 平方米必须配一个 4 公斤的 ABC 干粉灭火器，并相对集中摆放在前、中、后易于取用的地方。

6. 生产区的灭火器、消防水带等消防应急设施不得锁在值班室内或用铁链上锁，上锁的消防箱正面必须用玻璃做成，所有厂房必须安装消防栓及储备足够的消防用水，确实无法安装消防栓的，必须在车间门口附近建消防水池、沙池。

八、车间用电安全

1. 严禁乱拉乱接电线。电气设备和用电线路必须按技术规范安装，电气设备和用电线路的绝缘必须良好，车间内所有电线必须套绝缘管或线槽；电线的截面积必须与荷载相匹配，防止超负荷用电导致短路的现象发生。

2. 开关、插座、灯具等防护盖（盒）必须完好无缺，严禁用其他金属线代替保险丝，严禁用电线碰接启动日光灯，不得用木箱作为开关箱（个别特殊车间例外），生产区的供电总开关箱必须装在警察值班室内或值班位置附近。

3. 动力和主线路开关要用空气开关，规定要装漏电保护开关的线路必须强制安装；线路接口要规范、牢固，接线片必须与电线芯同一种金属。

4. 电焊机、手持电动工具的电源线必须保持完好无破损。

5. 严禁带电作业，维修用电线路和电气设备时应切断电源，并安排专人在电箱处看守，并挂上“禁止合闸”的警示牌，防止无关人员随意开关电箱，接通电源造成人员伤亡。

6. 所有有触电危险的地方必须设置安全遮拦和明显的警示标志。

九、易燃易爆品管理

见学习单元六“罪犯劳动现场管理”学习情境六“物料管理”。同时注意以下三点：

1. 易燃易爆品仓库要安装照明或者通风设备的，要严格按照规定安装防爆型照明灯或通风设备；不允许使用碘钨灯和超过60瓦的白炽灯，照明灯开关应设在仓库外。

2. 易燃易爆品仓库要与民居、车间、监舍隔开距离30米以上，其储存量不得超过1周用量。

3. 当天使用及数量较少的汽油、天那水（5公斤以下）、胶水（20公斤以下），可临时存放在车间附近专用小仓库，在车间的存放量不能超过1天的用量。

注意事项

一、车间物品摆放的安全要求

1. 生产项目相对固定的车间，原材料、成品、半成品确无仓库摆放而要放在车间内的，必须在车间两端用防火材料隔开作为临时仓库，隔开高度必须到天花顶。

2. 每个车间（楼层）只能建一个临时仓库，临时仓库的面积不得超过车间面积的10%。

3. 临时仓库必须面对警察值班位置的一侧，必须用透明玻璃船或者隔离网隔开，确保临时仓库内的罪犯在警察的有效视线范围内活动。

4. 车间内堆放的半成品、成品和临时生产项目车间的原材料、成品、半成品必须划定物料放置区，分类整齐摆放，不得堵塞人行通道，不得堆放在消防器材旁边，不得贴近开关、插座和电线。

二、车间安全生产的其他要求

1. 传动带、明齿轮、砂轮、电锯、接近地面的联轴节、转轴皮带和飞轮等危险部分，都要安装防护装置。冲压设备以及在加工过程中容易伤人的设备都要安装防护装置。

2. 车间门口必须挂国家标准禁止烟火标志牌，并在车间门口设置火种存放箱（盒），所有进车间的人员要把火种放在门口，车间内要挂安全生产警言警句。

3. 车间内必须将安全生产规章制度、设备定置图、安全通道示意图等悬挂出来，重点设备必须挂操作证，注明操作人员姓名、培训及上岗日期。罪犯在劳动现场必须定岗定位，不得随意走动。

4. 严格对劳动工具的管理。对剪刀、小刀等利器、钝器必须每天由警察直接收发，并有登记；罪犯收工时，必须由警察搜身，防止工具流入监舍。工具箱必须放在警察、职工保管的仓库内或警察值班位置旁边。

5. 罪犯的私人物品不得带进车间，车间内确需保留的罪犯物品必须放在统一制作的物品箱内，物品箱要统一摆放，不得随意乱摆；禁止将衣服、雨衣、纸巾、布料、毛料等挂在日光灯、电线、开关或插座上面。

6. 电梯、起重设备等特种生产设备必须定期请有关部门检验，并有使用合格证，特种设备的安全附件必须有效可靠，保证安全运行。

7. 锅炉、压力容器的安装必须符合技术规范，定期请有关部门检测，安全附件必须有效可靠。

8. 有粉尘、挥发性气体的生产场所必须加强通风，有毒有害因素的浓度不得超过国家或省级标准；车间要有防暑降温措施，有足够的开水或清凉饮料供应。

三、安全生产管理的要求

1. 四懂：懂得本部门、本岗位火灾的危险情况；懂得火灾预防的措施；懂得灭火的基本方法；懂得火灾发生时的逃生方法。

2. 四会：会报警；会使用灭火器材；会扑灭初起火灾；会组织人员安全疏散逃生自救。

3. 四不伤害：不伤害自己；不伤害他人；不被他人伤害；不让他人伤害他人。

4. 三不违：不违章指挥；不违章操作；不违反劳动纪律。

四、安全生产的两个禁止性规定

1. 司法部生产项目引入“六个禁止”。引进生产项目时，必须经过监狱安全办的安全性评估，并建立生产项目安全性评估档案备查，凡经过评估属不适宜引进的生产项目，监狱生产部门或监区不得引进。“六个禁止”如下：

（1）国家有关法律、法规、国家产业政策禁止和淘汰的生产项目。

（2）侵犯知识产权和生产假冒伪劣产品的生产项目。

（3）污染严重、治理难度大的生产项目。

（4）煤矿及非煤矿开采、易燃易爆、危险化学品、有毒有害等具有较大风险或严重影响罪犯身体健康的生产项目。

（5）食品药品加工类生产项目。

（6）其他不适宜改造罪犯的生产项目。

2.《某省监狱系统安全生产工作规范》要求严格执行下列禁止性规定：

（1）禁止引进司法部硬性规定不准从事的生产项目。

（2）禁止引进和从事易燃易爆剧毒物品的生产。

（3）禁止由罪犯保管易燃易爆剧毒物品。

（4）禁止由厂方师傅大量储存保管易燃易爆剧毒物品。

（5）禁止任何人在车间内吸烟及带火种进入车间。

（6）禁止出现厂房、仓库、宿舍“三合一”的现象。

范例分析

范例：某监狱某监区，罪犯收工时将刚用完的电烙铁随意摆放在作业台上，因断电后的电烙铁温度仍然比较高，引燃作业台面罪犯用过的纸巾，导致车间小面积着火，幸亏发现及时，及时扑灭了初起火灾。

请分析这起火灾事故发生的原因，并提出整改措施。

分析：这起火灾事故发生的原因有四个方面：一是安全教育不到位，罪犯没有安全意识和危机意识；二是工具管理不到位，罪犯未及时将使用过的电烙铁放回电烙铁架子上；三是物品摆放不规范，罪犯的私人物品（用过的纸巾）随便放在作业台上；四是断电后5分钟巡查制度未落实，按规定，车间断电后，必须在5分钟左右的时间安排警察进行巡查。

整改措施：①进一步加强作业人员的安全生产教育，增强作业人员的安全意识和危机意识；②加强工具管理，按规定发放、回收管制工具，对存放在作业台的工具必须钝化、固化、上锁、归位；③加强车间规范化建设，按要求摆放作业台面的工具；④严格落实断电5分钟巡查制度，检查安全隐患，确保生产安全。

情境训练

某监狱一生产车间从事电子生产项目，该项目生产过程中容易产生粉尘，监狱按劳动保护的要求，采取吸附方式安装排气管对粉尘进行处理。某日，因排气管的粉尘长期没有清理，且属高温天气，生产产生的高温引燃了排气管内粉尘，导致车间发生初级的火灾安全事故。

请根据以上材料，分析事故发生的原因，并制定整改措施。

附：

某监狱安全生产例会制度

为及时传达和贯彻上级领导指示和文件精神，分析监狱安全生产动态，解决安全生产中存在的问题，决定安全生产重大事项等，决定推行定期召开监狱安全生产工作例会制度，具体规定如下：

一、会议由监狱分管安全生产的副监狱长、监狱企业总经理牵头，由劳动改造与安全生产科、各监区负责落实，时间一般定在每月上旬，月度安全生产与经济工作两个例会一起召开。

二、参加人员为监狱安全办成员、监狱企业职能科室及所属生产单位的负责人、专（兼）职安全员等。

三、会议主要程序：

传达上级指示或文件精神，分析安全生产动态；

各责任制单位安全生产工作汇报；

研究解决安全生产中存在的问题，提出整改措施，落实责任人和整改期限；

制度安全生产重大事项，布置下步安全生产工作重点；

监狱领导总结讲话。

四、严格实行签名制度，因故不能参加会议者，必须向安全委员会主任或副主任说明理由，经同意后，才能指定其他领导参加。

五、各责任制单位根据单位实际，定期（监区每月一次，分监区每月两次）召开安全生产例会，及时传达和落实安全例会会议精神。

学习情境二　安全生产事故与工伤事故处理

一、安全生产事故与工伤事故的概念

安全生产事故是指在一定条件下发生的、使人身受到伤害或机器设备受到损毁的意外事件。工伤事故是指在工作时间、工作区域范围内受到外力作用而发生的与生产（工作）有关的伤害事故（包括人身伤害、中毒、中暑等）。罪犯工伤事故是指罪犯在从事生产劳动中或在生产领域内，因生产原因发生的伤亡事故，一般包括急性中毒事故或罪犯虽不在生产劳动岗位，但由于监狱生产设备或劳动条件不良而引起的伤亡。

罪犯因工伤亡事故必须是罪犯在劳动时间、生产岗位上发生的与生产或工作有关的人身伤害事故，包括轻伤、重伤、死亡、急性中毒等。只有同时具备以上三个基本要素，才能认定为因工伤亡事故，否则，缺少任何一个要素，都属于非因工伤亡事故。

根据司法部 2001 年制定印发的《罪犯工伤补偿方法》第 7 条规定，罪犯在下列情况下致伤、致残或致死的，应当认定为工伤：①从事日常劳动、生产或从事监狱临时指派或同意的劳动的；②经监狱安排或同意，从事与生产有关的发明创造或技术革新的；③在紧急情况下，虽未经监狱指定，但从事有益于监狱工作或从事抢险救灾救人等维护国家和人民群众利益的；④在劳动环境中接触职业性有害因素造成职业病的；⑤在生产劳动的时间和区域内，由于不安全因素造成意外伤害的，或由于工作紧张突发疾病死亡或经第一次抢救治疗后全部丧失劳动能力的；⑥经监狱确认其他可以比照因工伤、残或死亡享受工伤补偿待遇的。

二、监狱常见的安全生产事故的种类

1. 按安全生产事故性质可分为：

（1）触电事故。由于接触电或带电物体而引起的电击和电伤。

（2）火灾事故。由于燃烧或爆炸所引起的火灾。

（3）机械伤害事故。由于机械力作用造成伤亡事故，如机械轧伤、绞伤、割伤、撞伤等。

（4）易燃易爆品和危险化学品事故。

监狱最常发生的是机械伤害事故，一般比较轻微，多数会导致罪犯身体部分的伤残；另外三种事故一旦发生，则属重大安全生产事故。

2. 按安全事故伤害程度可分为：

（1）轻伤。一般是指伤害较轻，达不到重伤事故范围的伤害事故。

（2）重伤。因工伤造成残疾或局部残疾。

（3）多人事故。一次事故同时伤及 3 人或 3 人以上的事故。

（4）死亡事故。是指当场死亡或经医治无效而死亡的事故。

三、发生安全生产事故的原因

罪犯在生产劳动过程中发生安全生产事故的原因是多方面的、复杂的。例如，生产环境存在着对罪犯安全不利的因素，可能引起伤亡事故的发生；工具、机器设备、工艺过程、操作方法有缺陷，可能引起伤亡事故的发生；罪犯在劳动过程中心理或生理状态受到影响，可能引起伤亡事故的发生；自然突变和罪犯人为破坏以及其他难以预料的特殊情况可能引起伤亡事故的发生；安全生产管理所存在的缺陷也会导致伤亡事故的发生。正所谓人的不安全行为，物的不安全状态，安全生产管理的缺陷等都是引发安全生产事故的直接原因。除此之外，高温环境，低温环境，强烈而持续的噪声、震动，作业场所粉尘弥漫，劳动时间长、劳动者过度疲劳，精力不足，瞌睡等，都可能促成安全生产事故的发生。

四、预防安全生产事故发生的措施

绝大多数伤亡事故都可以预防和避免。利用现有技术条件，不断改善罪犯劳动条件，消除不安全因素，控制伤亡事故的发生。其主要的措施有：

1. 改进生产工艺过程，实行机械化、自动化生产。机械化、自动化不仅是发展生产的重要手段，而且是安全技术措施的根本途径。

2. 正确地安装设备安全装置。安全装置包括防护装置、保险装置、信号装置和安全色标四种。

3. 定期或不定期地对设备进行预防性的机械强度试验及电器绝缘检验。

4. 严格遵守技术操作规程，对机器设备进行维护保养，并对计划进行检验。

5. 工作地点的合理布置与整洁。工作地就是罪犯使用机器设备、工具及其他辅助设备对原材料和半成品进行加工的地点。合理地布置工作地点，并经常保持整洁，不仅能够促进生产，而且是保证罪犯安全与健康的必要条件。

6. 个人防护用品的供应。个人防护用品是罪犯为了在生产中预防事故、保护身体安全健康所采取的一种辅助措施。一般在已采取的主要措施仍不能消除有害影响时才采用。

7. 制定与贯彻安全技术操作规程，普及安全技术知识，遵守劳动纪律。

工作要点

一、安全生产事故业务工作的基本原则

1. 事故预防原则："安全第一、预防为主、综合治理"的方针和"不安全不生产"的原则。

2. 事故处置原则："谁发现、谁靠前、谁先处置"的原则和"以人为本、逃生为主、救物为辅"的原则。

3. 事故处理原则："四不放过"原则，即"事故原因未查清不放过，责任人没有受到处理不放过，群众没有受到教育不放过，防范措施没有落实不放过"。

二、安全生产事故的调查与处理

1. 按事故情况分级调查。一次死亡10人以上的事故由司法部会同有关部门组织调查和处理；一次死亡10人以下的事故由省监狱管理局会同省有关部门组织和调查；重伤事故由省监狱管理局和监狱共同调查，监狱处理。轻伤事故由监狱调查。

2. 一旦发生重伤以上事故，监狱要迅速保护好事故现场，按"四不放过"的原则处理事故，由监狱处理的事故必须在事故发生后20天内提交处理意见。

3. 重伤、死亡事故必须做好事故结案报批和归档工作，结案必备的材料有：

（1）事故调查报告，必须有调查组全体成员的签名。

（2）死亡鉴定书，必须附有当地检察机关的鉴定意见。

（3）伤残等级鉴定书。

（4）现场照片和事故现场图。

（5）调查询问笔录。

（6）经济补偿方案及协议书。

（7）对事故责任人处理的建议。

4. 罪犯在劳动中发生致伤、致残或死亡事故的，按照司法部有关罪犯在劳动中致伤、致残或死亡补偿办法的有关规定执行。

三、安全生产事故的报告制度

罪犯在劳动过程中发生了工伤事故，应根据国务院《生产安全事故报告和调查处理条例》和司法部、国家有关部门的有关规定及时进行报告。

1. 罪犯凡在休工满 1 个劳动日以上的轻伤事故，由监区长组织当值警察、安全技术员等有关人员进行调查分析原因，拟定改进措施，指定专人限期贯彻执行。同时，认真填写事故报告，在事故发生 2 天内报监狱安全技术部门。

2. 如发生多人重伤、死亡事故时，最先发现的人员应立即报告监区长，监区长应立即报告监狱领导和安全技术部门，迅速组织抢救，并保护好现场。监狱领导立即将事故概况（包括事故发生时间、伤亡人数、伤亡程度、事故简要经过和原因）用最快的方法向监狱管理局及有关部门报告，在监狱党委领导下，由监狱长组织有关部门成立调查小组迅速进行调查，调查后必须确定事故原因，拟定改进措施，提出对事故责任者的处理意见，写出事故调查处理专题报告，上报监狱管理局及有关上级部门。对于一次死亡 3 人以上的重大事故和一次死亡 10 人以上的特别重大事故的调查处理报告，还要同时报送司法部及国家有关部门。

3. 各监狱基层单位对砂轮破碎、工具零件飞出、吊运断绳、倒塌、触电、火警、爆炸等性质恶劣、情节严重但侥幸没造成伤亡的重大未遂事故，必须立即报告安全技术部门（火警、爆炸等同时报告消防部门），严肃认真地组织调查处理。

4. 监狱安全技术部门定期填写伤亡事故报告表，经监狱领导审批后报上级主管部门。

5. 各级领导应对工伤事故的调查、报告的正确性和及时性负责。如果有隐瞒不报、虚假或故意延迟报告等情况，除责成补报外，责任者应受到处分，情节严重的要追究刑事责任。

四、几种常见的安全生产事故的处置

1. 触电事故现场应急处置要点。

（1）断开电源，拉开触电人员。这是触电事故现场应急处置的第一要点，要尽最大可能减少触电事故带来的危害。

（2）立即报警，现场救护。触电事故发生后，要立即报警，请求监狱医院对触电者进行救护。触电者出现心跳停止，救护人员首先要进行心前叩击数次，若无效则进行胸外心脏按压；若出现呼吸停止现象，要进行口对口人工呼吸。

（3）善后处理。按照“四不放过”的原则，查明原因，追究责任人，加强教育，制定整改措施落实整改。

流程：断开电源，拉开触电人员→立即报警，现场救护→善后处理。

2. 火灾事故现场应急处置要点。

（1）断开电源，立即报警。火灾事故同样必须先切断电源，防止次生事故的发生。与此同时，要第一时间报告监狱应急处置指挥部，请求支援。

（2）扑灭初起火灾。在可控范围内，要立即组织现场人员扑灭初起火灾，车间作业人员必须有专门负责灭火的灭火小组。

（3）立即组织疏散。为防止车间作业人员发生人员伤亡，要立即组织相关人员撤离，撤离时一般是起火点的作业人员先撤离。罪犯撤离到监舍后，要立即清点人数，并向应急处置指挥人员报告清点人数情况。

（4）组织灭火，救治伤员。人员疏散后，监狱要配合消防部门组织灭火，同时，要组织监狱医院工作人员对伤员进行救治。

（5）清点物资，调查处理。火灾扑灭后，要组织人员抢救物资，并进行清点。事故处理后，要按照“四不放过”的原则，调查起火原因，追究相关的责任人，加强消防安全教育，制定整改措施。

流程：断开电源，立即报警→扑灭初起火灾→立即组织疏散→组织灭火，救治伤员→清点物资，调查处理。

3. 机械伤害事故现场应急处置要点。

（1）关停机器，保护现场。当发生机械伤害事故时，第一时间要关停机器，维持好现场秩序。

（2）立即报告，组织救治。发生机械伤害事故时，要及时报告值班领导，并组织相关人员救护伤员。

（3）保存证据，防止三涉。机械伤害事故发生后，要及时保存相关的证据，对事故现场进行拍照、摄录，对救治伤员的现场进行拍摄，对涉及人员做笔录，并将以上的纸质、音像证据交由监狱档案室进行留存，防止罪犯出监后三涉事件的发生。

（4）排除故障，更换设备。机械伤害事故有些是操作人员不遵守操作规程造成的，有些是因为设备老化、损坏造成的，对于机械自身的问题，要及时排除故障，确实存在安全隐患的机械设备要立即更换。

（5）举一反三，立即整改。对同样的错误操作规程要对全体作业人员进行教育，同时，对相关的机械设备进行全面检查，防止再次发生类似的机械伤害事故。因人的不安全行为造成的机械伤害事故，要对相关责任人进行追究，制定整改措施落实整改。

流程：关停机器，保护现场→立即报告，组织救治→保存证据，防止三涉→排除故障，更换设备→举一反三，立即整改。

4. 易燃易爆品、危险化学品事故现场应急处置要点。

（1）紧急疏散。当发生易燃易爆品或者危险化学品事故时，要在切断电源的同时，立即组织全体人员紧急疏散，防止发生次生事故或者更加严重的事故。撤离时，若事故现场物质有毒且浓度较大时，要佩戴个人防护用品或者采取简易的防护措施，同时，要组织相关人员向侧上风位置撤离。

（2）立即报警。发生易燃易爆品或者危险化学品事故一般都是重大的安全事故，要第一时间报警，不要存有侥幸心理。

（3）控制火灾。在处理易燃易爆品或者危险化学品事故时，监狱要及时配合消防部门灭火，灭火时，消防人员必须佩戴防毒面具；若有可能再次发生爆炸等特别危险的情况时，现场指挥人员要立即发出紧急撤离信号。

（4）现场急救。在事故现场，危险化学品对人体有可能造成中毒、窒息、化学灼伤、烧伤等危害，要组织医护人员对伤员进行现场急救。

（5）事故调查。要根据安全生产事故调查与处理的方法，按照“四不放过”的原则对事故进行调查，追究责任人，制定整改措施落实整改。

流程：紧急疏散→立即报警→控制火灾→现场急救→事故调查。

注意事项

一、极力消除生产过程中的不安全因素，做好安全生产事故的预防工作

1. 物的不安全因素。物的不安全因素主要有：①作业环境方面的高空、地下、高温、污染、照明、场地准备等；②生产设备和劳动工具的安全问题，如果操作人员缺乏足够的知识、技能，缺乏严格按照操作规程操作的安全意识，极容易发生对劳动者肌体的伤害，如磕、碰、咬、轧、撞、烧、烫等；③原材料的毒害问题会引起劳动者的职业病。

2. 人的不安全因素。人的不安全因素主要有：①组织领导者方面，例如，领导思想上的重视程度和安全生产意识；组织者的组织工作是否科学、周密，指示是否明确、分工是否合理；等等。②罪犯劳动力方面，一是生产劳动技术的掌握程度，操作的熟练程度，应急能力等；二是心理方面，劳动情绪的稳定性等。

3. 安全生产管理因素。安全生产管理因素主要包括安全生产管理的有关制度、措施、责任制等的执行和落实情况；管理者是否存在玩忽职守、官僚主义、违章指挥等行为。

监狱必须采取措施极力消除这些不安全因素，避免生产过程中安全生产事故的发生。

二、做好安全生产事故处理应急预案

生产单位应根据事故发生的性质、严重程度、紧急程度、可控性和影响范围等因素制定针对性、可操作性强的事故应急处置预案，定期组织演练，并及时修订和完善方案。事故发生后，按预案及时如实报告和处理。事故调查小组依照国家和省的有关规定，严格按照“四不放过”原则进行事故调查和处理，并建立事故档案。

三、加强安全生产责任的奖励和处罚

1. 奖励。对防止重大事故发生的警察、职工，由监狱给予申报立功或经济上的奖励；罪犯则按《监狱法》规定给予嘉奖或申报减刑。

2. 处罚。发生事故时，事故责任人是警察、职工的，当年不能评为先进个人，后果严重的，依照有关规定给予行政处分，触犯法律的移交检察机关处理；罪犯则依照监规从严处理。

范例分析

范例：某生产车间罪犯张某在使用砂轮的过程中，因违反生产操作规程，没有安装防护罩，导致砂轮飞出，张某左手小指被砂轮切断，擦伤旁边作业的罪犯李某。事故发生后，监区采取了两项措施，一是立刻安排生产干事安装砂轮的防护罩；二是马上将张某和李某送往医院救治。但张某因伤势严重，小指无法接上。张某出监后，以左手小指致残的理由，向监狱索取工伤补偿。

根据以上材料分析，监区的做法正确吗？对于罪犯张某的诉求要如何处理？

分析：监区采取的措施没有错误，但是做法有不妥的地方。处理机械伤害事故有五个步骤，但监区只采取了救治罪犯和排除故障两项措施，遗漏了保护现场、证据保存、举一反三等步骤，既不利于以后的安全生产，也会导致罪犯张某的涉访、涉诉事件的发生。

对罪犯张某的诉求，监狱办公室、纪检监察室和生产安全部门应组成联合调查组，调查罪犯张某受伤情况，若因罪犯张某违反操作规程造成的工伤，如果证据确凿，由罪犯张某自己承担；若无证据证明罪犯张某是因自身原因造成的伤残，则按照司法部有关罪犯在劳动中致伤、致残或死亡补偿办法的有关规定执行。

由上述案例得出一个结论，即在安全事故处理中，证据保存非常关键。

情境训练

某监狱工勤人员邓某，某日利用中午罪犯收工之机，到生产车间检修电线电路，他把生产车间的总开关关掉之后，就独自进入车间作业。监区的干事中午到车间办公室加班，在不了解情况的前提下，将总开关电闸打上去办公，导致工勤人员邓某在作业过程中触电摔倒在地，造成右腿骨折。

请分析邓某的做法有何不妥？该如何避免安全事故的发生？

学习情境三　罪犯劳动保险

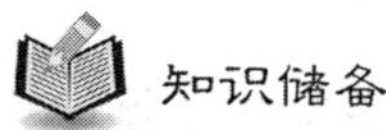
知识储备

一、罪犯劳动保险的含义

劳动保险是指由国家依法建立的，使劳动者在年老、患病、伤残、生育和失业时，能够从社会获得物质帮助的制度。我国 1995 年 1 月 1 日起施行的《中华人民共和国劳动法》（以下简称《劳动法》）将劳动保险改称为“社会保险”，劳动保险实际上是“劳动的社会保险”的简称。

社会保险是基于法律强制性的规定而建立的对劳动者的一种社会保障制度，具有强制性和社会性。它既是国家对劳动者履行的社会职责，又是保护劳动力维护社会稳定的一种措施。罪犯在监狱服刑期间也依法享有一定的社会保险待遇。《监狱法》第 73 条明文规定：“罪犯在劳动中致伤、致残或者死亡的，由监狱参照国家劳动保险的有关规定处理。”这里的“劳动保险”指的就是社会保险，这条规定明确了罪犯享受社会保险的范围及执行标准。按照规定，对罪犯在劳动中病、伤、死亡等给予一定的物质帮助，消除罪犯的后顾之忧，调动罪犯劳动生产的积极性，这既体现了国家对罪犯所实行的人道主义政策，同时也保障了罪犯的合法权益。

二、罪犯因工伤残和患职业病保险的特征

罪犯因工伤残和患职业病保险，是指罪犯在狱内参加劳动过程中负伤和患职业病，暂时或永久丧失劳动能力时，在医疗、生活等方面获得帮助的社会保险项目。其特征如下：

1. 罪犯因工伤残和患职业病保险的发生与罪犯狱中劳动有直接联系。一般是罪犯在劳动过程中因不安全或不卫生等因素而造成负伤或患职业病而丧失劳动能力，监狱对其生活和医疗给予一定保障，并且保障的程度高于非工伤或患病。

2. 罪犯因工伤残和患职业病保险实行“无过错补偿”原则。凡是罪犯在劳动过程中发生任何工伤、中毒等事故，不论事故责任归于监狱还是罪犯本人，均应由监狱给予一定的补偿和保障。

3. 罪犯因工伤残和患职业病保险的标准应根据法律、法规强制规定执行。如保险范围、待遇、具体办法等均按法律法规强制规定办理，任何监狱不允许擅自降低标准。

4. 罪犯因工伤残和患职业病除生活和医疗给予保障外，确因永久丧失劳动能力或无法继续在监狱服刑的，根据我国法律，经有关机构审批，可办理保外就医。

三、罪犯因工伤残的认定范围

罪犯因工伤残的认定可参照《劳动保险条例》及有关部门规定。一般包括：

1. 参加监狱安排的岗位劳动或临时组织的生产任务劳动而造成的负伤、残疾或死亡。

2. 因在狱中所从事的劳动性质而造成的疾病（符合规定的职业病名单），以及由此造成的疾病或死亡。

3. 因监舍等建筑物质量问题没有及时修理而倒塌，造成罪犯负伤、残疾或死亡。

4. 因紧急情况下从事对监狱有益的工作而造成罪犯负伤、残疾或死亡。

5. 在监狱等劳动区域内参加劳动时，遭受非本人所能抗拒的意外灾害而造成的罪犯负伤、残疾或死亡等。

工作要点

一、罪犯发生工伤或患职业病后监狱的处置

罪犯发生工伤或患职业病后，监狱应当采取措施，及时抢救、积极治疗。治疗期间，实行劳动报酬制度的，照发本人劳动酬金。罪犯工伤补偿费用由监狱承担，监狱应当在生产成本中列支。另外，省（区、市）监狱管理局应当建立罪犯工伤补偿金，作为对因工伤亡的罪犯提供经济补偿的资金来源。

二、由监狱作出罪犯的工伤结论认定

罪犯在劳动中发生伤、残或死亡事故的，罪犯所在监区应当及时向监狱提出工伤申请报告。监狱应当在收到报告的30日内完成调查取证工作，作出是否认定为工伤的决定，并通知罪犯本人或家属。

三、罪犯工伤的鉴定

罪犯因工负伤，由监狱组织生产安全、劳动管理和医疗部门的人员按照国家有关标准和程序，对因工伤残罪犯的劳动能力和伤残等级进行鉴定。罪犯对鉴定结论不服的，可以向监狱上级机关申请重新鉴定，监狱上级机关应当委托当地省级劳动鉴定委员会或聘请有关专家进行重新鉴定，重新鉴定后的结论为罪犯劳动鉴定的最终结论。向监狱上级机关申请进行重新鉴定的费用由申请人承担。

四、罪犯工伤的评残标准

罪犯工伤评残标准，按照人社部、卫计委制定的《职工工伤与职业病致残程序鉴定标准》执行。

五、罪犯因工伤残及患职业病的有关待遇

1. 罪犯在狱内因工伤残及患职业病的待遇规定：

（1）罪犯病、伤期间，仍在狱内执行，丧失劳动能力的，可不参加生产劳动；尚能从事某些劳动工作的，应对其岗位进行调整，从事轻便劳动。

（2）罪犯病、伤期间，生活费仍由监狱承担，对特殊病、伤，生活上应予以照顾，不允许因没有参加生产劳动而降低生活待遇。

（3）罪犯在狱中实行医疗全保险制，因工伤残及患职业病，所有医疗费用全部由国家、监狱负担。如果外诊住院，各项费用（如伙食费、挂号费、手术费、住院费和药费）也由国家、监狱负担。

2. 罪犯因工伤残医疗终结后，按照确定的伤残等级享受下列待遇：

（1）因工伤残的罪犯，被评残为1～4级的，服刑期间，劳动酬金照发。办理保外就医、假释和刑满释放手续的，发给一次性伤残补助金。标准为：一级伤残相当于36个月、二级伤残32个月、三级伤残28个月、四级伤残24个月的本人劳动酬金加基本生活费。

（2）因工伤残的罪犯，被评残为5～10级的，服刑期间，安排适当的劳动，按规定享受相应的劳动酬金待遇。刑满释放时，发给一次性伤残补助金。标准为：五级伤残相当于16个月、六级伤残14个月、七级伤残12个月、八级伤残10个月、九级伤残8个月、十级伤残6个月的本人劳动酬金加基本生活费。

六、罪犯因工伤残后的治疗

罪犯因工负伤，治疗未终结就已刑满释放的，应继续在指定医院治疗。治疗终结后，按规定评定伤残等级，发给一次性伤残补助金。

七、罪犯因工死亡的处理

罪犯在狱内因工死亡的，由监狱负责处理丧葬事宜，丧葬费用由监狱负担。罪犯因工死亡，发给直系亲属一次性死亡补助金。标准为：相当于48个月本人劳动酬金加基本生活费。有供养直系亲属的，根据供养人数，酌情增发，增发数额最多不超过12个月本人劳动酬金加基本生活费。罪犯因工死亡，监狱最多负责3名参加丧葬的亲属的食宿、交通费。

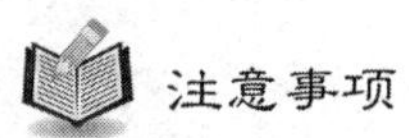

注意事项

一、对罪犯工伤认定的问题

根据司法部2001年制定印发的《罪犯工伤补偿办法（试行）》第9条规定，“罪犯的工伤认定结论由监狱作出”。因此，针对罪犯在劳动中致伤、致残或者死亡的安全事故，监狱必须认真对待，彻查事故原因，依法对罪犯所造成的致伤、致残或者死亡作出工伤或非工伤的正确认定，并对罪犯或其亲属做好解释工作。《罪犯工伤补偿办法（试行）》第8条规定：“虽然符合第7条规定范围，但由下列行为造成负伤、残疾或者死亡的，不应认定为工伤：①自杀或自残；②打架斗殴；③酗酒；④违犯监规纪律；⑤犯罪；⑥蓄意违章或故意损坏生产工具；⑦经监狱确认不应认定为工伤的其他行为。”

二、对罪犯工伤的补偿问题

罪犯工伤的善后工作及罪犯工伤补偿，主要依据司法部2001年制定印发的《罪犯工伤补偿办法（试行）》执行。其他条例并不适用于罪犯的工伤补偿，如《工伤保险条例》。因为罪犯与监狱之间不属于《劳动法》所调整的范围，罪犯和监狱之间不存在劳动关系，他们只是实施劳动改造与接受改造的关系。罪犯在劳动中受伤，一般是由于罪犯自己行为不慎，未注意到安全，或是监狱未提供到位的安全设施和措施所造成，并不属于民事侵权所造成的人身损害。罪犯工伤与企业职工工伤相比，有以下本质上的不同：

1. 造成罪犯工伤与企业职工工伤产生的劳动前提具有本质的区别。
2. 罪犯工伤补偿与企业职工工伤补偿的目的、作用不同。
3. 罪犯与企业职工和各自所在单位的关系不同。
4. 罪犯与企业职工各自所在单位的性质具有本质的区别。

范例分析

范例：2009年5月，某监狱罪犯王某在一次劳动过程中因工受伤，经治疗终结后，被鉴定为七级伤残，2013年8月刑满释放，监狱按照规定给予罪犯王某12个月的本人劳动酬金加基本生活费共计5000元的经济补偿。后来，王某及其亲属认为监狱补偿不合理，并对监狱不断地纠缠，甚至堵塞监狱大门，严重影响监狱工作秩序。

面对这种情况，监狱应如何应对？

分析：面对罪犯在劳动中致伤、致残或者死亡的补偿问题，监狱必须对罪犯及其亲属说明理由和原因，把有关政策、法律法规、补偿方法等解释到位，做到依法依规，有理有据。如果罪犯或亲属对监狱处理意见有异议，监狱须耐心解释，妥善解决，避免事态升级。如果事情还得不到解决，可以通过法律途径解决。

情境训练

某生产车间罪犯张某在使用砂轮的过程中，因违反生产操作规程，没有安装防护罩，导致砂轮飞出，张某左手小指被砂轮切断，造成伤残。

请问张某违章操作是否构成工伤?

附：

《罪犯工伤补偿办法（试行）》

司发［2001］013号

第一条 为保障罪犯在生产劳动中遭受事故和职业病伤害后获得医疗救治和经济补偿的权利，促进工伤预防和安全生产，依据《监狱法》，参照国家关于职工工伤保险的有关规定，结合监狱工作实际，制定本办法。

第二条 本办法适用于在监狱服刑期间，参加监狱生产劳动的罪犯。

第三条 监狱组织罪犯进行生产劳动，必须贯彻“安全第一，预防为主”的方针，遵守劳动安全卫生法规和制度，严格执行国家劳动安全卫生规程和标准，防止劳动过程中的事故，减少工伤危害。

第四条 罪犯发生工伤或患职业病后，监狱应当采取措施，使其得到及时救治。

第五条 省（区、市）监狱管理局负责本地区罪犯工伤补偿工作，负责办理罪犯工伤补偿业务。

第六条 各省（区、市）监狱管理局应当建立罪犯工伤补偿基金，作为对因工伤亡的罪犯提供经济补偿的资金来源。罪犯工伤补偿基金的征集管理办法，待同有关部门商定后另行制定。该办法未出台前，罪犯工伤补偿费用由各监狱在生产成本中列支。

第七条 罪犯在下列情况下致伤、致残或死亡的，应当认定为工伤：

（一）从事日常劳动、生产或从事监狱临时指派或同意的劳动的；

（二）经监狱安排或同意，从事与生产有关的发明创造或技术革新的；

（三）在紧急情况下，虽未经监狱指定，但从事有益于监狱工作或从事抢险救灾救人等维护国家和人民群众利益的；

（四）在劳动环境中接触职业性有害因素造成职业病的（职业病种类、名称按国家有关规定执行）；

（五）在生产劳动的时间和区域内，由于不安全因素造成意外伤害的，或者由于工作紧张突发疾病死亡或经第一次抢救治疗后全部丧失劳动能力的；

（六）经监狱确认其他可以比照因工伤、残或死亡享受工伤补偿待遇的。

第八条 虽然符合第7条规定的范围，但由下列行为造成负伤、残疾或者死亡的，不应认定为工伤：

（一）自杀或自残；

（二）打架斗殴；

（三）酗酒；

（四）违反监规纪律；

（五）犯罪；

（六）蓄意违章或故意损坏生产工具；

（七）经监狱确认不应认定为工伤的其他行为。

第九条 罪犯的工伤认定结论由监狱作出。罪犯在劳动过程中发生伤、残或死亡事故的，罪犯所在监区应当及时向监狱提出工伤申请报告。监狱应当在收到报告的30日内完成调查取证工作，作出是否认定为工伤的决定，并通知罪犯本人或家属。

第十条 罪犯因工负伤，由监狱组织生产安全、劳动管理和医疗部门的人员按照国家有关标准和程序，对因工伤残罪犯的劳动能力和伤残等级进行鉴定。罪犯对鉴定结论不服的，可以向监狱的上级机关申请重新鉴定，监狱上级机关应当委托当地省级劳动鉴定委员会或聘请有关专家进行重新鉴定，重新鉴定后的结论为罪犯劳动鉴定的最终结论。

向监狱上级机关申请进行重新鉴定的费用由申请人承担。

第十一条 罪犯工伤评残标准，按照劳动部、卫生部制定的《职工工伤与职业病致残程序鉴定标准》（劳险字［1992］6号）执行。

第十二条 罪犯因工负伤，监狱应当及时抢救治疗。治疗期间，实行劳动报酬制度的，照发本人劳动酬金。

第十三条 罪犯因工负伤医疗终结后，按照确定的伤残等级享受下列待遇。

（一）因工伤残的罪犯，被评残为1～4级的，服刑期间，劳动酬金照发。办理保外就医、假释和刑满释放手续的，发给一次性伤残补助金。标准为：一级伤残相当于36个月、二级32个月、三级28个月、四级24个月的本人劳动酬金加基本生活费。

（二）因工伤残的罪犯，被评残为5～10级的，服刑期间，安排适当的劳动，按规定享受相应的劳动酬金待遇。刑满释放时，发给一次性伤残补助金。标准为：五级伤残相当于16个月、六级14个月、七级12个月、八级10个月、九级8个月、十级6个月的本人劳动酬金加基本生活费。

第十四条 罪犯因工负伤，治疗未终结就已刑满释放的，应继续在指定医院治疗。治疗终结后，按规定评定伤残等级，发给一次性伤残补助金。

第十五条 罪犯因工死亡的，由监狱负责处理丧葬事宜，丧葬费用由监狱负担。

罪犯因工死亡，发给直系亲属一次性死亡补助金。标准为：相当于48个月本人劳动酬金加基本生活费。有供养直系亲属的，根据供养人数，酌情增发，增发数额最多不超过12个月本人劳动酬金加基本生活费。

罪犯因工死亡，监狱最多负责3名亲属参加丧葬的食宿、交通费。

第十六条 罪犯劳动酬金，指监狱根据罪犯技术等级、劳动熟练程度、劳动效率等，以不同形式发给罪犯本人的劳动报酬，包括劳动酬金、奖金、津贴等。罪犯基本生活费按照上年监狱所有罪犯生活费实际支出的平均数计发。

第十七条 本办法由司法部解释。

第十八条 本办法自公布之日起施行。此前有关罪犯工伤保险的规定同时废止。

学习单元八

罪犯劳动保护

知识目标

通过本单元学习，能够：

1. 掌握罪犯劳动保护的基本内容。
2. 了解并掌握罪犯劳动保护的法律法规、制度以及各种保障和保护措施。
3. 理解特殊罪犯劳动保护的有关规定。
4. 熟悉罪犯劳动时间的安排。

学习情境一　罪犯劳动保护的组织实施

知识储备

一、罪犯劳动保护的概念和意义

（一）罪犯劳动保护的概念

在劳动法中，“劳动保护”有广义和狭义两种解释。广义的劳动保护指我国有关保护劳动的全部法律规范，包括劳动的安全与卫生规程，对女工和未成年工的特殊保护法规以及劳动保护的管理制度等。狭义的劳动保护是针对生产过程中的劳动条件对劳动者安全与健康的影响，以保护劳动者生命安全和身心健康为目的，进行危害辨识与监控，采取有效措施，实施有效管理的过程。

罪犯劳动保护是指通过各种有效措施，排除劳动中的不安全因素，或防止这些不安全因素有可能造成的危害，从而保障罪犯的安全与健康的制度。

（二）罪犯劳动保护的意义

1. 罪犯劳动保护是监狱工作的一项政策。我国劳动改造罪犯的方针是“惩罚与改造相结合，以改造人为宗旨”。它明确规定了政治任务和经济任务的关系。监狱在依法强制罪犯进行生产劳动的同时，注意保护罪犯的安全和健康，完成符合改造方针的要求。对罪犯实行劳动保护是我国的一贯政策，是监狱的一项重要工作。改善劳动条件，消除劳动安全隐患，排除各种不安全和影响罪犯健康的因素，是加强罪犯劳动保护的重要措施。因此，监狱必须严格执行国家有关劳动保护的规定，监狱的劳动安全设施必须符合国家规定的标准，监狱要为罪犯提供符合国家规定的劳动安全卫生条件和必要的劳动防护用品，监狱管理人员不得违章指挥、强令冒险作业，不得有危害罪犯生命安全和身体健康的行为，对未成年犯和女犯实行特殊的劳动保护，严格执行有关的法律法规和规章制度，保证劳动场所的生产安全。

2. 罪犯劳动保护有利于保障罪犯的合法权益。保护罪犯在劳动中的安全与健康，是贯彻和执行监狱工作方针政策的要求，也是遵循人道主义的行刑原则，保障罪犯人身权利和人格不受侵犯的具体体现。罪犯劳动保护是罪犯人权的重要组成部分，是依法治监工作的重要内容。监狱给罪犯提供良好的劳动环境，设置安全防护设施，按规定发放劳动保护用品，积极预防和治疗各种职业病，既是满足罪犯劳动的安全需要，也是激发其劳动热情的必要方面。

3. 罪犯劳动保护是对罪犯实施劳动改造的重要条件。对罪犯实施劳动改造，是我国罪犯改造的手段之一。只有关心和切实保护罪犯劳动中的安全与身体健康，才能有效地教育、感化罪犯，促进罪犯的改造，使之坚定改造信心，加快改造步伐，从而也就保证了劳动改造方针和国家法律的贯彻，保证监狱改造、生产任务的全面完成。

4. 罪犯劳动保护是监狱生产顺利进行的保证。实现安全生产，才能保证生产顺利进行。在监狱生产中，不安全的因素有很多，有主观因素，也有客观因素。这些不安全的因素，有些可以控制，有些可以预防。因此，在生产过程中，只有切实加强劳动保护工作，尽可能消除各种不安全、不卫生的隐患，才能实现安全生产，保证监狱生产的顺利进行。

二、我国《监狱法》对罪犯劳动保护的规定

对罪犯实行劳动保护，是以国家法律法规和制度为依据，以监狱相应的规章制度和具体措施为内容，保护罪犯在生产劳动中的生命安全和身体健康的一项管理活动。我国《监狱法》第 71 条规定："监狱对罪犯的劳动时间，参照国家有关劳动工时的规定执行；在季节性生产等特殊情况下，可以调整劳动时间。罪犯有在法定节日和休息日休息的权利。"第 72 条规定："监狱对参加劳动的罪犯，应当按照有关规定给予报酬并执行国家有关劳动保护的规定。"第 73 条规定："罪犯在劳动中致伤、致残或者死亡的，由监狱参照国家劳动保险的有关规定处理。"对罪犯实行劳动保护，既要保证劳动生产的正常进行，更要体现对罪犯改造政策的全面贯彻和落实。

劳动保护工作因其行业不同，有各自的特点和任务，监狱生产劳动应从以下三个方面积极地开展工作：

1. 保障生产过程中的人身安全。防止工伤事故和职业病发生，这是我国劳动保护工作的核心任务。监狱在组织罪犯参加劳动生产的同时，要切实执行国家的劳动保护法令和规定，为罪犯创造良好的劳动条件，保护罪犯的人身安全和身体健康，这既是监狱执行刑罚的基本要求，也是监狱监管安全的重要组成部分。

2. 合理确定罪犯生产劳动时间和休息时间，保障罪犯的休息权。我国《劳动法》第36条对标准劳动时间规定："国家实行劳动者每日工作时间不超过8小时、平均每周工作时间不超过44小时的工时制度。"现在，我国又实行了平均每周不超过40小时工作时间的制度。根据《监狱法》第71条第1款的规定，"监狱对罪犯的劳动时间，参照国家有关劳动工时的规定执行；在季节性生产等特殊情况下，可以调整劳动时间"。这样，实际上已经从法律上规定了罪犯在狱内组织参加生产劳动的标准时间。1995年，司法部根据我国有关法律规定并结合监狱自身的实际情况，制定了《关于罪犯劳动工时规定》，其中就规定罪犯劳动时间为每日劳动时间8小时，平均每周劳动时间48小时。目前，不少监狱都在实行"5+1+1"的劳动改造模式，即一周5天劳动、1天学习、1天休息的制度。因此，罪犯劳动时间实际上等同于社会实行的平均每周不超过40小时工作时间的制度。

罪犯休息时间是指罪犯按照有关法律规定不必直接从事生产劳动，而由监狱统一组织安排其他活动和他们在规定范围内自己支配的时间。休息时间除了具有保障罪犯有充分的睡眠和休息外，还起着保障罪犯有一定的闲暇时间参加各种有益活动和学习知识、学习技术，不断提高罪犯改造质量的作用。我国监狱目前除了每周1天学习、1天休息的制度外，国家法定节假日的放假时间也得到了充分的保障。

3. 实行女犯和未成年犯的特殊劳动保护。根据妇女和未成年人的生理特点，在劳动中给予特殊劳动保护，这是我国劳动保护的一项重要任务。我国的女子监狱和未成年犯管教所对他们要采取特殊措施，实行特殊的劳动保护，以防止其身体受损害。

三、罪犯劳动保护的内容

（一）劳动保护的法律法规以及规章制度

《劳动法》《职业病防治法》《消防法》等20多部涉及劳动保护和安全生产的相关法律以及国务院颁发的《工厂安全卫生规程》《生产安全事故报告和调查处理条例》等条例，都是国家为了保障劳动者的安全健康而制定的一系列法律、法规、规章和标准。所有这些具有法律效力的有关劳动保护法规，都是我国劳动保护工作的法律依据，是做好劳动保护工作的法律保障。监狱为了更好地贯彻执行这些法律法规，制定了一系列规章制度，这些制度可概括为两类：一类是属于生产行政管理制度。例如，安全生产责任制，安全教育制度，安全生产的监督检查制度，工伤事故的调查分析处理制度，等等。另一类属于安全技术制度。例如，安全技术措施制度，安全技术操作规程等。

（二）安全技术措施

安全技术措施是指保障罪犯的安全以及减轻劳动繁重程度而采取的各种措施的总称。监狱生产离不开机器设备、生产工艺、物质原材料和生产操作方法等，所有这些生产要素，在应用过程中，都有自身的规范和要求以及各自不同的特点，如果不认识和掌握这些特点，就会引起意外的事故，危及罪犯的安全。因此，监狱在任何时候，都应从其生产条件出发，根据各个生产环节特点，采取各种措施，保证生产的安全。这些正是安全技术所要解决的问题。

从事不同行业的监狱生产，所面临的安全技术问题也是不同的。比如，机械行业和其他加工装配行业，使用的机器设备、电气设备、动力锅炉等生产手段比较多，因此，特别需要注意各种有关的安全技术问题；建材、化工、冶炼行业，高温是一个突出的特点，需要注意防止爆炸和燃烧的危险。比较突出、比较有普遍意义的安全技术主要有：

1. 机器设备的安全技术。机器设备在使用过程中，必须严格按照操作规程进行操作，做到“管好、用好、修好”设备，严禁违规操作，以免在使用机器设备的过程中发生事故。

2. 电气安全技术。用电安全一直以来都是监狱的防范重点，一方面是要保障机器设备正常运转的电力供应，另一方面要防止人员触电，特别是罪犯有意或无意的触电。因此必须引起极大的注意。

3. 动力锅炉和受压容器的安全技术。许多监狱使用蒸汽动力，都是由各种型号的锅炉供应的。这些锅炉的工作压力一般都比较高，如果不注意安全，容易发生爆炸，因此注重其使用技术标准至关重要。

除了上述几个方面的安全技术外，监狱还必须根据自己的生产特点，采取相应的其他安全技术措施。有些生产环节繁重的体力劳动比较多，罪犯体力消耗比较大，容易引起工伤，也需要技术革新，降低体力劳动强度。

（三）工业卫生

工业卫生，是为了改善劳动条件，防止发生劳动者中毒和职业病而采取的技术组织措施的总称。劳动者在劳动生产过程中，往往会受到劳动工艺、生产过程、劳动组织和外界环境等职业因素的影响，从而对劳动者的健康和劳动能力产生一定的毒害引起中毒或疾病，称为职业中毒或职业病。职业毒害的种类，随着生产技术的发展而不断增加，也随着科学技术的发展而逐渐被人们所认识，并加以控制和消灭。目前常见的重要职业毒害的种类，按其一般特性可分为：

1. 与生产过程有关的职业毒害。

（1）化学因素及物理化学因素，主要有：生产性毒物、生产性粉尘、放射性元素等。

（2）物理因素，主要有：不良气象条件、电磁辐射、噪音、震动等。

（3）生物学因素，主要是指某些微生物或寄生虫等。

2. 与劳动过程有关的职业毒害。

（1）过长的作业时间。

（2）过大的作业强度。

（3）不合理的劳动制度。

（4）不合理的劳动组织（如工作时间非常混乱等）。

3. 与作业场所的条件有关的职业毒害。

（1）废料、垃圾未及时处理。

（2）缺少防尘、防毒、防暑的各项设备，或设备不完善。

（3）缺少通风、采暖设备，或虽有设备而效能不好。

（4）照明有缺陷。

（5）安全防护设备上有缺陷等。

上述这些毒害，如果不采取措施，就有可能引起多种职业病。例如，职业中毒、尘肺、职业性皮肤病、耳聋，等等。所以监狱在组织罪犯劳动过程中，必须认真对待工业卫生方面的工作，尽可能地避免罪犯在参加生产劳动中引起各种职业疾病和职业中毒。

 工作要点

一、做好安全生产的组织管理工作

1. 建立安全生产管理体系。该体系由监狱、监区、班组三级管理组成。监狱长担任监狱安全生产领导小组组长，负责对监狱安全生产工作进行统一管理和协调；各监区都要配备专职或兼职安全生产管理人员，负责该监区的安全生产工作；每个生产班组也必须指定安全员，督促、检查本班组的安全生产工作。

2. 建立劳保用品的管理和使用制度。根据劳保用品特殊要求管理，既要遵守行业规范，又要遵守司法部规章，监狱劳保用品既涉及罪犯的劳动保护，也是监狱安全生产管理的重要内容。

3. 完善规章制度。包括安全生产责任制、安全生产检查制度和安全生产教育制度等。

4. 严格执行安全生产的责任追究制度。

二、生产车间硬件设施必须符合劳动保护的条件

1. 安装防寒保暖和防暑降温的设备。夏季室内最高温度不得超过本地区夏季室外温度的2°C。

2. 对存在粉尘、噪音、辐射等污染的劳动场所，要安装通风、排气、除尘、降噪、防辐射等防护设施，对粉尘、毛尘较大或有毒、有害气体浓度较高的局部工序区域应封闭作业并安装配套除尘、排气设施。

3. 其他要求见学习单元七之安全生产管理学习情境一安全生产第三点注意事项中关于“车间安全生产的其他要求”一节。

三、职业健康检查和职业病防治

1. 监狱企业要采取有效的安全技术设施，进一步健全劳动保护制度，确保生产车间安全生产符合国家有关规定，确保生产车间空气中有毒、有害物质浓度不超过国家或省级标准要求，积极做好职业病防范工作。

2. 根据工艺流程，接触有害化学品的工序应设置在下风处或安装排气设备，人员背风操作。凡接触有害物质的操作人员应定期轮换，并做好记录。

3. 职业健康检查的有关规定。

（1）监狱医院对特殊工种人员、高空作业人员及接触有毒、有害气体、粉尘等从事可能导致职业病危害的作业人员组织上岗前、在岗期间和离岗时的职业健康检查。

（2）从事有毒、有害作业人员每年至少体检一次，其他作业人员每两年体检一次，并建立健康档案，实行定期体检和轮岗。

（3）发现身体不适合从事特殊工种作业操作及高空作业的人员，要及时更换；发现有职业病的人员，要及时调离，并给予治疗。

四、劳动保护用品的管理制度

1. 生产企业必须加强对操作人员的劳动保护，建立、健全劳保用品的购买、发放和使用制度，并要求操作人员正确穿戴劳保用品。

2. 对从事粉尘、毛尘比较大的生产项目的操作人员，要求操作人员在操作过程中必须佩戴口罩。

3. 对从事电焊或者强光生产项目的操作人员，要求操作人员在操作过程中必须佩戴防护眼罩。

4. 罪犯的劳保用品必须定期发放，不得克扣。

5. 生产企业管理人员必须定期或者不定期检查罪犯使用劳保用品的情况，督促罪犯正确使用劳保用品。

五、工伤事故的处理

罪犯在劳动中发生致伤、致残或死亡事故的，按照司法部有关罪犯在劳动中致伤、致残或死亡补偿办法的有关规定执行。

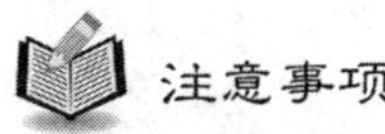

注意事项

1. 确保劳动场所符合行业标准。
2. 定期发放劳保用品，并检查、督促罪犯正确使用。
3. 加强职业健康检查，有效防止职业病的发生。
4. 发现罪犯存在职业病的，要及时治疗、恢复。
5. 罪犯发生工伤或者死亡事故的，按照司法部有关罪犯在劳动中致伤、致残或死亡补偿办法的有关规定执行，并注意保存相关证据，预防“三涉”事件的发生。

范例分析

范例：夏季到了，南方某地气温比较高，监狱企业想方设法筹集资金为生产车间安装了中央空调或水冷空调，并按照上级规定，给参加劳动的罪犯发放防暑降温清凉饮料。

根据以上材料分析，该监狱企业在劳动保护方面采取了哪些措施？

分析：该监狱企业一是健全和完善了车间生产方面的硬件设施，符合劳动保护关于防暑降温的要求；二是给罪犯发放防暑降温的清凉饮料，符合国家关于劳动保护的有关要求。

情境训练

某生产车间内，有一种设备会产生气体，且该气体存在有毒成分，虽然浓度不超过国家的行业标准，但是，对操作人员的身体健康存在危害。为加强对罪犯的劳动保护，该生产车间安装了排气管，但排气管的长度不够，只能向上延伸到天花板。

请问如果你是该生产车间的负责人，该如何整改以上问题？

学习情境二　特殊罪犯劳动保护的组织实施

知识储备

一、特殊罪犯劳动保护的含义

特殊罪犯劳动保护是指监狱实行的对女犯和未成年犯的特殊劳动保护制度。它是我国监狱严格执行国家有关劳动保护规定的具体体现。根据妇女和未成年人的生理特点，在劳动中给予特殊劳动保护，这是我国劳动保护的一项重要任务。我国的女子监狱和未成年犯管教所对他们要采取特殊措施，实行特殊的劳动保护，以防止其身体受损害。

二、女犯特殊劳动保护的特征

女犯特殊劳动保护是罪犯劳动保护工作的一个组成部分，除了具有一般劳动保护的特征外，还具有自身的特征：①女犯特殊劳动保护具有明显的女性性别需要的特性。具体表现在体力和耐力方面，因此，在女犯的劳动安排上必须考虑适度的劳动强度和劳动时间，避免超强度的体力劳动。②女犯特殊劳动保护具有区别于男犯的特殊保护性。尤其女犯在生理期、更年期身体存在特殊变化，更应加强对女犯的特殊劳动保护，禁止从事某些不利于健康的工作。③对女犯特殊劳动保护具有保护下一代的特殊意义。女子担负着生儿育女的重任，对于一些女犯，她们刑释后，可能还要生育，抚育下一代。因此，为了使她们能完成这一重任，保证下一代健康成长，更要求对这些女犯进行特殊劳动保护。

三、未成年罪犯特殊劳动保护

未成年罪犯主要集中在未成年犯管教所，对于这部分未成年罪犯除了对他们实施监管教育改造之外，根据我国法律规定，可以适当地安排其从事与年龄相当的劳动项目和承担一定的劳动任务。但是为了有利于未成年人的健康成长，未成年犯管教所必须在劳动过程中对其安全和健康采取特殊保护措施，以适应其生理发育和知识增长的需要。主要措施包括限制工作时间、禁止从事某些作业、定期进行健康检查等。

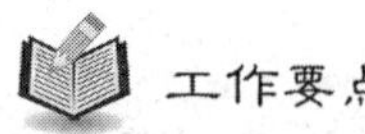

工作要点

一、对女犯在劳动过程中的特殊保护

由于女犯的生理特点，决定了不应分配女犯担任特别繁重的体力劳动和有害女性生理机能的工作。我国《女职工禁忌劳动范围的规定》中规定，女职工禁忌从事的劳动范围包括：

1. 矿山井下作业；
2. 森林业伐木、归楞及流放作业；
3. 《体力劳动强度分级》标准中第Ⅳ级体力劳动强度的作业；
4. 建筑业脚手架的组装和拆除作业，以及电力、电信行业的高处架线作业；
5. 连续负重（指每小时负重次数在6次以上）每次负重超过20公斤，间断负重每次负重超过25公斤的作业。

上述这些规定对女犯在劳动过程中同样适用。

二、对女犯生理机能变化过程中的劳动保护

女性生理机能变化过程中的劳动保护，一般是指女性的月经期、孕期、生育期、

哺乳期的特殊保护。女犯在狱中，应做好月经期的特殊保护。我国对妇女经期特殊劳动保护制定了相关的法律规定，如我国《劳动法》第60条规定，不得安排女职工在经期从事高处、低温、冷水作业和国家规定的第三级体力劳动强度的劳动。《女职工禁忌劳动范围的规定》中规定，女职工在月经期间禁忌从事的劳动范围是：

1. 食品冷冻库内及冷水等低温作业；

2. 《体力劳动强度分级》标准中第Ⅲ级体力劳动强度的作业；

3. 《高处作业分级》标准中第Ⅱ级（含Ⅱ级）以上的作业。

《女职工劳动保护特别规定》中对女性劳动保护设施方面作了规定。女子监狱应设专门的卫生室，并配备温水箱、冲洗器及洗涤设备等，保证她们特殊生理期的安全和健康。

三、未成年罪犯特殊劳动保护的法律法规有关规定

1. 《中华人民共和国未成年人保护法》（以下简称《未成年人保护法》）第38条规定："任何组织或者个人不得招用未满16周岁的未成年人，国家另有规定的除外。任何组织或者个人按照国家有关规定招用已满16周岁未满18周岁的未成年人的，应当执行国家在工种、劳动时间、劳动强度和保护措施等方面的规定，不得安排其从事过重、有毒、有害等危害未成年人身心健康的劳动或者危险作业。"《未成年工特殊保护规定》第3条对未成年工禁忌从事的劳动范围作了较细致的规定。《劳动法》第58条规定："国家对女职工和未成年工实行特殊劳动保护。"第64条规定："不得安排未成年工从事矿山井下、有毒有害、国家规定的第四级体力劳动强度的劳动和其他禁忌从事的劳动。"《劳动法》及《未成年工特殊保护规定》则对有关特殊保护的具体范围和措施作了详细规定。根据有关法律的规定，关于未成年罪犯的特殊劳动保护，主要包括以下几个方面的内容：①禁止未成年犯从事某些禁忌劳动；②对未成年犯的劳动和特殊保护采取登记制度；③定期进行健康检查。

2. 不得安排未成年罪犯从事以下范围的劳动：

（1）《生产性粉尘作业危害程度分级》国家标准中第一级以上的接尘作业；

（2）《有毒作业分级》国家标准中第一级以上的有毒作业；

（3）《高处作业分级》国家标准中第二级以上的高处作业；

（4）《冷水作业分级》国家标准中第二级以上的冷水作业；

（5）《高温作业分级》国家标准中第三级以上的高温作业；

（6）《低温作业分级》国家标准中第三级以上的低温作业；

（7）《体力劳动强度分级》国家标准中第四级体力劳动强度的作业；

（8）矿山井下及矿山地面采石作业；

（9）森林业中的伐木、流放及守林作业；

（10）工作场所接触放射性物质的作业；

（11）有易燃易爆、化学性烧伤和热烧伤等危险性大的作业；

（12）地质勘探和资源勘探的野外作业；

（13）潜水、涵洞、涵道作业和海拔3000米以上的高原作业（不包括世居高原者）；

（14）连续负重每小时在6次以上并每次超过20公斤，间断负重每次超过25公斤的作业；

（15）使用凿岩机、捣固机、气镐、气铲、铆钉机、电锤的作业；

（16）工作中需要长时间保持低头、弯腰、上举、下蹲等强迫体位和动作频率每分钟大于50次的流水线作业；

（17）锅炉司炉。

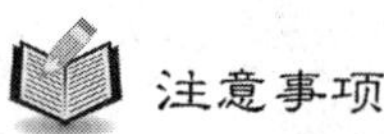
注意事项

1. 女犯监狱在劳动项目的引进方面，必须充分考虑女犯的劳动特点和特殊劳动保护的要求，避免高体力劳动强度的项目，尽量以适合女性作业项目为宜，如纺织服装行业、玩具、针织等生产劳动项目。

2. 女犯监狱在劳动组织管理方面，应该考虑女犯生理期的特点，提高灵活性和机动性，确保女犯有足够的休息时间。其主要内容有以下几个方面：

（1）不得安排女犯从事矿山井下和国家规定的《体力劳动强度分级》标准中第Ⅳ级体力劳动强度和其他禁忌从事的劳动。

（2）女犯在月经期间，不得安排从事高处、低温、冷水以及国家标准中第三级体力劳动强度的劳动，如搬运等。

（3）对青年女犯和未婚女犯，不得安排有毒有害的劳动。

（4）有条件的，应结合监管生活卫生工作，在生产车间及劳动场所设立女犯卫生室，并设专人管理。

3. 在未成年犯的劳动管理方面，应严格按照国家有关特殊劳动保护的规定和未成年犯劳动的性质，对未成年犯的特殊劳动保护着重做好以下几个方面的工作：

（1）认真执行有关法律法规，贯彻“教育、感化、挽救”的方针政策，组织未成年犯参加劳动要以习艺为主，因地制宜，选择适当的生产和劳动项目，重点培养他们的劳动技能，养成劳动习惯，树立劳动观念，避免未成年犯受生产过程中不安全、不卫生因素的伤害。

（2）未成年犯的劳动时间必须区别于成年犯，应执行“半天劳动、半天学习”的制度，每天劳动时间原则上不超过4小时，禁止超时劳动。

（3）严禁未成年犯从事有毒有害工种或危险岗位的劳动。必要时要按规定发给劳动保护用品，对年幼体弱的酌情缩短劳动时间。

（4）加强未成年犯的劳动管理。劳动中应进行劳动培训，使他们掌握劳动技术。

同时要经常开展安全生产教育，使他们提高安全生产意识，并且不断改善劳动条件，搞好文明生产。

（5）保证未成年犯劳动环境的安全与卫生。确保劳动场所空气流通，照明和噪音控制符合标准。

4. 根据《未成年工特殊保护规定》，监狱应对未成年犯定期进行健康检查。未成年犯的健康检查，应按《未成年罪犯健康检查表》列出的项目进行。监狱应根据未成年犯的健康检查结果安排其从事适合的劳动。

范例分析

范例：某未成年犯管教所需要一位司炉工，故安排王某（17 周岁）到锅炉房从事司炉工作，管教所认为王某虽然未满 18 周岁，但身体健壮，可以从事一些体力劳动，但最后遭到了王某的拒绝。

请问管教所的做法是否合法？王某的拒绝是否应予以支持？

分析：罪犯王某年仅 17 周岁，属于未成年工，依法应受到特殊保护。可以安排王某的工作，但工作范围不能违反劳动部《未成年工特殊保护规定》第 3 条第 8 项和第 17 项的规定，即用人单位不得安排未成年工从事矿山井下及矿山地面采石作业和锅炉司炉等工作，王某拒绝管教所安排的司炉工作是正当的，应予支持；管教所的做法违反了相关法律的规定，应立即纠正。

情境训练

某未成年犯管教所，在组织未成年犯的习艺劳动过程中，采用了定额管理的方法，分别给每位未成年犯都制定劳动定额、分配了劳动任务。

请问这种做法是否妥当？有没有违反有关法律规定？为什么？

学习情境三 罪犯劳动时间管理

知识储备

一、罪犯劳动时间的概念

劳动时间是指劳动者为履行劳动义务，在法定限度内应当从事或工作的时间。它的长短由法律直接规定或由劳动合同依法约定。其表现形式分别有工作小时、工作日和工作周三种，工作日是工作时间的基本形式。在监狱，罪犯劳动时间特指罪犯依法在狱内必须用来完成其应完成的劳动改造任务和其他任务所需要的时间。

二、罪犯劳动时间的特征

1. 强制性。我国罪犯参加生产劳动，具有法律强制性的规定。这一规定也决定了罪犯劳动时间的强制性特征。罪犯只有通过强制性的劳动，并保证足够的劳动时间和一定的劳动强度，充分保证劳动效果，才能发挥劳动改造的作用，实现劳动改造的目标要求。

2. 法定性。罪犯劳动时间必须符合我国有关法律法规，保障他们的合法权益，保证他们的休息时间和接受教育、参加各种学习所必需的时间，不允许超过法定劳动时间，随意延长劳动时间或加班加点。

三、罪犯劳动时间的法律规定

我国罪犯劳动时间的确定与我国的社会政治、经济、文化的发展相适应，大致经历了三个不同的历史阶段：

1. 新中国成立后至80年代初。新中国成立后社会公私企业一般实行8～10小时工作制。当时根据国内国际政治形势以及改造罪犯和发展监狱生产的实际需要，1960年12月，国家明确提出8小时工作制。1954年政务院通过并公布实施的《中华人民共和国劳动改造条例》（以下简称《劳动改造条例》）明确规定："犯人每日实际劳动时间，一般规定9～10小时，季节性的生产不得超过12小时。""犯人的休息日，一般定为每半月一次，少年犯每周一次。"这是新中国成立后第一次对罪犯劳动时间作出的明确规定。

2. 1982年，公安部通知试行的《监狱、劳改队管教工作细则》中明确规定："犯人每天劳动时间一般为8小时。工业劳改队要积极创造条件，逐步推行每天劳动6小时的制度。农业劳改队每天学习时间一般为2小时，在抢收抢种的大忙季节，劳动时间可以适当延长"，"犯人的休息日，除法定节日休息外，每周休息1天。农业劳改队在生产大忙季节，休息日可以挪前挪后"。这一规定，缩短了罪犯的劳动时间，使罪犯劳动时间与社会企业职工基本相同，同时，还考虑到监狱工、农业生产的实际情况。

3. 1994年颁布实施的《监狱法》规定："监狱对罪犯的劳动时间，参照国家有关劳动工时的规定执行；在季节性生产等特殊情况下，可以调整劳动时间"，"罪犯有在法定节日和休息日休息的权利"。这一规定进一步强调了罪犯劳动时间与社会职工的一致性。根据《劳动法》规定的精神，司法部经过认真调查研究，并结合监狱的实际，于1995年6月下发了《关于罪犯劳动工时的规定》，明确规定：①罪犯每日劳动8小时，平均每周劳动不超过48小时，生产任务不满的监狱，经批准可以实行每周劳动5天，集中学习1天。②罪犯在季节性生产等特殊情况下，可以调整劳动时间。③罪犯每周至少休息1天，可以安排在休假日，也可以安排在其他劳动日，由监狱视生产情况确定。④法定假日，即元旦、春节、国际劳动节、国庆节等节假日应当安排罪犯休息。

工作要点

一、严格执行国家以及司法部规定的标准劳动时间和特殊劳动时间

1. 标准劳动时间是指由国家法律规定的，在通常情况下一般劳动者从事工作所需要的时间。根据司法部的《关于罪犯劳动工时的规定》，罪犯标准劳动时间是罪犯每日劳动 8 小时，平均每周劳动不超过 48 小时。

2. 特殊劳动时间是指监狱在季节性生产等特殊情况下，可以调整的劳动时间。也就是说，在确保罪犯在狱内各项活动正常进行的前提下，在劳动时间总量控制的条件下，监狱可以根据自身的生产特点、气候特点等，遵循季节性、特殊性的原则，适当调整劳动时间，即执行特殊劳动时间。特殊劳动时间有以下几种：

（1）缩短劳动时间。是指在法律规定的特殊条件下罪犯的劳动时间短于标准劳动时间。监狱常见的特殊劳动条件下缩短劳动时间的情况有：①从事有毒、有害等劳动；②在恶劣天气下从事劳动；③夜间从事的某些特殊劳动；④罪犯思想波动太大，进行针对性集体教育时；⑤未成年犯依法从事的一些劳动等。

（2）延长劳动时间。是指在法律规定的特殊条件下罪犯的劳动时间超过标准劳动时间。这种劳动时间主要适用于受自然条件和技术条件限制，季节性、突击性比较强的劳动岗位的罪犯。如从事农业生产或追赶货期等，延长劳动时间是对某一时段来计算的，平均劳动时间必须遵照法律规定的标准劳动时间，只是对这一段劳动时间作一定的调整。延长劳动时间必须在确保罪犯安全生产和教育学习时间的前提下进行，并履行一定的审批手续。

（3）不定时劳动时间。是指在法律规定的特殊条件下罪犯每日劳动时间起止时间不固定的劳动时间。这种劳动时间主要适用于劳动范围或生产条件不能固定时间限制的劳动岗位的罪犯。由于实行这种劳动时间不利于对罪犯的日常管理和教育，所以监狱很少采用。

二、依法保障罪犯的休息时间

休息是每个国家公民应享有的权利，罪犯也应享有这个权利。罪犯休息时间是指罪犯按照有关法律规定不必直接从事劳动生产，而由监狱统一组织安排其他活动和他们在规定范围内自己支配的时间。休息时间除了具有保障罪犯有充分的睡眠和休息用以消除疲劳，保障足够的精力继续投入生产劳动和接受改造这一基本功能外，还起着保障罪犯有一定的休闲时间参加各种有益活动，学习知识和技术，不断提高罪犯改造质量的作用。

三、切实做好罪犯劳动作息时间的安排

监狱除了依法保障罪犯的休息休假权益外，应根据各地的实际情况制定监狱罪犯劳动作息时间表，安排好罪犯的劳动作息时间。

注意事项

一、罪犯特殊劳动时间安排

在特殊劳动条件下，监狱需要缩短或延长罪犯劳动时间时，必须在确保罪犯安全生产和教育学习时间的前提下进行，并履行一定的审批手续。但要控制时间总量，总量不得超过法律法规所规定的时间。一般情况下不允许随意延长罪犯劳动时间。

二、罪犯工作日内的间隙休息时间安排

罪犯工作日内的间隙休息时间是指罪犯在工作日内享有的劳动期间休息时间。监狱应当根据季节性或生产经营情况，制定罪犯劳动作息时间表，安排好罪犯工作日内的间隙时间。一般要求罪犯每劳动 4 小时，休息时间为 1 ~ 2 小时，最低不得少于半小时，并保证用餐时间。

三、罪犯工作日间的休息时间安排

罪犯工作日间的休息时间是指罪犯在一个劳动日结束后至下一个劳动日开始时的休息时间。工作日间的休息时间应以保证罪犯体力和劳动能力能够恢复为标准。虽然法律没有明确规定罪犯工作日间的休息时间，但司法部的《关于罪犯劳动工时的规定》里规定罪犯每日劳动 8 小时，平均每周劳动不超过 48 小时。所以，罪犯劳动日间的休息时间一般应不少于 16 小时。对于工作日间的休息时间，监狱在保证罪犯睡眠时间的前提下，可以组织罪犯进行学习和开展集体活动，但不允许从事其他体力劳动。实行轮班制的监狱，其班次必须平均轮换，不得让罪犯连续劳动两个班次。

四、罪犯休假日安排

休假日是指罪犯劳动满一个工作周之后的休假时间。通常监狱应安排在星期六、星期天休息，对于有些监狱，在生产经营的特殊情况下，可根据实际需要安排罪犯在周内其他时间补休。根据有关规定，应保证罪犯每周至少休息一日。对于一些因生产特殊的监狱，经有关部门批准，可以实行其他工作和休息办法。

五、法定节假日安排

法定节假日是指法律规定劳动者用于开展纪念、庆祝活动的休息时间。在我国，

根据《全国年节及纪念日放假办法》第2条规定，全体公民放假的节日包括：元旦、春节、清明节、劳动节、端午节、中秋节、国庆节。监狱也必须执行本法规定，在上述节假日期间停止罪犯劳动，但可以组织罪犯开展各种有益活动。

范例分析

范例：某省在近日召开的全省监狱工作会议上，提出了为深入贯彻落实全国监狱教育改造工作会议精神，树立监狱各项工作为教育改造服务的意识，从今年开始在全省监狱系统全面实行“5+1+1”教育改造工作模式。

依据司法部有关规定，所谓“5+1+1”教育改造模式就是：监狱应坚持每周5天劳动教育、1天课堂教育、1天休息。实行“5+1+1”教育改造模式是司法部关于监狱工作的一项重大改革，是落实“首要标准”即提高罪犯改造质量的重要举措，体现了对罪犯合法权益的保护，也有利于充分调动罪犯的改造积极性。“5+1+1”教育改造模式的创新之处在于把罪犯每周1天课堂学习教育固定化，使教育改造罪犯工作成为一项“硬任务”，使监狱更好地履行所承担的惩罚、教育和改造罪犯的重要职责。

根据司法部要求，从2010年下半年开始，该省监狱管理局便在全省监狱系统逐步落实推行“5+1+1”教育改造工作模式。全省各个监狱迅速行动起来，2010年10月2日马鞍山监狱举行了“5+1+1”教育改造模式启动仪式；青山监狱制定出台了《监狱“5+1+1”教育改造模式实施办法》，提出指导思想要求到位、实施原则落实到位等“四个到位”来加强落实；宿州监狱以“四突出”抓好“5+1+1”教育改造模式工作；庐江监狱以加强“短刑犯管理”为抓手，进一步完善教育改造工作机制，激活短刑犯的改造积极性，以此落实好该项工作。

全面实行“5+1+1”教育改造工作模式，为该省监狱更好地拓宽教育时间空间和正规化教学提供了制度保证。据了解，近年来，该省监狱在教育改造手段上不断推陈出新，采用正规化教学、个别化矫治、科学化评估、环境化熏陶、信息化平台和社会化方向等方法，努力提升罪犯改造质量，取得了显著的效果，刑释人员重新犯罪率低于全国平均水平。2010年共有1883名服刑人员获得劳动部门颁发的技能等级证书，通过“双向联系”工作机制，400多名即将刑满释放人员与进监招聘企业签订了就业意向书。

2011年，在全面实施“5+1+1”教育改造新模式的基础上，全省监狱大力推进创建现代化监狱建设进程，积极开展文明会见室创建工作；每个监狱有专门监区承担出监教育，建立罪犯个体改造质量评估体系，确保重点刑释人员评估率100%；以正规化教学为抓手，实行教学、师资、管理正规化，发展网络教育；不断拓展劳动职业技术教育的途径和方法，努力使罪犯应培训率达到100%，在此基础上，获证率达到90%以上。该省教育改造工作的不断创新发展，有效发挥了监狱化解社会矛盾减少社会不稳定因素，维护社会和谐稳定的重要作用。

分析： 实行“5+1+1”教育改造模式是司法部关于监狱工作的一项重大改革，现在不少监狱都在实行“5+1+1”这一劳动改造模式，即一周5天劳动、1天学习、1天休息的制度。这一模式就罪犯劳动时间而言，其实际上等同于社会实行的平均每周不超过40小时工作时间的制度，从而进一步缩短了罪犯劳动时间，保障了罪犯其他的时间。

情境训练

农忙季节，监狱生产任务很重，某监狱安排罪犯每天加班2个小时，劳动定额提高20%。

你认为能否让罪犯超时、超额劳动？为什么？

学习单元九

罪犯劳动绩效管理

知识目标

通过本单元学习，能够：

1. 了解罪犯劳动考核与奖惩的基本内涵，掌握监狱对罪犯劳动考核与奖惩的程序及实施办法。

2. 了解罪犯劳动报酬的意义，掌握罪犯劳动报酬的计提与发放方法。

学习情境一 罪犯劳动考核

知识储备

一、罪犯劳动考核的概念

罪犯劳动考核是指监狱机关按照一定标准，采用科学的方法对罪犯劳动过程中所表现出的思想、行动及劳动成果进行考查并评定的管理活动。

罪犯劳动考核是罪犯劳动管理的重要内容，是对罪犯在劳动过程中所表现出的状态的一种判断，是强化了的硬性措施，是保证罪犯正常从事生产劳动、完成生产任务的必要手段。对罪犯劳动进行考核，也是劳动改造罪犯过程中的重要步骤。通过对罪犯劳动过程中所表现出的状态进行评审，综合反映出罪犯劳动改造的效果，并以此作为对罪犯进行奖惩的重要依据。

二、罪犯劳动考核的作用

罪犯劳动考核在罪犯劳动管理中发挥着重大作用，具体如下：

1. 对罪犯劳动进行考核有利于提高罪犯的劳动效率和改造质量。劳动考核一般是通过计分制直接表现其结果，数字高低直接与罪犯的待遇挂钩，由于其清晰度高、透明性强，考核结果容易被罪犯接受和理解。监狱机关及监狱人民警察也往往会从计分的高低上判断罪犯改造表现的好坏，并与其能够获得的减刑、假释等报偿性权利挂钩，因此，罪犯为了达到这一目的，往往会加倍努力劳动，通过生产产品的数量和完成任务的状况具体体现自己的劳动积极性，让监狱机关和监狱人民警察能切实感受到自己思想的转化，并由此判断出该罪犯已获得一定的改造效果的状态，提高监狱人民警察对其劳动考核的分值，达到获得报偿权利的机会。从这一点上看，对罪犯劳动进行考核确实提高了劳动生产率。此外，由于产品实体也具备了可观性和可验性，罪犯在劳动中也会端正自己的劳动态度，认认真真地工作，仔仔细细地操作每一步骤，这又能使罪犯的思想和心理得到矫正，提高改造质量。关于这一点，主要表现在两个方面：

（1）劳动考核提高了教育改造工作质量。罪犯劳动考核的结果一方面反映了罪犯的劳动熟练程度和水平，另一方面也反映了罪犯在劳动中的态度、思想意识，也就是说罪犯劳动考核的记录，反映了劳动改造和教育改造两个方面的结果。因此，认真做好劳动考核工作可提高教育改造工作质量。

（2）劳动考核为罪犯获得其他法定权利提供了依据。对罪犯进行考核的目的就是判定罪犯的改造表现，将改造表现与这些可能实现的权利挂钩，即获得减刑、假释、监外执行、奖励、劳动报酬等法定权利。监狱机关对罪犯劳动进行考核的结果，正是监狱机关实施这些法定权利的重要依据。

2. 罪犯劳动考核是对罪犯劳动过程的全程评价。每一项考核结果都是针对罪犯劳动过程的真实表现作出的，其中能否遵守劳动纪律，能否遵守操作规程是重要的评定依据，是监狱人民警察对罪犯悔过程度的判断依据之一。任何一个有悔过意识的罪犯都会通过一定的表现来表达这种意识，而遵守劳动纪律、认真从事生产劳动是其悔改意识的主要行为表现。因此，做好罪犯劳动考核工作，能约束罪犯的劳动行为，督促罪犯主动服从管理，从而达到正常生产秩序的目的。关于这一点主要从以下三个方面来理解：

（1）从根本上约束罪犯劳动过程的行为。在劳动过程中，各项制度、规章等都有明文规定，罪犯很清楚他在劳动中的表现，罪犯如果出现错误行为，考核结果就差，影响他获得其他法定权利，甚至会受惩罚，这是一般罪犯在服刑期间不期望发生的事情。因此，大多数罪犯会主动约束行为，服从劳动纪律。而那些投机取巧、偷懒怠工的罪犯一旦真正受到惩罚，也会约束自己的行为。

（2）有利于罪犯之间互相监督。由于劳动考核都有直观、真实的记录，它直接反映了一个罪犯或一个罪犯劳动团体的改造成果。罪犯之间对各自的考核结果也心知肚明，但由于人为的规定，获得好的考核结果的罪犯才能得到相应的权利。因此，罪犯之间会产生竞争，互相监督劳动过程中的行为，甚至会主动批评不恰当的行为，这极大地促进了罪犯的上进心和荣誉感，充分发挥了正面作用。

（3）对罪犯进行劳动考核有利于经济效益的提高。监狱生产和其他社会生产一样都要核算成本，衡量经济效益。生产产品的数量、质量、原材料耗费、设备损耗都与长期的经济效益相关，罪犯在劳动过程中直接与这些项目接触，他们对原材料的耗费情况、生产产品的数量和质量、工具及设备的使用状况都会直接影响经济效益。通过劳动考核，可以督促罪犯严格定额消耗原材料，合理使用工具及设备，保证完成任务和产品质量，提高监狱生产的经济效益。

三、罪犯劳动考核的基本原则

（一）实事求是原则

实事求是原则就是要求在制定考核制度时，应根据不同罪犯的定额实际情况，订立合理的标准，同时在考核、总结、评定过程中，以实际数据为根据，尊重考核结果，不得随意更改，感情用事，破坏考核的积极作用，影响罪犯的劳动积极性和改造效果。

（二）全面考核原则

罪犯劳动考核的结果，一是通过罪犯完成劳动任务的情况反映出来；二是通过罪犯在劳动过程中表现的思想状况反映出来。在考核过程中，要将这两方面综合起来全面考查、评定，决不能偏颇，既不能简单地注重劳动过程中显示的数据，也不能使思想教育游离于劳动过程之外，任何一个片面的认识，都会影响对罪犯改造成果的准确判断。

（三）公正性原则

公正性原则就是要求在进行罪犯劳动考核中，监狱人民警察对罪犯不能持有偏见，不带个人感情色彩，要以数据、成效等客观事实为前提，公正评价，公开结果。

（四）与奖惩相结合原则

劳动考核的主要目的是激发罪犯的改造积极性，提高改造的成效。根据激励理论，在劳动考核中适当运用奖励和惩罚措施，使劳动与罪犯的法定权利挂钩，及时兑现，能极大限度地调动罪犯劳动积极性，促使落后罪犯在劳动中向高标准看齐。考核是奖惩的依据，奖惩是考核的结果，只有在劳动管理中合理运用奖惩的手段，才能有效地促进罪犯的改造。

（五）监狱人民警察直接考核原则

在罪犯劳动过程中，监狱人民警察是管理者，监狱人民警察深入到罪犯劳动现场，掌握第一手资料，亲自核实完成任务情况，客观直接地对罪犯的劳动实绩做出真实记录。只有与罪犯劳动直接接触，监狱人民警察对罪犯的考核才能做到公正、准确，才能使罪犯心服口服，提高罪犯的劳动积极性。

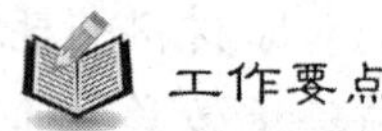

工作要点

一、罪犯劳动考核的基本步骤

（一）建立和完善考核制度

对罪犯进行劳动考核的标准是各种劳动考核制度和规范，它是考核的根本依据。因此，建立和完善各种制度是管理好罪犯的前提。

1. 要建立劳动考核的组织机构。由监狱、监区、分监区、管教、生产技术部门组成领导机构，指导基层开展工作；监区、分监区在上级领导下指定专人负责本监区、分监区的日常考核工作，劳动班组也应有专门的劳动考核统计员。

2. 要指定统一的考核内容。考核内容要求规范化、标准化、条文化，定额要合理化。记分、加分、减分都要作详细规定，按规定执行。

3. 要有计划、有安排、有检查、有总结。为了保证劳动考核的有效实施，必须制订详细的劳动考核计划，建立严格的检查制度。通过日常督促与总结，弘扬先进，批评落后，将劳动考核制度的建立尽可能做到完善。

（二）科学地制作各种表格

在罪犯劳动考核中，最常使用的就是各种表格，它可以直观、明确地反映罪犯改造中的具体表现，是其他评定工作的原始资料，具有真实、可观性强的优点。因此，科学地设计、制作表格，是使考核经常化、简便化、系统化的必要条件。这些表格主要包括情况登记表、统计表等。

1. 情况登记表。主要包括出勤登记表、完成劳动任务登记表、好人好事登记表。

2. 统计表。主要包括班组统计表、分监区统计表和监区统计表。统计表用来统计罪犯的具体表现和有关数字，是衡量罪犯改造成果的依据。

（三）严格把关，做好检查、验收、鉴定工作

劳动过程的每个环节、每个步骤、每个劳动成果都应该严格把关，认真核算，对罪犯在劳动过程中的思想表现，也应该认真记录。在该项工作中，监狱人民警察要做到深入劳动现场，亲自指导、监督罪犯劳动，把好检验第一关；要以监狱人民警察为核心，组织一些改造表现好的罪犯积极分子组成检验小组，进行初步检查，如实登记考核结果。而对一些技术性高的劳动成品或半成品，则必须由监狱人民警察亲自验收、鉴定。

二、罪犯劳动考核的内容

（一）劳动数量的考核

在生产前，监狱人民警察根据生产能力核定劳动定额，在生产过程中，按照劳动

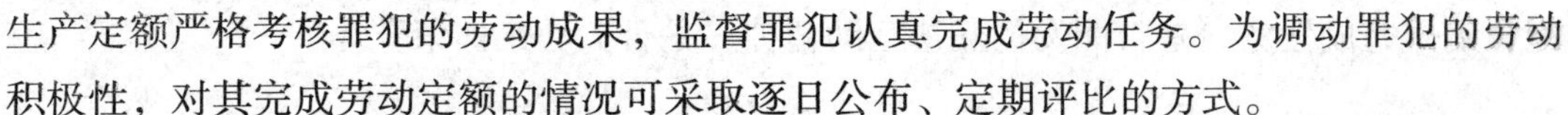

生产定额严格考核罪犯的劳动成果，监督罪犯认真完成劳动任务。为调动罪犯的劳动积极性，对其完成劳动定额的情况可采取逐日公布、定期评比的方式。

（二）劳动质量的考核

由于劳动本身的直观性，罪犯往往不敢怠慢，而劳动质量在评定中可能会存在其他主观因素，让一些罪犯有机可乘、鱼目混珠。因此对罪犯劳动质量考核的工作必须加强，建立严格的质量考核程序，认真验收，设立专兼职的质检员，形成罪犯自检互检，质检技术员把关的层层质检机构。

（三）劳动态度的考核

劳动态度的考核主要是考核罪犯在劳动过程中对待劳动的感情，如热爱或逃避劳动，积极或消极劳动，认真或敷衍劳动，或者是否投机取巧等，以此来衡量罪犯的认罪服法态度，确认其考核的最终结果。

（四）劳动纪律的考核

劳动纪律是罪犯在劳动中必须遵守的规章、条例等，包括命令性和禁止性两方面的规定。在进行劳动纪律的考核中，应从以下两个方面开展工作：

1. 考核罪犯对劳动纪律的认识和态度。罪犯对约束他们行为的劳动纪律表现出的态度不尽一致，有积极拥护自觉遵守的，有无所谓随大流的，有极度不满严重抵触的，通过对他们表现的情绪定性或定量的考核，并将考核结果作为奖惩的依据，可扭转罪犯的消极对抗情绪，使其自觉遵守劳动纪律。

2. 对罪犯遵守劳动纪律的好坏程度进行考核。罪犯对劳动纪律的认识和态度直接影响劳动行为，如有无消极对待劳动、有无故意损坏设备、有无盗窃行为、有无争吵、打闹等破坏劳动秩序的行为。这些都是评定罪犯遵守劳动纪律好坏程度的指标，是评定罪犯改造效果的直接因素。监狱人民警察在罪犯劳动纪律的考核中，必须如实记录、严谨对待。

（五）爱护国家财产的考核

爱护国家财产的考核主要是考查罪犯对待劳动工具、生产设备、原材料、成品或半成品等的态度，如是否正确使用设备、爱护设备，是否主动节约能源、节约材料，是否注重产品质量、不出废品等。通过以上内容的考核，培养罪犯热爱国家、热爱集体的思想品德。

（六）对罪犯合作意识的考核

罪犯的劳动主要不是以单独的个体进行，常以劳动团体（班组、车间）为作业单位。从劳动过程的协作性看，每一名罪犯的劳动内容只是团体工作的一部分，只有每个作业部分紧密衔接，才能完成任务。这就要求罪犯在劳动过程中必须树立集体观念，个人服从集体。对罪犯合作意识的考核，主要考查罪犯是否服从具体分工，是否主动配合集体完成任务，是否能发扬互帮互助精神，是否关心集体荣誉等。

三、罪犯劳动考核的方法

近些年来，计分考核法是全国监狱最为普遍推行的考核方法。

计分考核通常实行百分考核制。百分考核制是把考核内容逐项分解成具体指标和要求，每一项指标和要求都对应一定的分值，合计为100分。考核时，根据罪犯达到指标和要求的实际情况，计算得分或扣分。在累计到一定标准时，与奖惩挂钩。这种考核方法具有比较显著的特点：其一，它全面地考核了罪犯的教育改造和劳动改造情况。其二，考核的标准明确。百分考核法把监狱改造罪犯的总目标分解成具体指标，每一指标又分解为若干控制点，便于罪犯对照自己的劳动表现评价自己。其三，考核结果量化，以加分或扣分的形式直接表现罪犯劳动的优劣情况，清楚直观。其四，考核结果与奖惩直接挂钩，有利于调动罪犯的劳动积极性。

（一）计分考核的标准

《司法部关于计分考核奖惩罪犯的规定》中指出：“制定和实施对罪犯的计分考核奖罚方法，要做到指标合理、考核准确、手续简便、奖罚合法”，“对罪犯的考核分为思想改造和劳动改造两部分，思想改造考核分为55分，劳动改造考核分为45分”。

1. 思想方面考核的标准如下：

（1）是否认罪悔罪，服从判决。

（2）能否坦白隐罪，揭发社会上和狱内的犯罪行为和坏人坏事，如实向干部汇报思想，能否靠近干部，同反改造罪犯保持距离。

（3）能否遵守罪犯行为规范，遵守监规纪律，服从管教。

（4）能否积极劳动生产，爱护劳动工具，保护环境卫生，讲究文明礼貌。

（5）能否积极参加政治、文化、技术学习，成绩优良。

2. 生产劳动方面的考核要求如下：

（1）按时完成生产任务和劳动定额。

（2）遵守生产工艺流程、操作指标，产品质量和设备损耗符合要求。

（3）积极钻研生产技术、传播技术或有所发明创造。

（4）注意文明生产和安全生产。

（5）遵守劳动纪律，出满勤、干满点，劳动环境整洁。

罪犯在服刑期间达到以上两方面要求，全月出满勤完成任务，无任何事故和违规行为的给予满分。通常罪犯的计分考核有一个基本分，它是与有无违规行为相关的，基本分是罪犯在服刑期间在法律、法规、监规纪律方面必须达到的基本要求和规定，在此基础上，如果罪犯不仅达到要求，还取得了成绩，做了好事或超额完成任务，则给予加分，即附加分，计入总分；如果罪犯达不到基本要求，甚至起了负面作用，则给予罚分或减少基础分。

（二）计分考核的实施

计分考核是实行罪犯奖惩的依据，监狱在对罪犯实行计分考核时，应从以下几个方面着手：

1. 建立健全考核的组织机构。形成以负责管教、生产的监狱长为主的领导机构，以监区、分监区的主管的监狱人民警察组成的考核评审组，负责考核的实施。

2. 建立计分考核制度的具体实施细则。安排日记录程序、周评议程序、月公布制度、罪犯申辩制度等。

3. 严格按照计分考核程序奖分、扣分。在计分中，严格执行计分标准，达到要求的计满分，达不到要求的扣分，完成好的奖分。若罪犯对加分、扣分不服，可向考评组提出申辩，考评组或领导复查后及时给予答复。分管的监狱人民警察加、扣分时，必须按规定填写《加扣分审批单》，报考评组集体审核后由主管领导审批。

4. 正确区分思想改造分和劳动改造分的地位。《司法部关于计分考核奖罚罪犯的规定》指出："凡月度思想改造、劳动改造均满基础分的，其超分可计入累计积分；思想改造不满基础分，劳动改造超过基础分并得奖分的，只享受物质、经济奖励。"

5. 对改造期间多次违规违纪的罪犯，在同等条件下从重扣分。

6. 对特殊状态的罪犯考核。保外就医的罪犯、新入监的罪犯、出监的罪犯、住院治疗期间的罪犯，不纳入考核范围；老、弱、病、残罪犯只进行思想考核；罪犯关禁闭或严管期间，不能计分，其违法行为从重扣分，解除禁闭后，经考查符合要求，可继续计分考核；对狱内重新犯罪的，所计分一律取消，依法惩处后，考查符合要求，方可重新计分。

在我国的监狱工作实践中，罪犯劳动考核除了计分法之外，主要还有汇报法、评议法、记事法等方法。

1. 汇报法是在负责管教的监狱人民警察的主持下，由罪犯定期或不定期地就劳动表现向小组作公开的口头汇报。该方法透明性强，但要注意采用互相监督的方法，才能保证罪犯汇报内容的真实可靠。

2. 评议法是由罪犯个人根据考核标准与自己在劳动过程中的表现进行对照检查，然后由罪犯小组集体评议，将评议结果报主管的监狱人民警察审查。该方法可增强罪犯的参与意识，有利于罪犯自我约束、自我监督。

3. 记事法是对罪犯在劳动过程中的表现用文字材料的形式记录在册，并对之进行评价的方法。该方法的主要特点是直接记载罪犯在劳动过程中的优劣表现，为奖惩提供第一手资料。

注意事项

一、监狱人民警察必须全面掌控罪犯劳动考核的全过程

监狱人民警察必须深入到罪犯劳动现场，全面了解罪犯劳动的情况，掌握第一手资料，亲自核实完成任务情况，客观直接地对罪犯的劳动实绩做出真实记录。由监狱人民警察完成罪犯劳动考核的全过程。

二、坚持全面考核

在考核过程中，要将罪犯完成劳动任务的情况和在劳动过程中表现的思想状况这两方面综合起来全面考查、评定，不可偏废任何一个方面，特别是要防止出现单纯以劳动质量和数量为考核依据的错误倾向。

范例分析

范例：某监狱某监区罪犯陈某某因贩卖毒品罪被判处有期徒刑10年，经过对陈某某身体检查、心理检测等各项评估后，其被安排至毛织缝盘工区进行劳动改造。改造期间，陈某某积极参加技术培训，认真学习理论知识，在实操过程中遇到不懂的及时请教技术熟练的罪犯和警官，同时陈某某积极参加监区组织的各项劳动竞赛，极大地增强了其上进心和荣誉感。经过一段时间的劳动改造，陈某某不仅学习了一门新技术，还按质按量完成劳动任务，在监狱的劳动考核中，基本每次都能获得满分。

分析：劳动改造是改造罪犯的基本手段之一。监狱应该根据罪犯的具体情况分配合适的劳动岗位，并制定科学的考核标准，由监狱人民警察完成罪犯劳动考核的全部事项。在考核过程中，将罪犯完成劳动任务的情况和在劳动过程中表现的思想状况这两方面综合起来全面考核。正是由于陈某某在认罪悔罪的基础上，积极改造，按质按量完成劳动任务，才获得了满分的考核结果。

情境训练

某监狱某监区罪犯李某某因诈骗罪被判处无期徒刑，该罪犯因年纪较大被分配至电子加工工区进行劳动改造。李某某因年龄大且视力模糊，在劳动期间表现较为消极，待警官了解到该罪犯情况之后，给其指定了一个技术较好的老罪犯作为“技术顾问”，一对一对其进行指导，同时降低其劳动任务。经过一段时间的劳动改造，不仅提高了李某某的劳动技术，还大大提高了该罪犯的劳动效率，李某某超额完成了劳动任务。

针对以上情况，你作为罪犯劳动考核的警察，你会如何组织罪犯劳动考核？要注意哪些问题？

学习情境二　罪犯劳动奖惩

知识储备

一、罪犯劳动奖惩的概念

罪犯劳动奖惩是我国监狱机关根据法律和监管制度的规定，以罪犯在劳动生产过程中的实际考核为依据，进行奖优罚劣的一种制度。罪犯劳动奖惩是监督、促进罪犯积极改造的辅助手段。对罪犯实行奖惩分明的奖惩制度，是罪犯管理工作的一项重要内容。

二、罪犯劳动奖惩的作用

罪犯劳动奖惩是针对罪犯劳动改造态度和劳动改造表现所实施的，它的作用有以下四个方面：

1. 激励作用。公正、适当、及时的奖励，能有效调动罪犯改造积极性。绝大多数服刑的罪犯都期望获得肯定性的评价，适当的奖励是符合罪犯心理的。通过奖励使其心理上得到满足，可提高劳动积极性。因此，在罪犯劳动管理过程中，本着以奖励为主、惩罚为辅的原则，把握奖励的时机、程度、比例，使罪犯在希望中改造。

2. 警戒作用。有奖有罚是奖惩制度的核心，对表现差的罪犯给予恰当的惩处，体现了奖惩制度的威严和震慑力，起到惩戒作用。

3. 强化作用。奖惩可以督促罪犯在劳动过程中纠正自己的行为，重塑自己的行为模式，以便符合奖励的基本要求。通过奖励和惩罚，惩恶扬善，让罪犯明确哪些是劳动中应该有的行为，哪些是不应该有的行为，这有利于罪犯形成正确的劳动态度和养成良好的劳动习惯。

4. 导向作用。通过奖惩，罪犯很容易判断出自身行为会带来的直接后果。罪犯为了在改造中做出成绩，会主动约束自己的行为，积极主动地投入劳动改造。

三、罪犯劳动奖惩的种类

（一）按性质划分，可分为行政奖惩和刑事奖惩

行政奖惩是依据有关监狱法的规定，由监狱决定对罪犯实施的奖励和处罚。其中，奖励包括表扬、记功、物质奖励、评为改造积极分子、离监探亲等；惩罚包括警告、记过、禁闭等。

刑事奖惩又叫法律奖惩，是指依据有关刑事法律的规定，由监狱机关申报，由国

家审判机关审核后，依法作出的裁定或判决。其中奖励包括减刑、假释；惩罚是延长刑期或变更刑种。这类奖惩只能由国家审判机关决定。

（二）按对象划分，可分为个人奖惩和集体奖惩

个人奖惩是指根据罪犯个人的具体表现作出判断结果。罪犯的个人奖惩是直接指向罪犯个体的，产生的效果直接、有效、针对性强。

集体奖惩是指对一个班组、一个分监区或一个监区的整体实施的。集体奖惩方法运用得当，能强化罪犯的集体观念和协作意识，促使罪犯形成互相协作的良好风气。

（三）按时间划分，可分为定期奖惩和不定期奖惩

定期奖惩是根据月度、季度或年度的考核结果确定的，具有明确的阶段性。

不定期奖惩是根据罪犯劳动改造的需要、完成劳动任务的需要等确定的，不受时间限制。

工作要点

一、罪犯劳动奖惩的程序

在罪犯劳动奖惩中，要注意把握有关的具体程序，使奖惩工作能及时、准确地进行。对罪犯劳动奖惩一般包括以下程序：

（一）罪犯进行个人总结

个人总结是罪犯劳动改造评估工作的基础性步骤，是罪犯对自己在生产劳动中的行为表现、思想变化的深刻反思，督促罪犯主动将成绩、错误、经验和教训理清，是罪犯的自省过程。对罪犯的个人总结必须从正面进行引导，让他们讲实话，不夸大，不隐瞒，正确客观地评价自己。

（二）掌握罪犯的劳动考核情况

监狱人民警察根据详细记录认真查阅、分析、归类、总结，掌握罪犯劳动考核的实际分数，是评价和奖惩的前提条件。

将奖惩工作和考核工作紧密结合起来是奖惩准确性的有力保证，只有在进行奖惩时以事实说话，以法律体现，才能对罪犯产生较大的触动，才能调动绝大多数罪犯的改造积极性，树立正气。

（三）罪犯集体评议

由于罪犯集体生活的性质，彼此都相互了解，因此，进行罪犯集体评议是必要的。在进行集体评议中，鼓励和启发每一名罪犯积极发言，大胆发表意见，公正无私地评议每一个罪犯的劳动成果，为奖惩工作提供参考信息。

（四）负责管教的监狱人民警察集体评审

为了避免罪犯集体评议的片面和不实之处，需要负责管教的监狱人民警察把关，进行集体评审，以劳动过程中发生的事实为依据，进行归纳、总结，确定奖惩的具体对象。要通过负责管教的监狱人民警察的集体评审，确保奖惩的正确实施。

（五）逐级上报审批

逐级上报审批，是实施劳动奖惩的法定程序。如减刑、假释、延长刑期等刑事奖惩，必须按以下程序办理：首先由罪犯所在监区研究之后将具体事实或证据形成书面材料，报监狱有关职能科室审核，再由监狱机关提出意见，报请所在地中级人民法院予以审核裁决。行政奖惩，也必须依法逐级上报，经法定机关批准后才能宣布实施。

（六）公布奖惩结果

及时公布奖惩结果，能够起到惩恶扬善、弘扬正气的作用，它也是劳动奖惩的必要程序。

二、罪犯劳动奖惩的条件

（一）罪犯劳动奖励的条件

1. 遵守劳动纪律，完成或超额完成生产任务的。
2. 态度端正，自觉保护公物和生产设备，有一定成绩的。
3. 技术、工艺革新或者传授生产技能，有一定成效的。
4. 消除灾害事故或生产事故中做出一定贡献的。
5. 监督、揭发、阻止破坏劳动秩序的。
6. 抢救国家财产中表现突出的。
7. 在生产劳动中，有发明、创造，经鉴定有显著效果的。
8. 对生产劳动过程有其他贡献的。

（二）罪犯劳动惩处的条件

1. 违反生产劳动的相关要求，完不成生产任务，产品质量低劣，经教育不改的。
2. 逃避劳动，消极怠工，屡教不改的。
3. 在生产劳动中故意违反操作规程，或者有意损坏生产工具的。
4. 由于疏忽大意造成生产事故，使国家财产蒙受损失，影响面大的。
5. 破坏生产设备和其他生产设施，消极抵抗生产，情节严重的。
6. 煽动其他罪犯抗工，对生产造成严重损失的。
7. 其他不利于生产劳动的行为。

在实施奖惩过程中，监狱人民警察必须根据以上的奖惩条件，严格有序地执行，体现法律、法规、规章制度的严肃与公正。

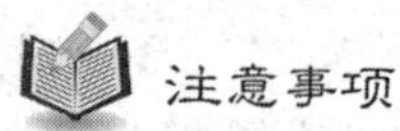

注意事项

一、严格掌握奖惩的准确性

奖惩是对罪犯劳动改造行为的肯定或否定，与罪犯的切身利益相关。无论是奖励还是惩处，都要求十分准确。一旦奖励失去了公正性，就会起到负面作用，让罪犯自暴自弃，破罐破摔，丧失改造的信心，给监管工作带来更大难度。因此，保证奖惩的准确性是十分必要的。要掌握好奖惩的准确性，必须做到以下几点：

1. 搞好考核评价工作，打好奖惩基础。以劳动考核的事实资料为依据，负责管教的监狱人民警察应端正态度，认真做好评估工作，恰如其分地评价每一个罪犯的劳动改造成效，保证奖惩的准确无误。

2. 实事求是，严格执行考核制度。在考核的结果上，进行奖惩评定，该奖则奖，该罚则罚。严格执行考核标准和奖惩制度，不能随意篡改，不能为了争荣誉而放纵标准，做到考核公开、公正、公平。

3. 监狱人民警察要坚定立场，不受拉拢和腐蚀。有些罪犯为了获得奖励，千方百计地与监狱人民警察联络感情，甚至设法通过其家人或朋友向监狱人民警察行贿，妄图篡改事实，采取不正当手段获得奖励。这就要求监狱人民警察提高政治思想素质，坚定立场，坚决不受拉拢和腐蚀。

二、严格掌握奖惩的公正性

奖惩制度带有法律的约束力，具有严肃性的特征。因此，在执行中必须保证工作客观。

1. 必须依据有关法律、法规和政策。对罪犯劳动的奖惩，在有关法律、法规和政策中都有明确的规定。如《刑法》第 78 条和《监狱法》第 29 条规定了确有悔改或立功表现的罪犯，可予减刑；《监狱法》第 57 条规定了可给予罪犯表扬、物质奖励或者记功的情形等。监狱在具体操作时，必须依照这些规定进行，才能统一奖惩尺度，保证公正。

2. 必须依据罪犯劳动考核结果执行。将劳动考核结果与奖惩相对应，就是要适时发挥劳动考核的激励作用。只有以事实为根据，以法律为准绳，将劳动考核与奖惩紧密结合起来，才能对罪犯产生激励作用，有利于调动绝大多数罪犯的劳动改造积极性。由于劳动考核结果进行的奖惩需要公平公正的进行，让罪犯一目了然，这就要求在奖惩中，监狱人民警察切不可存在不公与成见，不能将个人好恶渗透在其中，严重挫伤罪犯的劳动积极性和上进心，要时刻以考核实绩客观公正地评定，绝对保证奖惩实施的准确程度。

三、严格掌握奖惩的适当性

奖惩适当性是指进行奖惩的适度、适量、适时性特点。

奖惩的适度，是指无论是奖励还是惩罚，都要恰如其分。合理确定奖惩的种类，使之与罪犯的表现实绩相适应，该表扬时就表扬，该立功时就立功，决不能互相替代，让罪犯产生高不可攀或轻视易得的印象，挫伤其劳动积极性。在现实执行中，一定要严格掌握奖惩的度，真正起到树正气、压歪风的作用。

奖惩的适量，是指奖惩在人数上或一定时期次数上的合理安排。在奖惩人数的安排上一定要侧重激励作用的最佳发挥限度，既不能让人觉得奖励的人数太多而忽略榜样作用，也不能奖励太少让人怎么努力也达不到，从而丧失改造信心；同样，如果惩处的人太多，就会使罪犯产生“法不责众”的心理。因此，受到奖惩的罪犯人数要适宜，要由有关机关科学地确定。另外，一定时期的奖励次数也是这个道理，过多的表扬，会使表扬的价值减弱，过多的惩处会让人破罐破摔。因此，奖惩一定要适量，才能发挥其积极作用。

奖惩的适时，是指对罪犯的奖惩应当适合时宜，找准机会，即时兑现。对罪犯的奖惩不能由于一时一事的需要而突击进行，也不可延长时间削弱奖惩的力度，一定要注重奖惩的时效，保证奖惩的及时性，将奖惩看做是激励罪犯进行劳动改造的适时工具。

四、充分发挥奖惩的教育性

奖惩就是一面镜子，它时刻让罪犯在其中看到自己的真实面目，让自己反思。奖惩工作，是对罪犯进行教育的最佳手段，是时时刻刻督促罪犯自省的教育活动。在奖惩中，树立学习榜样和反面教材，及时唤醒更多的罪犯改过自新，这是奖惩最实际、最生动、最有效的教育性质。

范例分析

范例：某监狱某监区罪犯何某某因职务侵占罪被判处有期徒刑8年，该犯在服刑期间能认罪悔罪，与其他罪犯和睦相处，积极配合监狱人民警察管理。在劳动改造期间，何某某能认真遵守劳动操作规程，熟练掌握劳动技术，劳动效率较高，大大节约了劳动物资，每个月都能超额完成劳动任务，并多次获得嘉奖。由于何某某能够长期坚持积极劳动，年度累计超额完成30%以上的定额任务，为此当年被记功一次。这个结果进一步提高了何某某的改造积极性，更加坚定了其改造信心。

分析：何某某服刑期间，能够认罪悔罪，服从管理，遵守劳动纪律，超额完成监狱规定的生产任务，达到监狱罪犯劳动奖励的条件，获得了记功的行政奖励。这个奖励准确、公正、适当，起到了激励罪犯改过自新的作用，达到了良好的教育引导效果。

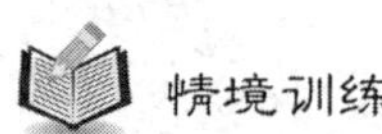

情境训练

某监狱某监区罪犯肖某某因故意杀人罪被判处死缓，该犯在缓期2年执行刑期内，因好吃懒做，在劳动改造过程中经常消极怠工，坐在劳动工位上发呆，并故意损坏劳动物资，无故不能完成劳动定额任务等，因此每个月都被扣行政分，在经监区警官的个别谈话教育后仍不悔改，半年内累计扣了18分。经监区提请，对该犯记警告一次。

请用所学知识分析上述案例。

学习情境三　罪犯劳动报酬

知识储备

一、罪犯劳动报酬的概念

罪犯劳动报酬是罪犯在监狱劳动改造期间付出一定数量、质量的劳动后应从监狱机关获得的一种法定物质报酬，是罪犯在劳动改造过程中获得的在一定范围内和一定条件下供自己自由支配的劳动收入。

罪犯劳动报酬具有“双重性”，即既具有劳动改造这一特殊属性，又具有创造社会财富这一劳动的普遍属性。罪犯劳动报酬权是罪犯应享有的一种法定权利。《监狱法》第72条规定：“监狱对参加劳动的罪犯，应当按照有关规定给予报酬并执行国家有关劳动保护的规定。”这是我国法律第一次对罪犯的劳动报酬问题作出的明确规定。

二、罪犯劳动报酬的依据

（一）法律依据

联合国第一届罪犯预防与罪犯处遇大会在关于监狱劳动的决议中规定：“罪犯应获得公平的劳动报酬，其数额至少应能够激发他们的劳动兴趣和热情。报酬最好充足些，使罪犯至少能够部分地帮助家庭生活，赔偿他们原来的受害者，满足个人在许可范围内的需要以及建立劳役金等。在正常情况下，罪犯获释时，应通过主管部门或适当的机构将劳役金退给罪犯。”

各国宪法对“公民”的普遍定义是：一个人，只要他具有了某国的国籍，他就自然成了该国公民，该国就有义务保护该公民依法享有的权利。“公民”在法律概念上是中性词，不论是守法者还是犯罪人，判断他是不是该国公民的唯一标准是他有没有该国国籍。罪犯虽然受到刑罚被剥夺了自由等，但并没有剥夺他们的公民资格，他们依然享有作为公民所应当享有的法定权利。劳动报酬权是宪法规定的权利，世界各国都在宪法中明确规定劳动报酬权的相关内容属于政治权利之一。我国《宪法》在公民的基本权利和义务一章中确认劳动报酬权是公民的基本权利之一。我国《劳动法》第3条规定，“劳动者享有取得劳动报酬的权利”。

1994年《监狱法》颁布之前，我国就贯彻罪犯劳动的有偿制度。我国监狱对罪犯实行“假定工资”制度，一般以实物形式支付，直接用于罪犯伙食费、医疗费、生活费、教育开支等。《监狱法》对罪犯劳动有偿制度作了确认，第72条规定：“监狱对参加劳动的罪犯，应当按照有关规定给予报酬并执行国家有关劳动保护的规定。”

（二）实践依据

现代行刑的理念之一强调罪犯权利的人赋性和法定性，强调罪犯的独立性价值，强调罪犯人权、尊严、平等等基本权利，摒弃把罪犯当成客体或物化对象，赋予罪犯权利义务的行刑主体地位。建立在这样一种现代行刑理念基础上来认识，就能发现罪犯劳动报酬实质上是现代监狱行刑制度的应有之义，有了这样一种制度，罪犯在服刑中就不会始终将自己放在被动的改造地位，不至于被动应付，有助于罪犯树立主动改造意识、自觉改造意识，化被动为主动，不断加快改造进程，从而早日回归社会。我国监狱贯彻宽严相济的刑事政策，监狱对参加劳动的罪犯给予一定的劳动报酬，是我国《监狱法》明确规定的，也是宽严相济的刑事政策的切实体现。实施罪犯劳动报酬制度是全面贯彻落实监狱法的现实要求。在监企分离新体制下，全面推行罪犯劳动报酬是对现有罪犯劳动管理制度的改革创新，对于促进公正文明执法，进一步加强罪犯劳动管理工作具有重要意义。

我国监狱组织罪犯进行劳动生产的历史由来已久，新民主主义革命时期，我国在劳动改造的实践中积累了大量的经验，大多数看守所和监狱都能自力更生，丰衣足食，获得足够的改造经费。而在劳动改造的同时，向罪犯支付一定的劳动报酬，作为对其劳动的补偿和奖励，我国监狱曾经以很多切实可行的方法将之坚持下来，目前又以现行法律的形式对其进行规范，因此，从实践的角度来看，对罪犯支付劳动报酬是切实可行的。

三、罪犯劳动报酬的意义

在我国建立并实施罪犯劳动报酬制度，对在狱内参加劳动的罪犯按规定给予劳动报酬，有着非常重要的实践意义。

（一）保障罪犯人权，规范监狱执法行为

罪犯劳动报酬权是参加劳动的罪犯的一项重要权利，也是罪犯人权的重要保障。所谓罪犯人权，是指在监狱中具有罪犯身份的人所应当享有的权利，它包括根据我国《宪法》《刑法》《刑事诉讼法》《监狱法》等法律法规规定所赋予的或未被剥夺和限制的法定权利。罪犯劳动报酬有具体的计提办法，从而较好地解决了对生产不同产品，不同岗位，不同劳动力素质的罪犯劳动报酬的计提问题，减少了警察人为控制的随意性，体现了公平、公正、公开考核的要求，规范了监狱的执法行为。

（二）稳定狱内改造秩序，提高罪犯的劳动积极性

罪犯享受劳动报酬，体现了罪犯的基本权益，更重要的是体现了对罪犯所创造的劳动价值的认同和肯定。过去罪犯只是把参加生产劳动当做一种惩罚，是强制性的，而当他们的劳动得到了承认，他们也同其他人一样享受到劳动的快乐，品尝到劳动果实，随之而来的劳动主动性和积极性也得到了提高。实行劳动报酬后，罪犯可以用劳动报酬采购日常用品，适当改善罪犯的狱内生活，特别是“三无”罪犯通过自己的劳动获得报酬，解决了一些生活上的实际困难，促使罪犯在狱内安心改造，稳定了狱内改造秩序。罪犯还可以利用部分劳动所得来接济家庭，减缓其内心的愧疚感，激发罪犯的劳动改造积极性，实现由被动改造向主动改造的转变。

（三）巩固罪犯劳动改造成果，降低重新犯罪率

罪犯获得劳动报酬后，可以利用劳动报酬自主计划、合理安排、适当改善和充实自己的改造生活，提高文化素养，从而有利于其安心改造，积极改造。罪犯出狱后至就业前的保障是避免重新犯罪的关键，由于受世俗偏见，刑释人员的就业一直是难上加难。劳动报酬制度的实施，有利于罪犯储备一部分资金作为出狱后的日常生活需要，直至维持至就业为止，大大减低了重新犯罪率。

四、西方国家关于罪犯劳动报酬的做法

在西方发达国家，对罪犯劳动报酬的支付、管理方式及劳动报酬的数额等具体规定，各国不尽相同。

法国的具体规定是：罪犯在服刑期间劳动依法获得劳动报酬，计算标准是根据罪犯的技能水平、所从事的劳动工种和技术要求等来决定的，和社会上同工种的劳动所得差不多。法国规定的罪犯劳动报酬标准与其他国家相比应该算是比较高的，但是法国法律同时规定罪犯劳动所得报酬并不能全部归其个人所有。按照规定，已决犯要把他的劳动收入的1/2 上缴国家；1/6 用来作为司法费用和用于作为受害人的赔偿金；1/6 作为储蓄金，在释放时返还给罪犯，用来作为回归社会初期的基本生活费用；最后1/6 的劳动所得，才允许罪犯自己用于在监狱内的日常消费，也可以寄给需要其赡养的亲属。[1]

德国在《德国刑罚执行法》第 43 条中作了相关规定：首先肯定了罪犯从事分配的劳动、其他劳动或辅助性劳动，应当给予报酬。其次根据罪犯的劳动成果和工种将报酬分为几个等级。如果罪犯的劳动成果不能达到规定的要求，其所领取的报酬不能高

---

〔1〕 周涛：“关于发达国家罪犯劳动报酬制度的思考”，载《辽宁警专学报》2006 年第 2 期。

于基本报酬的17%。另外该法第44条还规定，劳动报酬和培训补助费的2/3罪犯可以自由支配，甚至还可以更多，其余的收入可以作为救济款，以保障罪犯和需要其赡养的亲属在其回归社会后最初一段时间的生活费用。[1] 和法国相比，德国规定的罪犯可自由支配的比例比较高。

美国的具体规定是：美国联邦监狱和各州监狱在罪犯劳动及报酬方面的法律规定不尽相同，但相同的是各州都肯定了对参加劳动的罪犯应当给付劳动报酬。由于美国刑罚中强调“劳动赔偿”这一方法，强制用罪犯的劳动所得赔偿给受害人，这就要求监狱对罪犯的劳动必须给付报酬。美国联邦法律虽然规定了最低工资标准是每小时5.5美元，然而在各州的很多监狱达不到这一标准，多数罪犯的工资只有每小时1～1.5美元。[2] 所以在美国，罪犯的监狱劳动报酬与社会上同工种的普通劳动者的工资相比是比较低的。

《比利时监狱规则》第66条规定：“监狱罪犯劳动产品收入的40%作为利润上缴国家，这笔钱也用作管理费用。所余60%作为储备金，其中要扣除损坏和不合格产品的费用。”[3]

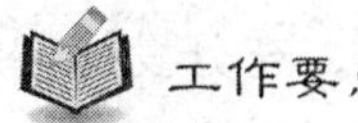
工作要点

一、罪犯劳动报酬支付的沿革

在我国过去几十年的实践中，我国监狱一直对罪犯的劳动赋予报酬，只是在支付的形式上有所不同。具体形式有以下几种[4]：

（一）供给制

供给制是指采用平均分配的办法以实物形式向罪犯支付劳动报酬的分配制度。我国在国内革命战争时期、抗日战争时期、解放战争时期和新中国成立初期的监狱里，对罪犯的劳动报酬实行供给制，以食物、被服等形式平均分配给罪犯，这是符合当时社会经济条件的。

（二）混合制

混合制是指监狱以实物和货币两种形式同时向罪犯支付劳动报酬的分配制度。这种分配制度从新中国成立初期至今在各个监狱被普遍采用。在混合制下，对罪犯付酬采用分别对待的方法，罪犯的生活用品，采用供给制方法，以食物、被服等实物支付；

---

〔1〕 徐久生等：《德国监狱制度——实践中的刑罚执行》，中国人民公安大学出版社1993年版，第238页。

〔2〕 周涛：“关于发达国家罪犯劳动报酬制度的思考”，载《辽宁警专学报》2006年第2期。

〔3〕 中华人民共和国司法部编：《外国监狱法规条文分解》（下册），社会科学文献出版社1990年版，第335页。

〔4〕 徐勇、周雨臣主编：《罪犯劳动管理学》，金城出版社2003年版，第246页。

其他部分，则以零用钱、奖金、技术津贴等货币形式支付，但不直接付给罪犯使用，而先采用记账支付的办法，刑满释放时一次结清。这种分配制度的实施，虽可保证罪犯的基本生活水平，但在各监狱普遍采用的过程中，它的缺陷也很快被暴露出来，其劳动报酬不能与劳动成果相适应，也就不能较好地体现按劳分配原则，给罪犯的管理工作带来了一定难度。

（三）工资制

罪犯工资制是监狱根据按劳分配原则及其改造表现，对参加劳动的罪犯制定的劳动报酬分配制度。它是社会主义市场经济和国际人权斗争需要的产物，体现了我国监狱制度的文明和法制。

二、罪犯劳动报酬支付

（一）建立罪犯劳动报酬统计制度

罪犯劳动报酬统计工作，是罪犯劳动改造的一项重要基础工作，它不仅能够直接反映罪犯劳动改造现状，也是制定和完善罪犯劳动改造有关规章制度的基本依据。为规范监狱罪犯参加劳动给予报酬的管理工作，切实保障罪犯合法权益，充分发挥罪犯劳动报酬在管理罪犯和改造罪犯工作中的积极作用，从 2011 年 7 月起，在全国监狱系统建立罪犯劳动报酬定期统计制度。

罪犯劳动报酬统计原则上由劳动改造部门负责，狱政管理、财务和监狱企业管理等部门参与配合。省（区、市）监狱管理局负责完善劳动改造和狱政管理、财务和监狱企业管理等部门的协调配合机制，明确职责分工，资源共享，确保统计数据的准确性。

由监狱在每月规定的日期填报本监狱上月度的《监狱罪犯劳动报酬月统计表》报省（区、市）监狱管理局，省（区、市）监狱管理局负责在每月规定的日期将上月度的《监狱罪犯劳动报酬月统计表》汇总分析并上报部监狱局，省（区、市）监狱管理局还需在每年规定时间将上年度的《监狱罪犯劳动报酬年统计表》和分析报告报部监狱局，分析报告应包括基本情况、主要做法和经验、存在的困难和有关意见建议等。

（二）罪犯劳动报酬的计提与发放

罪犯劳动定额与劳动报酬按照“按能定级、按量定额、按分考核、按劳计酬”的原则实施，采用“分类管理、统一定额、按劳计酬、按月发放”的办法，坚持依法、科学、公正、公开，警察直接管理。监狱生产科负责罪犯劳动定额和劳动报酬工作的监督管理，并负责对监区罪犯劳动报酬的审核工作。罪犯劳动定额月完成率不低于 80%；罪犯劳动报酬发放率应达到参加劳动人员的 100%。

监区应根据参加生产劳动罪犯的劳动熟练程度、身体状况、年龄等情况，结合项目生产特点，科学界定劳动能力并进行分类定级管理，为实施劳动定额管理打好基础。罪犯的劳动能力等级每月评定一次。从事工艺流程较为复杂项目生产的监狱或监区，罪犯劳动类级可以在原基础上进一步细分劳动类级。

1. 罪犯劳动报酬的计算公式。罪犯劳动报酬的计提采用工时报酬法，具体将每名罪犯每月实际完成的标准工时数分成若干档次，不同档次的工时按不同的工时报酬值和相应的技术难度系数计提劳动报酬：

罪犯月劳动报酬总额（单位：元）＝∑（各档次完成标准工时数×各档次工时报酬值）×技术难度系数＝∑（各档次完成标准工时数×工时报酬基数×各档次报酬系数）×技术难度系数

工时报酬基数（单位：元/分）＝上年（或上季度、上月）全监加工业平均工时含税产值＝［上年（或上季度、上月）全监加工业含税总产值÷上年（或上季度、上月）全监加工业完成总工时］

其中，各档次工时及相应的报酬系数分别为：160分（含160分）以内，报酬系数为2%；第160～200分（不含160分，含200分），报酬系数为10%；第200～230分（不含200分，含230分），报酬系数为20%；超过230分的，报酬系数为30%。

技术难度系数由生产科根据监狱企业打板中心的意见设定，最小值为1，最大值为2，未特别指明的默认为1。

2. 从事专项工种劳动的罪犯劳动报酬的计提与发放。对从事专项工种劳动的罪犯，根据其工种难易程度、完成岗位职责情况，确定其劳动报酬发放标准，原则上按以下标准计提发放劳动报酬：

（1）从事生产性关键专项工种劳动等的罪犯，包括质检员、生产劳动记录员、物料发放员、机修工、电工等，按所在监区、班组或生产流水线一类二级罪犯的平均劳动报酬计提。

（2）从事生产性普通专项工种劳动等的罪犯，包括装卸工、清洁工、车间值班员等，按所在监区一类三级罪犯的平均劳动报酬计提。

（3）从事非生产性专项工种劳动等的罪犯，包括炊事员、医护卫生员、绿化养护工、监舍值班员等，按不高于全监生产监区罪犯平均劳动报酬的标准计提。

罪犯的劳动报酬以监区为单位按月核算汇总，报监狱生产科、财务科审核，经分管生产工作的监狱领导审批后，由财务科转入罪犯个人账户。罪犯出监的，按规定标准计提罪犯当月内的劳动报酬。

三、罪犯劳动报酬的使用

（一）在狱中一定范围内自由支配

对于罪犯的劳动报酬，其在狱内如何使用，国际上通行的做法都是限制在一定范围内自由支配。我国在设计服刑人员劳动报酬制度时，可以将服刑人员的部分劳动报酬作为其狱中可支配部分，可以用于基本生活用品以及监狱规定范围内的消费，包括在监狱超市购买各种食品，也可以在监狱服刑人员自选餐厅进行消费，还可以用于购置改善和提高生活质量的文化体育生活物品等。这一制度对提高罪犯劳动改造的积极性有重要作用。

（二）赔偿受害人

在我国司法实践中，因受“重刑轻赔”思想观念的影响，一些案件的审判存在“以刑代赔”的倾向。罪犯接受审判被定罪判刑并入监狱服刑，作为刑罚执行机关的监狱对罪犯实施惩罚和改造，但它对被害人的继续赔偿却不过问。因此，根据《监狱法》规定的罪犯劳动报酬制度，应当考虑包括赔偿被害人的内容，可以借鉴国外的有益做法，在罪犯劳动报酬中留出一定份额，用于赔偿被害人，要求罪犯在承担刑事责任的同时，同步履行民事赔偿责任，从而体现国家执法行为的整体性和公正性。被害人在经济上获得一定的赔偿，实现个人民事权利，也能在一定程度上减轻社会压力，化解社会矛盾，从而有助于社会稳定。

（三）预留刑满储备金

罪犯在服刑期间参加监狱组织的生产劳动，按规定获得一定报酬，监狱帮助罪犯将这部分劳动报酬积存起来，待罪犯刑满释放时交给其本人，这对于巩固罪犯劳动改造成果、实现刑释人员顺利回归社会具有重要意义。罪犯出狱后可以利用其在狱中所获得的劳动报酬，维持刚刑满出狱后一定时期内的基本生活，有效防止刑满释放人员因出狱后生活困难而重新犯罪；可以用其在狱中获得的劳动报酬，作为重新寻找就业机会的必要开支，从而有助于罪犯刑满释放后走上正轨，自食其力，渡过刑释后的“危险期”。据调查，服刑罪犯大部分家庭经济条件都较差，有的罪犯入狱后妻离子散，家破人亡，罪犯刑满出狱后往往是举目无亲，无依无靠，经济拮据。加之目前我国刑释人员安置帮扶制度还不完善，社会保障制度还不健全，社会对刑释人员普遍有一种歧视心理，一些罪犯出狱后还难以及时得到社会的帮扶和救助。在此情形下，刑释人员若无经济来源，经济上得不到及时帮助和接济，很容易再入歧途，重新走上犯罪道路。因此，在我国建立罪犯劳动报酬制度，让罪犯在刑满释放后能领取到一定数额的出狱储备金，用于解决刚出狱后一段时期基本生活和再就业问题，帮助刑释人员成为自食其力的守法公民，可以巩固罪犯来之不易的劳动改造成果，这对于维护社会稳定、构建社会主义和谐社会具有非常重要的意义。

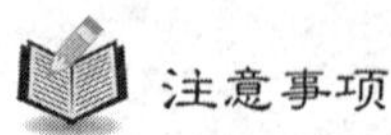

注意事项

一、罪犯劳动报酬的特殊性

罪犯劳动的特殊性，决定了罪犯劳动报酬的特殊性，罪犯劳动报酬的支付不同于社会企业职工。从劳动报酬支付形式而言，支付罪犯劳动报酬只能采用记账，而不能直接向罪犯发放货币现金。从劳动报酬支付对象而言，应由监狱直接支付给罪犯本人，其他人非经罪犯本人同意不得代领和借支。从劳动报酬支付时间而言，罪犯的劳动报酬原则上也应按月支付。

（一）劳动主体的特殊性[1]

监狱劳动的主体是罪犯，由于人身自由被剥夺，使得他们和普通公民相比在劳动中的地位明显不同。劳动既是公民的基本权利又是义务，但对普通公民来说，劳动义务并不是指强制参加劳动，但罪犯的劳动义务却是如此。监狱企业和罪犯之间的关系并不是一般法律意义上的劳动关系，有劳动能力的罪犯必须参加劳动，是义务性规定，且是第一位的。在监狱，罪犯没有权利对参加劳动还是不参加劳动进行选择，监狱对有劳动能力的罪犯依法强制他们参加劳动。不仅劳动本身被强制，就连劳动的场所、任务和时间等都是强制的，罪犯必须服从。

（二）罪犯劳动目的的特殊性

依大多数学者的观点，监狱劳动的目的同时具有惩罚、矫正和经济三个方面的目的，这其中的惩罚和矫正目的是社会普通劳动者的劳动所不具备的。罪犯劳动和一般意义上的“创造物质财富和精神财富的生产活动”不同，它是监狱秉承“改造人”的宗旨，对罪犯实施的一种矫正其犯罪思想及行为的行刑活动，劳动只是手段，改造才是根本出发点与归宿点。同时，罪犯劳动的改造性离不开劳动的惩罚性。劳动惩罚性给罪犯带来的身体上和精神上的痛苦体验，其本身就具有一定的改造性。

（三）罪犯劳动报酬的限制性

罪犯享有劳动报酬权，这已得到法律的认可。但罪犯的劳动报酬权与普通劳动者的劳动报酬权并不等同，是应该受到限制的。罪犯劳动报酬有别于社会劳动报酬，这并不是中国监狱的特色，纵观世界各国，罪犯劳动报酬一般都不实行与社会“同工同酬”。罪犯劳动报酬与社会劳动报酬存在差异，这是监狱行刑权行使与罪犯特殊法律地位使然。我们要理性对待罪犯的劳动报酬权，而不能盲目地放大罪犯的劳动报酬权。对罪犯劳动报酬权的保障，应做到既符合行刑的人道，又符合监狱行刑的实际。

范例分析

范例：广东某监狱2008年全监狱加工业月人均含税产值为443元，上年全监狱加工业平均每工分含税产值2.7元，若罪犯张某2009年3月份完成280工分，那么罪犯张某3月份应得劳动报酬为多少？

分析：罪犯张某3月份劳动报酬 $=160\times2.7\times2\%+40\times2.7\times10\%+30\times2.7\times20\%+50\times2.7\times30\%=76.14$（元）。

---

〔1〕朱美云：“罪犯劳动报酬的具体模式设计”，载《理论界》2014年第5期。

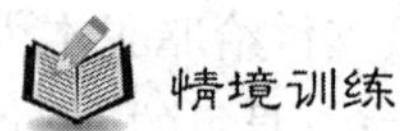

情境训练

香港地区罪犯劳动及其劳动报酬情况

香港法例规定，所有成年在囚人士每周必须工作6日。因贩毒被判入狱的阿某（化名），在壁屋监狱服刑。在这里，阿某获编配到洗衣大楼工作，处理公立医院的衣物，学习洗熨工作。洗衣大楼规模与大型洗衣工场无异，供应医院管理局新界东联网5间公立医院之用。

现时，该署的29所监狱和惩教所共设有130多个工场，提供职业训练。在囚人士2011年为社会提供市值4.22亿元（港元，下同）的产品和服务。惩教署工场只向政府部门及公营机构提供工业产品和服务，同时仅收回直接生产成本，例如物料、运输等费用，因此不会为惩教署或政府带来实质的额外收益。

每周工资最高163.7元

2011年，香港惩教署每天平均约有5099名囚犯在惩教院所辖下共130多个工场从事不同生产工作。院所会因应在囚人士的健康状况、保安类别、个人背景及所余刑期等因素，分派他们到不同岗位工作。他们可赚取工资，也可利用积存的工资每月购买官方批准的个人物品两次。

惩教署表示，根据规定，服刑时获发的工资不会作现金交收，必须将10%工资储存起来，余额会记账作购买小食、饮品、日用品和香烟等物品之用。直至储蓄达500元后，就可自行决定储蓄比例，储蓄结余会待出狱时收取。

目前惩教署发放的工资介乎每周38.01～163.7元。因健康理由不能参与工作的在囚人士，或因接受为期1～3天的启导课程而未获派工作的新定罪人士，仍可获得基本工资，即每周20.16元。

阅读以上材料，比较我国内地与香港地区罪犯劳动报酬情况的异同。

学习单元十

罪犯劳动教育

知识目标

通过本单元学习，能够：

1. 了解罪犯劳动教育的重要意义。
2. 了解罪犯劳动教育的相关内容。
3. 掌握罪犯劳动教育的方法。
4. 了解罪犯劳动竞赛的概念和意义。
5. 掌握罪犯劳动竞赛的操作要领和工作流程。

学习情境一　罪犯劳动教育的组织实施

知识储备

一、罪犯劳动教育的概念

罪犯劳动教育是指监狱机关有组织地对罪犯进行的有关劳动知识、劳动技能和劳动观念等方面的系统影响活动。

罪犯劳动教育的目的是通过对罪犯实施劳动教育，在强制罪犯劳动过程中，使其培养劳动观念，重拾正确的思想品德，恢复其勤劳善良的本质，矫正自身恶习，并掌握一定的劳动技能，出狱后能够自食其力，不再重新犯罪。罪犯劳动教育是一种有目的的活动，其教育效果很大程度上取决于监狱人民警察对教育目的的理解。因此正确认识和理解教育目的，是做好罪犯劳动教育工作的基础。

罪犯劳动教育是罪犯劳动管理的重要内容之一，贯穿于整个罪犯劳动过程之中。在具体工作中，监狱应把对罪犯的劳动改造教育纳入罪犯教育的体系之中，要在“三课教育”之外系统开设“劳动教育”课程。主要进行劳动意义教育、正确劳动观教育、劳动改造作用教育、劳动态度和劳动纪律教育、生产技术和就业指导教育等，除此之外，在组织罪犯劳动过程中，监狱人民警察要加强对罪犯的日常劳动教育，结合罪犯在劳动中的实际表现及时对罪犯进行批评、表扬、点拨、诱导、启发，并经常组织罪犯畅谈劳动感想，交流劳动体会，撰写劳动心得，从而使罪犯从日常劳动实践的感性活动逐渐升华为改造思想、矫正恶习、荡涤灵魂、重塑人生的自觉的理性活动。

二、罪犯劳动教育的意义

（一）实现改造罪犯的有力手段

近代以来，监狱把思想改造融入劳动之中，使之具有了更大的职能。相比于监管和教育两种方式，劳动作为改造罪犯的手段，可以更加直观地量化罪犯改造表现。到目前为止，还没有任何方法可以比劳动更能形象地刻画罪犯的改造态度和成果，虽然其本身也有缺陷。劳动是人和人类社会形成和发展的源发力。马克思在1875年的《哥达纲领批判》里针对拉萨尔“调整监狱劳动”问题指出，生产劳动是罪犯“改过自新的唯一手段”。联合国《囚犯待遇最低限度标准规则》明确规定：“服刑罪犯都必须参加劳动。”1946年太行区司法会议称赞劳动是“改造罪犯最有效的方法之一”。从民主革命时期的拘役所到解放战争的战犯管理所，再到新中国成立后的监狱，劳动改造理论的提出和实践，使中国罪犯改造工作取得了巨大成效。在具体实践过程中，劳动的形式有多种多样，但劳动的教育和矫治功能始终在起作用。而通过罪犯劳动教育，可以增强罪犯对劳动改造的正确认识，消除罪犯对劳动改造的种种偏见和抵触情绪，从而轻装上阵，以用劳动向国家和人民赎罪的积极态度去参与劳动改造，自觉地使自己在劳动中早日成为新人和守法公民。

（二）转变成现实劳动力的有效途径

在中国监狱已走过半个多世纪的风雨历程中，劳动改造罪犯早已成为中国特色的监狱工作的基本制度。对罪犯实行惩罚与改造离不开劳动，这是因为劳动具有改造和教育功能，其在实践工作中，在客观上创造了一部分有价值的劳动，弥补了国家对监狱经费投入的不足，一定程度上缓解了监狱经费紧张的局面，改善了监狱条件。罪犯由于自身的特殊性，无论是在劳动的积极性和劳动技能方面都很缺乏，有的还对劳动抱有抵触情绪。因此，罪犯入狱后，虽然个个身体强壮，四肢发达，但也只是潜在劳动力，罪犯作为中国的公民，应该为国家的经济建设做出应有的贡献，监狱组织罪犯劳动也应该有一定的经济目的。经济意义上的罪犯改造的劳动属性和价值，更加务实，更易被罪犯在改造中接受。在尊重罪犯的劳动权，切实维护罪犯劳动合法权益的前提下，把这种潜在劳动力转化为现实的劳动力，加强罪犯劳动教育，追求罪犯劳动的经济属性和价值，是提高罪犯改造质量的重要环节，是罪犯改造成果的衡量标准。组织罪犯劳动的经济效益越高，经济增长越快，所反映出的为罪犯提供的劳动岗位的质量越高，罪犯所学的劳动技能的技术含量也越高，越能调动罪犯改造的积极性和兴趣，达到罪犯改造的目的。

（三）树立正确的劳动观和劳动习惯

多年的罪犯改造工作实践证明，只有坚持对罪犯实行惩罚和改造相结合，教育和劳动相结合的原则，才能更好地提高罪犯的改造质量。罪犯好逸恶劳的本性决定了对罪犯进行劳动教育的必要性。虽然在劳动实践中，受到劳动纪律的约束，在一定程度上减弱了罪犯自身的不良行为习惯，但劳动对罪犯的改造作用不能自发地产生，只有通过劳动教育才能充分发挥劳动功能；也只有通过劳动和教育相结合，才能使罪犯充分认识劳动的伟大意义，摒弃轻视劳动的观念，树立劳动光荣的思想，进而端正劳动态度，树立正确的劳动观念，逐步培养热爱劳动、尊重劳动的思想感情，认识到侵吞他人劳动成果、不劳而获的可耻，在严格的劳动纪律下，逐渐加强集体主义和组织纪律观念，这就从根本上确保了罪犯劳动改造发展方向的正确性。《监狱法》第4条规定："监狱对罪犯应当依法监管，根据改造罪犯的需要，组织罪犯从事生产劳动，对罪犯进行思想教育、文化教育、技术教育。"第69条规定："有劳动能力的罪犯，必须参加劳动。""必须"一词就是监狱劳动的强制性。对那些思想上厌恶劳动，不愿意劳动的罪犯，依法强制他们劳动，并结合其他改造手段，使罪犯在逐渐转变其懒惰的行为、歪曲的心理、丑陋的灵魂的过程中，变被动劳动为主动劳动，变被动改造为主动、积极地改造。虽然在罪犯还未产生这种自觉能动性之前，强制劳动有一定的惩罚和强迫性，可能使部分罪犯产生抵触和抗拒心理，但经过劳动教育，随着劳动意义与乐趣的不断反馈及正确思想的疏导，这种抵抗和抗拒心理会逐渐地消除，并开始走入劳动改造的正常轨道。

（四）培养罪犯劳动技能

在目前，劳动仍然是人们谋生的手段，如果没有劳动技能，或者劳动品德不好就会受到社会的排斥。特别是有过服刑经历的人，若没有良好的劳动品德，没有一技之长，是难以在社会上谋求正当职业的，生活出路也就难以保障。

《监狱法》第70条规定："监狱根据罪犯的个人情况，合理组织劳动，使其矫正恶习，养成劳动习惯，学会生产技能，并为释放后就业创造条件。"罪犯最终都要回归到社会，这是一个客观规律。因此，培养罪犯劳动技能是监狱改造罪犯的本质要求，为罪犯回归社会生存打下基础。监狱在有限条件下，组织罪犯参加劳动，为罪犯学习技能提供路径和平台。在强制劳动的过程中，不论罪犯是否愿意，都会潜移默化地影响罪犯，使之理解合作精神，养成劳动习惯，掌握一定的劳动技能。要真正彻底改变并铲除滋生犯罪的思想根源，就必须加大罪犯劳动教育的深度和力度。罪犯劳动教育是用现代化劳动的基本科学原理和劳动技术武装罪犯，把劳动观念与综合技术结合起来，学习到最现代化的劳动技术，通过有组织的技术教育和实践，使其获得相应的技术等级证书。罪犯狱内劳动所积累的经验和技术，可以为其出狱后在寻找就业岗位，实现自食其力方面提供帮助。

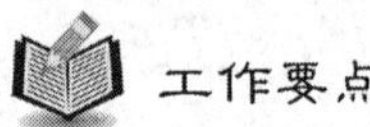
工作要点

一、罪犯劳动教育的内容

（一）劳动观教育

认识劳动的伟大意义，是帮助罪犯树立正确劳动观的关键。劳动是人类最基本的实践活动，是人们创造物质财富和精神财富的活动，它促进社会变革，创造人类文明史，人类历史上的三次社会大分工，都和劳动有着密切的联系，劳动推动了历史的车轮，所以劳动是伟大的。马克思也明确指出："任何一个民族，如果停止劳动，不用说一年，就是几个星期，也要灭亡，这是每一个小孩都知道的。"人们不仅从劳动中可以创造赖以生存的物质财富，而且还可以得到很多情感上的满足。我国《宪法》也规定："劳动是一切有劳动能力的公民的光荣职责。"但在现实生活中，鄙视劳动的滞后观念还在影响和毒害着人们，劳动是伟大的这一观点并没有普遍地被人们接受，一些人由于没有树立正确的劳动观，从思想上还没有认识到人应该靠劳动吃饭，应勤劳致富，守法致富，享受自己的劳动成果才是真正幸福的道理，而是曲解社会上分配悬殊的现象，企图走非法暴富的捷径。

罪犯中也存在好逸恶劳的思想，存在着鄙视劳动，尤其是鄙视体力劳动的思想，正是这种落后观念的影响才促使罪犯对劳动产生了错误的认识。对罪犯进行劳动伟大意义的教育，目的就是去除他们头脑中的一些错误认识，使他们逐步认识到劳动在人类发展历史中的伟大作用，认识到自己作为一个公民，在社会中有自觉劳动的义务。从保障罪犯顺利回归社会的改造角度来说，我们不能把罪犯改造成只会守法，而对社会无任何用处，或者无社会生存技能的人，使之边缘于社会，无法被社会接纳。要真正学会劳动技能，罪犯也必须有自觉的基础，达到我要学的境地。对罪犯进行正确的劳动观教育可包括劳动与犯罪、劳动与人生、劳动与改造、劳动与前途、劳动与幸福等多项专题。

培养罪犯劳动观是整个罪犯劳动教育的基础，这项教育在具体实施过程中，由于罪犯个体素质的差异和犯罪原因的不同，应力求结合罪犯实际情况和思想改造实际，使劳动观教育贯穿罪犯劳动教育的始终，才能更好地实现罪犯劳动教育的目的。

（二）劳动态度教育

态度是个体对特定对象所持有的稳定的心理倾向。这种心理倾向蕴含着个体的主观评价以及由此产生的行为倾向性。罪犯最初的劳动是在因外界强制而存在抵触和反抗情绪下进行的，这种劳动是一种外在的被动式的劳动，对罪犯思想改造的效力有限。主观思想的改变，必须从人的内心世界自发形成，或者由内在的自我需要所引起，必须把对罪犯的强制劳动转化为罪犯自主劳动。因此，通过对罪犯进行劳动教育，让罪犯形成正确的劳动态度，对于提高罪犯劳动效率是至关重要的。罪犯劳动态度的作用，主要表现在罪犯劳动的积极性、持久性、劳动效率的高低以及劳动技能的学习上。由于劳动态度是一种观念，它一旦形成，可能持久地对罪犯行为选择产生影响，又由于在现实的改造中，罪犯的劳动态度大都不能符合监狱劳动生产的要求，因此，必须把劳动态度的教育作为罪犯劳动教育的重点内容，使罪犯端正劳动态度。正确的劳动态度有利于罪犯在劳动改造过程中积极作用的发挥，进而提高罪犯劳动改造的效果。

对罪犯进行劳动态度教育，首先，要使罪犯明确劳动态度和劳动改造成果的关系。劳动态度和劳动效率呈正相关关系，正确的劳动态度可带来较高的劳动效率，而消极的劳动态度导致低下的劳动效率，甚至是负效率。其次，要使他们明确劳动态度与自身思想改造的关系。只有端正劳动态度才能提高自己的思想境界，懂得劳动态度的好坏不仅影响着劳动效率，还直接影响着自己成为新人的进程。最后，劳动态度也是衡量罪犯改造态度、改造表现的重要依据。正确的劳动态度代表了罪犯积极向上的改造态度和良好的改造表现；错误的劳动态度预示着罪犯消极怠工的改造态度和不良的改造表现。

（三）劳动纪律教育

劳动纪律是指劳动者在劳动过程中必须遵守的劳动规则和秩序。它是保证劳动者按照规定的时间、质量、程序和方法，完成自己承担的工作任务的行为准则。劳动是把人们结合成集体的最初的历史基础，而当人类结合成集体进行劳动时，就必须制定一定的劳动纪律，没有一定的纪律和秩序作保障，任何社会的生产都不可能正常进行。劳动纪律所调整的范围，是整个劳动过程和与劳动过程有关的一切方面，包括工作时间、劳动态度、现场生产、安全、技术、卫生等规程的要求，以及服从管理、听从指挥、考勤、考绩等方面的全部内容。劳动为罪犯改造提供了中介和物质保障。劳动改造是将罪犯置身于特定的生产关系之内，通过遵守劳动规则和劳动纪律，使用物质产出产品，在劳动实践中使罪犯充分认识价值的存在，感受和体验人生价值、社会价值和法律价值，逐步形成正确的世界观、人生观、价值观和道德观，培养其正确的社会化人格。我国监狱从有利于罪犯改造出发，为维护良好的改造、生产、生活秩序，在组织罪犯参加劳动生产的过程中，必须规定严格的劳动纪律。

对罪犯进行劳动纪律教育，首先，要使他们认识到社会主义社会制定劳动纪律的目的是保证实现生产过程正常进行的需要，是为劳动者安全等自身利益服务的。其次，要使罪犯认识到劳动纪律与他们的人身安全、改造表现等个人的利益密切相关。最后，要使罪犯认识到在劳动改造过程中，他们本身也是劳动者，也关心自己的安全和健康，也要求有一套能保证正常生产劳动的规则和秩序即劳动纪律。如果监狱生产过程中没有一定的劳动纪律的约束，让罪犯自行其是，罪犯劳动管理就成了一句空话，监狱生产就不能顺利进行。因此，通过对罪犯进行劳动纪律教育，使罪犯认识到遵守劳动纪律的重要性，并在劳动过程中自觉遵守执行，逐渐养成遵守劳动纪律的好习惯。

（四）技能教育

罪犯掌握从事监狱生产的劳动技能，适应监狱生活，是一个贯彻罪犯整个服刑过程的问题，这就使得对罪犯进行与监狱生产相关的技能教育显得十分迫切和必要。

1. 上岗前的技能培训教育。对罪犯的上岗前培训主要包括：教育罪犯应遵守劳动纪律，遵守操作规程，认真严肃地对待劳动改造活动；对罪犯从事的不同工种和劳动任务有针对性地进行培训，使罪犯达到初步适应监狱生产劳动的要求。

2. 在岗罪犯的技能培训教育。在岗罪犯的技能培训比起上岗前的技能培训更为经常化，也更为重要。监狱人民警察要注意端正每个罪犯的学习动机，把技术培训纳入对罪犯思想改造的考核指标，在岗技术培训自始至终都要以改造罪犯思想为主要原则和根本宗旨。另外，对在岗罪犯技能的培训还包括对罪犯从事的现有工种技术的提高工作。这直接关系到监狱提高劳动生产率，提高产品质量，降低成本，增加生产效益，同时也是促进罪犯劳动改造向纵深发展的关键因素。从监狱在岗罪犯技术培训的实践来看，现在很多监狱根据各行业技术等级标准要求，严格执行各工种的标准，使罪犯通过培训，达到标准要求，并获得相应的技术等级证书。

3. 刑满释放前的劳动就业指导。罪犯在即将刑满释放时，其心理活动十分复杂，既兴奋又不安，既有重新做人的向善心理又有消极心理和认识上的偏差，因此，做好罪犯刑满前的出监教育工作具有特别重要的现实意义。在这个特殊时期，罪犯都会特别关心社会的形势和发展变化，关注和担心自己刑释后的婚姻家庭关系、就业去向以及各种复杂的人际关系，监狱人民警察要让他们认识和面对客观事实，让他们有充分的思想准备，走自我发展的道路，自谋职业，培养和增强出狱后的社会适应能力。监狱机关应做好刑满释放人员再就业工作，让罪犯在实际中感受到自己生存的希望和价值，进一步激发他们主动参与改造，提升学习技能的积极性，从根本上避免因走上社会无事可做而再次作案入狱的可能。

二、罪犯劳动教育的方法

（一）课堂讲解法

课堂讲解法是将罪犯分类、分级编班，以班为单位实行集体教学，由监狱人民警察充当教员以口头语言讲解、讲演等形式系统地介绍马克思主义劳动观、现代生产理论、技术知识等的一种理论灌输方法。

罪犯本身好逸恶劳，或妄自尊大，或盲目自卑，当他们投身监狱劳动改造后，体力的不适应，技能的欠缺，使他们在生产劳动中一筹莫展，不能完成一些最基本的劳动定额，达不到最基本的劳动质量要求，这就需要监狱机关改变罪犯的认识条件，教会他们进行自我再认。在监狱这所特殊学校的教育中，政治思想教育是一个重要内容，这也使得马克思主义劳动教育观的灌输成为一种可能。

在对罪犯进行劳动教育过程中，要根据罪犯的文化程度、理解能力，制定和选择合适的教学计划、教学大纲和教材，在保证有利于提高罪犯政治思想素质的前提下，采用灵活多样的讲解方法，力求讲解内容基本观点正确，讲解语言通俗易懂，深入浅出，并举例加深印象，增进罪犯对劳动知识的了解，逐渐使其树立正确的劳动观，提高其心理素质。

（二）实践诱导法

实践诱导法是指利用在罪犯劳动过程中出现的问题，灵活地处理的一种教育引导活动。在罪犯劳动教育过程中，经常会遇到很多偶然性、随机性的问题，需要监狱人民警察明察秋毫、因地因人地进行引导，实践诱导法就是一种行之有效的形式。

要使实践诱导法收到良好的效果，必须注意以下两点：①因人而异。在罪犯劳动过程中出现的问题是复杂多样的，监狱人民警察要根据问题的不同性质，采取不同的教育措施，制定不同的教育目标。如对劳动改观不正确的罪犯应重点矫正他们的错误思想；对劳动改造已有一定成效，但还没有树立起坚定改造信心的罪犯，应肯定其成绩，批评其错误；对劳动热情高但劳动技能差的罪犯，应努力提高其技能，强化其劳动训练。当然，即使是同样性质的问题，每个罪犯的个性心理特征也不一样，在处理问题时监狱人民警察也应该区别对待。②抓住契机。实践诱导法的一个主要特点是它的随机性，罪犯劳动过程中出现的特殊的、偶然的、非规范性的问题，时间性强，这就要求监狱人民警察具有敏锐的判断能力，充分利用自己的经验和智慧，能够利用各种契机实施教育，因势利导，见缝插针。

（三）劳动竞赛法

劳动竞赛法是指通过劳动竞赛这一形式，激励先进，调动落后，促进罪犯在思想认识、劳动技能、劳动效率方面有所提高的一种教育活动。多年来，我国监狱机关在生产和改造中，都注意运用了劳动竞赛的方法，并创造了许多具体的形式，取得了很大的成绩。

组织劳动竞赛是对罪犯进行劳动教育的又一方法。一说起劳动竞赛，人们一般总会想到它的经济意义，想到劳动竞赛在提高生产率方面的作用。其实劳动竞赛还具有巨大的教育作用，它能够促使罪犯的劳动观点和态度发生根本变化，能够去除罪犯头脑中的许多错误认识，同时还可以强化和提高罪犯的劳动技能。

劳动竞赛可以调动先进继续前进的积极性，可以鞭策中间层的罪犯学先进，就是对那些表现较差的罪犯也可以产生震动的作用，促进他们利用劳动竞赛，改变自己的形象，可以说，劳动竞赛能够激发绝大多数罪犯的进取心和荣誉感。

当然，在罪犯中组织劳动竞赛与社会上的劳动竞赛不同，因为我们主要是把它作为思想改造和劳动教育的一种方法，在竞赛中，我们更注意的是劳动态度和集体主义精神的竞赛。但是，劳动态度和集体主义精神相对来说可比性差，不易量化，这就要求管教干警在劳动竞赛的各个阶段，如组织与计划、教育与发动、统计和评比、奖惩和总结阶段，都要侧重于对劳动态度和集体主义精神的宣传。同时，也要借助其他学科的知识，力求增加这类竞赛内容的可比性和科学性。

（四）技能培训法

技能培训法是指罪犯在入狱之后，为了适应狱内劳动改造的需要或者刑满之后再就业的需要，接受监狱人民警察传授各种劳动技能的一种方法。监狱人民警察可根据罪犯的年龄、性别、学历、原工作状况、兴趣、特长、监狱生产的需要以及对罪犯刑满释放后再就业状况的估计等，有针对性地让罪犯掌握一两门实用技能，以保证罪犯在服刑期间顺利接受劳动改造并为刑满释放后再就业创造条件。具体技能如金融、物流、旅游、咨询等现代服务，交通运输、仓储、批发、零售贸易、餐饮、修理、美容美发、车工、计算机操作、打字、烹饪、制陶工、制砖工、建筑工、水电工、小家电修理工、裁剪、刺绣等传统服务，家政服务、托老托幼、生活护理、保洁保绿等社区服务。这些服务简单易学，培训成本较低，社会需求量大，可以增强培训效果。

罪犯的劳动技术、劳动行为自我约束能力和劳动关系处理能力，直接决定着罪犯回归社会后的谋生能力。因此，劳动改造应由提高生产能力向培养罪犯劳动技能转变。在监企合一体制下，受经济利益驱动，监狱紧紧围绕创造利润的固定项目组织罪犯进行生产，注重的是罪犯劳动产出的数量、质量和成本，注重的是创造多少价值，而不是从提高罪犯谋生技能出发，注重罪犯劳动思想、劳动技术和劳动能力。监狱体制改革，监企分开以后，特别是“首要标准”的提出和贯彻落实，劳动改造工作必将转变到提高罪犯劳动技能上来。通过劳动技能教育特别是职业技能教育，培养罪犯的多样性劳动技术，培养罪犯的劳动行为自我控制能力和劳动关系处理能力，也就是从关注劳动的经济产出转变到关注职业技能上来，这极大地提高了罪犯参加劳动改造的积极性，他们通过积极参加劳动，逐渐摒弃了不劳而获的思想，并渐渐养成了自觉劳动、辛勤劳动、诚实劳动的良好习惯，他们还掌握了一定的劳动技能，为刑释后做一名自食其力的守法公民打下了良好基础。

注意事项

一、劳动技能培训

1. 监狱对有劳动能力的服刑人员，在其服刑期间，应对其进行不同形式和不同程度的岗位技能培训。主要包括入监培训、岗前培训、在岗培训、转岗培训、安全生产培训等。

2. 监狱在兼顾现有生产需要的同时，应积极创造条件，根据社会用工需求和罪犯的兴趣、爱好、特长等，开展以就业为导向的职业技能培训和自主创业培训，提高技能培训的针对性和有效性。

3. 监狱应当加强与当地教育、人力资源和社会保障等行政部门以及就业培训机构的联系与协调，在技术培训内容设置、师资培训、外聘教师、考试考核、技能鉴定以及颁发资格、等级证书等方面取得支持和帮助。

二、刑释就业指导

1. 监狱要建立健全刑释就业指导工作制度，将就业指导纳入改造罪犯目标考核体系，使之成为改造罪犯的一项规范化、常态化的重要工作。

2. 监狱要充实就业指导力量，加强专业化培训，不断提高刑释就业指导工作水平。

3. 监狱要定期分析社会就业形势，围绕就业市场的需求，及时向罪犯提供社会用工信息，不断更新就业指导内容，增强就业指导工作的针对性和实效性。同时应及时向监狱企业提供相关就业需求信息，为监狱企业调整结构提供必要的指引。

4. 监狱要加强与人力资源和社会保障职能部门、社会安置帮教机构等社会参与力量的联系，及时发布即将刑释人员的工种、技术等级、改造表现等信息，实现就业指导与社会安置帮教的对接。

范例分析

范例：

贵州省太平监狱组织服刑人员开展“劳动光荣”专题教育

“我以前就是因为不想劳动抱不劳而获的思想，才起了歹心走上今天这条犯罪道路的”，服刑人员李某在专题教育课上这样回答自己的犯罪根源；

“我曾经苦过一段时间，并靠自己的勤劳致了富，但后来忘了劳动这个财富之本，想一本万利，结果走入了诈骗这个歪门邪道”，服刑人员张某如此向找其谈话的民警讲述自己的犯罪历程；……

“不劳而获入歧途，劳动光荣换新人”。这是太平监狱根据教育改造需要为深化劳动节主题而制作的宣教标语。

2014 年五一期间，为充分发挥劳动节在服刑人员教育改造上“育人润物”的特别功效，太平监狱组织全监服刑人员进行“劳动光荣”专题教育，引导和强化服刑人员树立正确的劳动观。

为强化针对性、实效性，专题教育采取五种方式进行：一是利用劳动节黑板报专刊宣传教育；二是进行一次“劳动光荣”专题集体教育；三是开展与劳动观教育题材有关的读书活动；四是开展丰富多彩的体育活动；五是开展劳动观个别教育。同时监狱制作了包括劳动节来历、劳动的意义、劳动的好处、正确劳动观的树立等内容为主的宣教资料。

分析：这次专题教育较好地发挥了重大节假日传播核心价值观的独特作用，有效地促进了服刑人员从节日活动中汲取精神营养，较好地引导和强化了服刑人员对劳动光荣的价值认同，是提高教育改造质量的一个有效举措。

情境训练

为了鼓励服刑人员生产积极性，提高生产质量，促进劳动改造成效，监区结合劳动改造实际情况，将开展为期1个月的劳动竞赛，评选出劳动竞赛能手、产品质量标兵、生产效率进步奖、劳动现场管理规范奖各1名，并予以奖励。

柳某，32岁，浙江人，因贩卖毒品罪被判处有期徒刑12年，性格内向，不愿与人交流，劳动能力一般，每月对完成劳动定额感觉压力大，信心不足，但该罪犯产品质量意识较好。

假如你是负责罪犯劳动教育的监区警察，结合该罪犯特点，谈谈应采取哪些措施使其在本次劳动竞赛中发挥所长，促其改造？

附：

（广东省）深圳监狱职业技能教育培训班开学

3月11日，深圳监狱2009年度职业技能教育培训班开学典礼在该监狱正航学校举行。30名服刑人员正式成为高墙内的“考证一族”，他们在接受为期2个月的初级电工培训后，将参加今年5月举行的国家职业资格认证考试。

在当前经济发展放缓、失业人员增多的背景下，刑满释放人员的就业问题显得更加突出，而缺乏稳定经济收入将导致其重新犯罪的可能性大大增加。深圳监狱一直十分重视对服刑人员的职业技能教育工作，在对当前社会职业需求进行充分调研的基础上，投资40余万元组建了电力拖动室和电子实操室，开办初级电工培训班。此外，深圳监狱还广泛开展社会合作，与广东深圳职业训练学院联合办学，引进社会师资力量，增强培训效果。把服刑人员的刑期当学期，把服刑人员改造的过程当成是其学习提高的机会，不但对服刑人员进行认罪悔罪、矫正恶习的思想教育，还积极培养其掌握一技之长，增强就业能力，从而提高改造质量，降低其回归社会后的重新犯罪率。

服刑人员李某告诉记者，自己通过报纸和电视得知当前社会就业形势十分严峻，自己刑期将满，因没有一技之长，十分担心出狱后找不到工作。现在监狱开办了职业技能培训班，参加培训可以学本领长技能还可以考取执业证书，于是赶紧报名参加了电工班学习。

据悉，深圳监狱还将陆续开办制冷设备维修、电梯维护、汽车维修等社会热门职业培训。届时，监狱内“考证一族”规模还将继续扩大。

学习情境二　罪犯劳动竞赛的组织实施

一、罪犯劳动竞赛的概念和意义

（一）罪犯劳动竞赛的概念

劳动竞赛是监狱监管改造和教育矫治罪犯的一项有力措施。罪犯劳动竞赛是指监狱在组织罪犯劳动过程中，通过比、学、赶、帮、超等形式，激励先进，鞭策后进，带动中间，促进罪犯在劳动态度、劳动观念、集体意识、劳动技能、劳动效率、劳动成果等方面都有所提高的劳动管理活动。

（二）开展劳动竞赛的意义

1. 有利于调动罪犯劳动积极性。罪犯在劳动改造中，由于个人的社会经历、文化素质、身体素质、劳动技能不同，以及劳动观念、劳动态度的不一致，因此每个罪犯的劳动效率有很大的差异。通过对不同罪犯劳动成效以及同一罪犯在劳动竞赛前后不同的工作效率的考核，并对罪犯实施有效的奖惩，可以充分调动每个罪犯的劳动改造积极性。

2. 有利于培养罪犯的集体意识和合作精神。罪犯劳动是一种协作性的集体劳动，这种劳动有助于使罪犯感受到集体的力量，懂得个人离不开集体的道理，同时体验到个人自身力量的有限性和局限性。通过监狱有目的、有组织的各种劳动竞赛活动，使罪犯进一步认识到集体合作的重要性，充分感受到集体力量的巨大能量，进而建立与他人的平等合作的关系，逐步养成与社会规范相适应的集体合作精神，这对罪犯的重新社会化无疑具有实践上的现实意义。

3. 有利于促进罪犯劳动技能的学习。罪犯劳动改造目标之一是使罪犯学会劳动技能，为他们今后回归社会重新择业、就业提供条件。监狱在组织罪犯进行劳动时，有计划、有步骤、有意识地通过劳动竞赛的形式来提高罪犯的劳动技能，促进他们熟练掌握一定的劳动技术，对于他们回归社会重新就业，减少重新犯罪，维护社会稳定具有积极的现实意义。

4. 有利于促进监狱生产效益的提高。通过劳动竞赛，使罪犯群体形成比、学、赶、帮、超的热烈氛围，激发罪犯的进取心和荣誉感，鼓励后进的罪犯向先进的罪犯看齐，达到罪犯积极参与劳动竞赛的目的，提高罪犯劳动生产率和经济效益，促进监狱生产的发展。

二、罪犯劳动竞赛的内容

（一）劳动产品优质高产竞赛

劳动产品优质高产竞赛是以同等时间内劳动产品的数量和优劣为主要内容，可以用数量指标衡量，如产量、产值；也可以用质量指标衡量，如产品合格率、等级品率、废品率等。通过这些具体指标的完成情况来评价罪犯劳动的优劣，鼓励罪犯在劳动生产中争取做到优质高产。

（二）低消耗、高功能竞赛

在鼓励罪犯增加产量的同时，要争取做到增收节支，降低成本，降低消耗。反映劳动消耗的指标有单位产品工时定额，单位产品成本，单位产品原材料消耗量，物质利用率，工时利用率，设备利用率等。

（三）劳动技术和技能竞赛

劳动技术和技能竞赛是以评价罪犯对某项工作的劳动技能和劳动熟练程度的高低为内容的竞赛方法，其目的在于提高罪犯的劳动熟练程度，牢固掌握一种或多种劳动技能。对于一项特定的劳动技术竞赛，其最终衡量指标也是通过劳动成果指标或劳动消耗指标来表示的。

（四）劳动卫生和安全生产竞赛

劳动卫生和安全生产竞赛是以加强劳动保护措施，安全生产，消除或减少灾害事故，避免损失，保证罪犯人身安全和监狱财产安全为目的的竞赛。通过劳动卫生和安全生产竞赛，让罪犯在一个安全的劳动环境中安心、放心地劳动。

三、罪犯劳动竞赛的形式

（一）监狱与监狱之间的竞赛

这种竞赛一般以产值、利润、成本为主要内容。一般由监狱行政主管部门组织实施。

（二）监区与监区之间或管区、生产线之间的竞赛

1. 同工种竞赛。指在不同行业或同一行业内，在从事同类工种和同一工作的人员之间开展的一种劳动竞赛形式。竞赛的内容是根据该工种和工作的特点，为了克服薄弱环节，解决关键问题，推广先进经验、先进操作方法等目的而确定的。同工种竞赛可以是同工种个人竞赛，也可以是以监区或管区、生产线为单位的集体竞赛。这种竞赛的专业对比、互比性强，容易达到预期的目标。

2. 小目标竞赛。指监狱将各项生产技术经济指标分解成小指标下达监区再分解下达到管区、生产线，并进一步分解下达到每个罪犯，这样从上到下，分班包干，进行

竞赛。开展小指标竞赛，可以把集体利益和个人利益同完成任务的好坏、贡献大小直接联系起来，取得较好的效果。

（三）罪犯与罪犯之间的竞赛

1. 罪犯之间劳动技能、劳动熟练程度的竞赛。罪犯一般在劳动技术培训结束后，都要进行一次劳动技能和劳动熟练程度的竞赛，以便进一步促进罪犯对劳动技能的把握，也为日后监狱对罪犯劳动力的安排使用提供参考。

2. 罪犯相互之间劳动产量、质量的竞赛。监区可以根据不同生产内容和项目，组织罪犯开展以产量、质量为内容的劳动生产竞赛，提高罪犯劳动生产的积极性。

工作要点

一、制定劳动竞赛实施方案

根据不同竞赛类型，合理确定罪犯劳动竞赛的内容、形式和范围，制定切实可行的劳动竞赛实施方案。方案内容具体包括：目标任务、活动时间、实施方案、具体步骤、考核标准、监督检查、奖励惩罚措施、实施过程注意问题等。

二、广泛开展宣传动员活动，明确劳动竞赛的意义和目的要求

通过广泛宣传，营造竞赛氛围，形成合力，增强罪犯积极参与的意愿，促使罪犯人人参与，让罪犯明白，只有积极参与，主动配合，才能在竞赛中取胜，才能得到嘉奖。只有这样，才能保证劳动竞赛的质量，实现劳动竞赛的目的，达到劳动竞赛的效果。

三、扎实做好竞赛活动的统计和总结评比工作

统计和评比是确保竞赛活动开展的核心工作内容，因此必须确保统计资料的真实性和准确性。评比结果必须本着公开、公平、公正的原则，对各种竞赛的活动数据，必须准确记录并定期公布，评比结果也要公示，接受全体罪犯的监督，以维护劳动竞赛活动的严肃性和公正性。

四、公示劳动竞赛活动名次，及时兑现奖惩

根据劳动竞赛活动方案，经监督考评组织机构认真核对评价后，及时将劳动竞赛活动最终获得名次成绩等情况予以公示。对获得名次的集体和个人通过大会形式予以兑现表彰奖励。

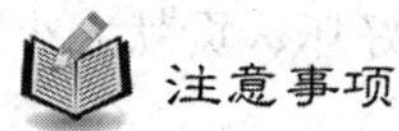

注意事项

一、劳动竞赛应注重发挥教育改造的功能

劳动竞赛是监狱监管改造和教育矫治罪犯的一项有力措施，对于激发罪犯参加生产劳动的热情，学习劳动技能具有非常重要的现实意义。因此在组织劳动竞赛时，不能为竞赛而竞赛，而是通过竞赛活动，起到教育矫治的效果，提高教育改造的质量。

二、劳动竞赛不能经常性开展，竞赛中要注重公平竞争

如果监狱或监区接二连三地开展劳动竞赛，容易使劳动竞赛变味，使罪犯产生逆反心理或打疲劳战。竞赛毕竟具有一定的竞争性，不能过多和连续开展，否则就会失去应有的作用。另外，竞赛要注意在条件对等、级别相同、身体相当、技术力量接近的罪犯中进行，如果差异过大就会难以保证公平竞争。

三、劳动竞赛不能唯劳动生产效益为目的

现实中，劳动竞赛往往都和劳动效率、劳动生产率有关。但从罪犯劳动存在的宗旨出发，在制定劳动竞赛方案时，要把握好尺度，坚持效益服务于宗旨，不能以效益为目的，应更加注重罪犯热爱劳动意识的教育及劳动习惯、劳动技能的培养。

四、对竞赛优胜者的奖励要及时、科学、公正

及时兑现奖励是竞赛的一般原则，如果长时间不兑现奖励，竞赛活动的目的、成果就会大打折扣，严重影响罪犯参与的积极性。另外对开展竞赛的优胜者的奖励也不能过高、过窄、过滥，而应注意覆盖面，要做到调动大多数罪犯参与劳动竞赛的热情和积极性。

范例分析

范例： 某监狱为了确保监狱生产的安全，促进罪犯劳动改造，2010 年 7 月组织了一次“百日安全生产竞赛”活动。活动分三个阶段组织实施：第一阶段为宣传动员阶段；第二阶段为组织实施阶段；第三阶段为评比验收阶段。活动以监区为基本参赛单位，竞赛的内容主要有：①比劳动教育到课率；②比劳动教育考核合格率；③比劳动成绩大小；④比劳动生产安全无事故无违纪；⑤比劳动团队协作精神；⑥比劳动生产中的好人好事。经过 100 天的努力，终于圆满实现了百日安全生产的目标。

在活动的实施过程中，按照竞赛目标责任，监狱、监区统一组织，采取一阶段一检查、一阶段一评比，做到专项检查和全面检查相结合，定期检查和突击检查相结合，并及时由监狱统一把各监区各阶段劳动竞赛的情况、取得的成绩、存在的问题、好的经验做法进行公布，对竞赛中涌出的好人好事、先进单位予以表扬奖励。

通过此案例分析了解组织罪犯开展劳动竞赛活动的操作流程。

分析：此竞赛活动的组织，具体有以下流程：

1. 制订计划以及实施方案（主题明确，内容具体）。
2. 宣传动员。
3. 检查落实。
4. 总结评比以及评优评奖。

情境训练

某监狱为了进一步调动罪犯参加劳动的积极性，强化罪犯劳动改造手段，培养罪犯热爱劳动的感情和熟练掌握劳动生产技能，巩固劳动改造效果，提高劳动改造质量，准备开展一次为期30天的“生产大练兵”的劳动竞赛活动。

请为这次竞赛活动拟定一个实施方案。

参考文献

1. 王戎生主编:《罪犯劳动概论》，法律出版社 2001 年版。
2. 高寒主编:《监狱生产的定位与运行研究》，中国物价出版社 2002 年版。
3. 宋胜尊主编:《罪犯劳动改造学》，法律出版社 2008 年版。
4. 徐勇、周雨臣主编:《罪犯劳动管理学》，金城出版社 2003 年版。
5. 周雨臣主编:《罪犯劳动组织与管理》，中国政法大学出版社 2011 年版。
6. 夏宗素主编:《劳改经济管理学》，科学技术文献出版社重庆分社 1998 年版。
7. 徐久生等:《德国监狱制度——实践中的刑罚执行》，中国人民公安大学出版社 1993 年版。
8. 中华人民共和国司法部编:《外国监狱法规条文分解》(下册)，社会科学文献出版社 1990 年版。
9. 广东省监狱管理局编:《广东省监狱人民警察初任培训基础教材》(内部资料)，2015 年。
10. 广东省惠州监狱编:《广东省惠州监狱生产劳动管理文件汇编》(内部资料)，2010 年。